Lara M. Pair

PROJEKT: *Ich*
ZIEL: *Sein*

Warum es viele Wege nach Rom gibt
und wie Sie Ihren eigenen finden

novum 📖 pro

Dieses Buch ist auch als
e-book
erhältlich.

www.novumverlag.com

Bibliografische Information
der Deutschen Nationalbibliothek:

Die Deutsche Nationalbibliothek
verzeichnet diese Publikation in
der Deutschen Nationalbibliografie.
Detaillierte bibliografische Daten
sind im Internet über
http://www.d-nb.de abrufbar.

Gedruckt in der Europäischen Union
auf umweltfreundlichem, chlor- und
säurefrei gebleichtem Papier.

© 2023 novum Verlag

ISBN 978-3-99131-736-4
Lektorat: Mag. Elisabeth Pfurtscheller
Umschlag- und Innenabbildungen:
Ladina Brunner
Umschlaggestaltung, Layout & Satz:
novum Verlag

www.novumverlag.com

Climate neutral
Print product
ClimatePartner.com/16547-2201-1002

INHALTSVERZEICHNIS

VORWORT

Die selbstkritische Auseinandersetzung mit dem Ich ist ein lukrativer Markt. Wirtschaftspsychologe Uwe Kanning von der Hochschule Osnabrück schätzt in einem Interview mit der „WirtschaftsWoche" die Referenten, die zu den Themen größeres Selbstbewusstsein, höhere Attraktivität sowie mehr Erfolg dozieren, auf circa 30.000 Personen ein, die sich dabei als Coach bezeichnen, „davon 8000 Business Coaches. Weniger als 20 Prozent davon schätze ich als wirklich seriös ein", sagt Kanning. *(Quelle: https://www.wiwo.de/erfolg/management/psychologe-WeiterbildungsSzene%20Deutschland%202018-coachings-ich-habe-viele-unsinnige-sachen-gesehen/26126980.html).*

Das unübersichtliche Angebot an seriösen und selbst ernannten Coaches oder medialen esoterischen Gurus geht einher mit einem schier unfassbaren Angebot an Seminaren: Führungstrainings, Schamanen-Seminare, Astro-Kurse, Aufmerksamkeitskurse, Meditationsseminare, Verhandlungstechniken, NLP oder Titel á la „Wie angele ich mir einen Millionär". Buchbar ist alles und lediglich eine Preisfrage. Aber ob sich die Investition tatsächlich lohnt oder der Trainer womöglich statt Lösungen nur geschicktes Marketing betreibt, ist für den Laien kaum erkennbar.

Dieselbe Angebotsflut herrscht bei der Ratgeberliteratur. Immer mehr Ratgeber stapeln sich auf den Verkaufstischen und im Onlinebuchhandel. Denn sie sind gefragt. Im Jahr 2018 betrug deren Umsatzanteil 14 Prozent, rechnete der Börsenverein des Deutschen Buchhandels vor und liegt hinter Belletristik und Kinder- und Jugendbuchliteratur auf Platz 3. Dabei stellen die Ratgeber von Essen & Trinken 1. Halbjahr 2020, Quelle Statista: 23,4 Prozent, gefolgt von Büchern zum Thema Lebenshilfe *(1. Halbjahr 2020, Quelle Statista: 21,3 Prozent)*. Gesundheitsthemen rangieren mit 18,5 Prozent auf dem dritten Platz.

Das zeigt, dass guter Rat gefragt ist. Und keiner sollte daran zweifeln, dass ihm die eine oder andere Methode, Diät oder das Wissen um den eigenen Körper weiterhelfen kann.

Aber das Ziel, zur Verbesserung des eigenen Ich beizutragen, lässt sich auf vielen Wegen erreichen. Welcher Pfad der richtige ist, muss jeder für sich selbst herausfinden. Wie bei Kleidungsstücken gilt: Eine Größe passt keinem. Vorliegendes Buch soll Ihnen dabei behilflich und sich nicht in die Flut jene Ratgeber einreihen, in denen behauptet wird, die einzige, die neueste, die beste Wahrheit, die Geheimnisse der Menschheit und die Weisheit an sich zu enthalten. Denn diese präsentieren, genau wie die entsprechenden Seminare, meist nur eine Methode. Doch diese ist nicht für alle die richtige – jede Methode hat ihren Raum, manchmal funktioniert sie für eine Sache, aber nicht für eine andere. Mitunter funktioniert eine Methode erst, nachdem man die Voraussetzungen dafür geschaffen hat. Manchmal passt eine Methode besser zu den Lebensumständen als eine andere. Eine Diät, die einmal die Kilos purzeln ließ, muss beim nächsten Mal nicht zum Erfolg führen. Vielleicht ist es Bewegung, die Ihnen zu mehr körperlichem Wohlbefinden verhilft? Es könnte aber auch eine Entspannungstechnik helfen. Oder Sie müssen einfach einmal Ihre Darmflora auf Vordermann bringen. Womöglich ist es aber auch nur ein neuer Kleidungsstil, eine Aromatherapie oder Bachblüten, die Ihnen die Richtung zur Lösung Ihres Themas zeigt.

Darum dieses Handbuch. Es soll Ihnen die Palette Ihrer Möglichkeiten aufzeigen und Ihnen die notwendige Kompetenz vermitteln, um nicht die Qual der Wahl zu haben, sondern die Gewissheit, dass es nicht nur eine Erfolgsstraße gibt, sondern eine ganze Landschaft. Alle Methoden, die Sie hier finden, sind von mir selbst getestet und geprüft. Welche davon, zu welchem Zeitpunkt für Sie die Richtige ist, müssen Sie selbst entscheiden. Die Arbeit kann Ihnen niemand abnehmen, kein Coach, kein Guru, kein Therapeut. Sie können Geld auf Ihr Problem werfen oder es angehen. Denken Sie nur an Ihre Fitnessstudio-Mitgliedschaft. Nur weil Sie eine haben, sind Sie noch nicht fitter. Darum gehen Sie auf die Suche!

1 WIE GEHT ES DIR HEUTE?

Die beste Voraussetzung für einen angenehmen Alltag – sowohl für die private als auch für die berufliche Zufriedenheit – ist eine positive Ausstrahlung. Wer immer gut gelaunt durchs Büro geht und Menschen freundlich und fröhlich gegenübertritt, auf den wird die Umgebung positiv reagieren. Wer für seine Freunde stets ein Lächeln übrig hat, wird gerne gesehen. Denn es ist das Angenehme, was die Menschen lieben und nicht diejenige Person, die immer nur das Negative vorne anstellt.

Doch die gute Laune ist nicht garantiert – zumindest nicht jeden Tag. Aber es gibt Kniffe, wie man sich in eine positive Stimmung versetzen kann und damit eine entsprechend gute Wirkung auf andere Menschen erzielt.

Dass die Glücklichen in ihrem professionellen Umfeld besonders erfolgreich sind, beweisen zahlreiche Studien. Ein Resultat: Ihre Vorgesetzten und ihr Team stufen sie als leistungsfähig ein. Auch im Privaten läuft es bei gut gelaunten Menschen in der Partnerschaft stabil, sie haben einen treuen Freundeskreis und sind zudem gesünder. Aber eine gute Ausstrahlung kommt nicht von allein, sie erfordert harte Arbeit. Das zumindest legen die wissenschaftlichen Analysen nahe. Sie beschreiben, was einer positiven Ausstrahlung vorausgeht.

Darüber hinaus deuten die Ergebnisse der Expertisen darauf hin, dass das gute Karma – hier verstanden als ein Markenzeichen des Wohlbefindens – die Ursache für Erfolg sein könnte. Erfolg wiederum macht glücklich. Wer glücklich ist, sieht alles positiv. Hier schließt sich der Kreis. Denn eine zufriedene Person (was aus meiner Sicht dasselbe wie glücklich ist) wird alles, was ihr begegnet und was sie erlebt, als gut interpretieren. Und diese positive Emotion steigert wiederum die positive Ausstrahlung.

Die Sozialforschungen der jüngsten Zeit gehen in die Richtung, dass die Fähigkeit, alles aus der positiven Warte zu sehen, auch bei der Beurteilung im Arbeitsumfeld wieder mehr in den Vordergrund rückt. Das ist logisch, denn die Digitalisierung ersetzt zunehmend das menschliche Know-how. Die verbleibenden menschlichen Ressourcen sind daher als Spezialistenwissen einzustufen und folglich ein wertvoller Schatz für die Unternehmen. Darum muss diese Gruppe von Mitarbeitern mit Sorgfalt behandelt und gefördert werden. Sind die Spezialisten auch noch gut gelaunt, sorgt das ganz nebenbei für ein gutes Betriebsklima.

Ergo: Gut gelaunte Menschen können ihre Ressourcen und ihre freundschaftlichen Beziehungen besser ausspielen als Miesepeter. Sie können ihre Fröhlichkeit nutzen, um ihr Netzwerk zu verdichten.

Die optimistisch denkenden und handelnden Menschen haben noch einen weiteren Vorteil: Der, der sich wohlfühlt, kann besser entspannen und Energie tanken. Die „Broaden-and-build"-Theorie von Barbara Fredrickson, Professorin für Psychologie an der University of North Carolina at Chapel Hill, beschreibt die handlungs- und gedankenerweiternden Konsequenzen positiver Emotionen. Die Definition von Fredrickson erlaubt die Vermutung, dass positive Emotionen die Vorbereitung des Organismus für zukünftige Herausforderungen sind. Die Psychologin glaubt, dass durch positive Emotionen eine motivierende Basis für Tätigkeiten gelegt wird. Daraus entsteht eine Aufwärtsspirale und ab einem gewissen Zeitpunkt läuft es wie von selbst *(Quelle: Barbara L Fredrickson: Che broaden-and-build theory of positive Emotion. In: Philosophical Transactions of the Royal Society B: Biological Sciences. Band 359, Nr. 1449, 29. September 2004, ISSN 0962-8436).*

1.1 Die Laune macht den Tag

Wenn wir also morgens aufwachen, nicht gleich aufspringen und ein Lied auf den Lippen haben, sind Gute-Laune-Übungen angesagt. Doch wie funktionieren diese?

Kleider machen Leute:

Nach einer ausgiebigen Dusche und sorgfältigem Zähneputzen überlegen Sie sich, in welchem Kleidungsstück Sie sich selbst besonders vorteilhaft gekleidet sehen (das gilt auch für die Menschen, die bereits am Vortag ihre Kleidung zurechtlegen. Da hat man eben mal umsonst die Garderobe zusammengestellt). Denn ein Outfit, in dem man sich gut fühlt, hat eine ausgleichende Wirkung: Durch das Tragen der Lieblingsstücke fühlen wir uns attraktiver und wohler. Das ist ein erster Schritt auf dem Weg zu einer positiven Stimmung.

Spieglein, Spieglein …

Was hilft noch? Frauen kennen das: Wenn man schlecht drauf ist, hat man auch einen „Bad-Hair-Day" oder der Bauch ist besonders aufgebläht. Das ist nun mal so. Das heißt aber nicht, dass man den Tag gleich abhaken sollte.

Probieren Sie darum an guten Tagen, welche Frisur auch an schlechten Tagen immer geht. Bei mir werden dann die Haare hochgesteckt und mit einem bunten Band dekoriert. An Schwarz-Weiß-Tagen ist jeder Farbklecks willkommen. Vielleicht auch mal ein bisschen Make-up oder ein besonders schicker Lippenstift? Warum? Ganz einfach, wenn man die Aufmerksamkeit des anderen auf etwas Bestimmtes lenkt, treten die anderen Dinge in den Hintergrund. Denken Sie an einen Farbklecks im Bild, den einen Fleck auf der weißen Bluse oder das etwas tiefere Dekolleté.

Was mache ich gegen den Bauch? Figur formende Unterwäsche unterdrückt die lästige Wölbung (nebenbei zudem den Appetit). Diese miederverstärkte Unterwäsche sollte man natürlich nicht jeden Tag tragen, denn sie pressen ja nur weg. Letztendlich ist das eine Aufforderung, den Bauch zu trainieren.

Immer der Nase nach. Tragen Sie neben Ihrer Lieblingsgarderobe auch Ihren Lieblingsduft. Denn Gerüche beleben und inspirieren Ihre Umgebung dazu, Sie „gut riechen" zu können – auch wenn das Parfum normalerweise für besondere Gelegenheiten aufgespart wird. Die Investition in sich selbst ist die rentabelste der Welt! Welche Düfte welche Wirkung haben, lesen Sie in Kapitel 13 oder gehen Sie einmal nach der Arbeit in eine Parfümerie und lassen sich beraten (dann haben Sie schon ein Highlight am Ende des Tages in Ihrem Kalender).

Das macht nicht nur Wirkung auf andere, sondern auch auf Sie selbst. Es gibt Duftmischungen aus ätherischen Ölen, die die Laune positiv beeinflussen, oder Sie nehmen Zitrusdüfte, sie erhellen den Tag und sind gut für die Aufgewecktheit.

Raumdüfte müssen Sie auch nicht bei sich tragen, bei der Morgentoilette oder Frühstück können Sie einen Diffuser oder eine Räuchermischung benutzen. 20 Minuten reichen (siehe auch Kapitel 13).

Ein Schritt nach dem anderen. Sie sind immer noch schlecht drauf? Dann versuchen Sie es mit Bewegung: Fenster auf, tief einatmen, strecken und dehnen. Und? Immer noch nicht besser? Okay. Dann hilft ein Blick in den Kalender, denn wenn möglich, sollten Sie sich Zeit für ein gutes Frühstück nehmen (nichts Schweres und Fettiges), auch wenn Sie nicht der große Frühstücker sind. Warum das so wichtig ist? Die Morgenmahlzeit ist die letzte ruhige Phase, bevor man in den Tag startet. Also achten Sie auf eine angenehme Umgebung, Ruhe und gute Zutaten. Ist es nur der Kaffee, geben Sie ihn in Ihre Lieblingstasse oder eine edle Tasse mit Untersetzer und Löffel und setzen Sie sich an einen Tisch mit einer Blume oder etwas anderem schönen. Genießen Sie die fünf Minuten, bevor Sie aus dem Haus gehen.

Vielleicht besteht die Möglichkeit, ein wenig später ins Büro zu gehen. Wenn nichts im Kühlschrank ist, gönnen Sie sich einen schönen Kaffee im stylishen Coffee Shop und nicht das Heißgetränk „to go". Energie auftanken ist wichtig, ob das am heimischen oder am aushäusigen Tisch ist, müssen Sie entscheiden. Dabei können Sie ruhig Zeitung oder Buch lesen (bitte nicht die schon eingegangenen Mails aus der Firma), das versetzt einen in eine andere Welt außerhalb Ihrer beruflichen Umgebung.

In jedem Fall macht es Sinn, ein paar Schritte zu gehen, bevor Sie sich an den Schreibtisch setzen. Warum? Weil gehen guttut. Es hat eine meditative Wirkung, dient der Vorbereitung und schafft einen Abstand zwischen dem Heim und der Arbeit (siehe Kapitel 13).

Wenn Sie etwas essen, ist das, was Sie essen ebenso wichtig! Eiweiß ist ein guter Energielieferant. Vitamine und Mineralien schaden nie. Vielleicht pressen Sie sich einen frischen Saft. Eine gute Grundlage ist wie ein Panzer, der an einen nervtötenden Tag schützt (und hilft zudem noch, abzunehmen). Ja, Sie haben richtig gelesen. Denn regelmäßige Nahrungszufuhr tut der Figur gut (Hungergefühl ist nämlich kontraproduktiv). Mehr dazu finden Sie in Kapitel 8.

Wenn Sie auf frische Brötchen verzichten können, mixen Sie sich einen Smoothie (achten Sie auf den Zuckergehalt, das gilt auch für Fruchtzucker). Rezepte gibt es reichlich und Smoothies verhindern, dass anders wie bei kalorienreichen Speisen der Blutzuckerspiegel ansteigt. Das kostet nämlich Kraft und belastet den Start in einen gut gelaunten Tag. Aber wenn Sie Brötchen lieben, dann gönnen Sie sich eines oder zwei. Alles, was Ihnen guttut, ist gut für Sie.

Das wären also die äußerlichen kleinen Tricks, gestärkt mit Nahrung, gut sitzender Kleidung und Frisur an den Arbeitsplatz zu kommen. Vielleicht gehen Sie zu Fuß. Dann sind Sie an der frischen Luft. Wenn es regnet, denken Sie an einen Ausdruck der immer gut gelaunten Rheinländer. Die nennen Regen einfach flüssige Sonne.

Was hilft noch? Der Aufbau von innen oder positive Affirmation.

1.2 Machen Sie sich groß - Selbstlenkung

Die Selbstkommunikation kann einen wirksamen Effekt haben: das eigene Ich zu stärken. Das Problem: Leute, die als Prinzip-Pessimisten unterwegs sind, sind bei solchen Methoden defensiv und am wenigsten offen für diese Form von Motivation. Ja zum Leben zu sagen, geht aber nur, wenn man mental in Bewegung kommt. Geistig rege zu sein, fördert die Gesundheit und gesunde Menschen haben den Antrieb, sich körperlich zu bewegen. Die, die aktiv in Bewegung kommen, sind auch geistig beweglich.

Das ist, grob erklärt, das Ziel der Affirmation. Die Affirmation zur Stärkung der positiven Sichtweise ist eine psychologische Technik, „die Wirksamkeit eines breiten Spektrums von Interventionen im Gesundheitsbereich und in anderen Bereichen erhöhen kann. Um das wissenschaftlich zu untermauern, führte ein Forscherteam eine Studie durch und veröffentlichte über die ‚National Academy of Sciences'" *(Quelle: National Academy of Sciences, Print ISSN: 0027-8424, Online ISSN: 1091-6490, published in issue February 17, 2015)* seine Vorgehensweise: „Wir verwendeten die funktionelle Magnetresonanztomographie (fMRI), um neuronale Prozesse zu untersuchen, die mit Affirmationseffekten während der Exposition gegenüber potenziell bedrohlichen Gesundheitsbotschaften verbunden sind. Wir konzentrierten uns auf eine a priori definierte Region von Interesse im ventromedialen präfrontalen Kortex (VMPFC), eine Hirnregion, die wegen ihrer Assoziation mit selbstbezogener Verarbeitung und positiver Bewertung ausgewählt wurde. In Übereinstimmung mit unseren Hypothesen produzierten diejenigen, die sich im Zustand der Selbstbestätigung befanden, während der Exposition gegenüber Gesundheitsbotschaften mehr Aktivität im VMPFC und steigerten ihre objektiv gemessenen Aktivitätsniveaus weiter. Diese Ergebnisse deuten darauf hin, dass die Affirmation von Kernwerten ihre Wirkung dadurch entfalten kann, dass gefährdete Personen die Selbstrelevanz und den Wert in anderweitig bedrohlichen Botschaften erkennen können."

Die Forscher weisen explizit darauf hin, dass die Förderung der körperlichen Aktivität sowie die Verringerung des Bewegungsmangels bei der Prävention und dem Abheilen chronischer Krankheiten eine maßgebliche Rolle spielen. Wenn das zutrifft, ist klar, welche Möglichkeiten die Affirmation sonst noch bietet. Denn eine physische Gesundheit sorgt für Wohlbefinden und Wohlbefinden bedeutet eine positive Ausstrahlung usw.

„Selbstbestätigung ist ein Prozess des Denkens oder Schreibens über die eigenen Grundwerte. Diese psychologische Technik hat sich bei der Verstärkung von Interventionen in mehreren Bereichen einschließlich der Steigerung des Bewegungsverhaltens als wirksam erwiesen", heißt es in der Studie. Die Affirmation von Kernwerten (Selbstbestätigung), die potenziell bedrohlichen Botschaften vorausgeht, kann den Widerstand verringern und die Wirksamkeit von Interventionen erhöhen, schreiben die Wissenschaftler. Eine Möglichkeit, die Empfänglichkeit für Botschaften zu erhöhen, könnte sein, ihre Kernwerte in nicht verwandten Bereichen zu bekräftigen. Das nennt man affirmieren. Nach der Forschung der strengen Wissenschaft ist es schwer, zu beurteilen, wie viel Wirkung das zeigt. Damit ist klar: Affirmieren ist keine Wunderwaffe, die sofort ihre Wirkung zeigt, aber dass sie wirkt, ist nicht von der Hand zu weisen.

Wir erinnern uns: Der Gegenstand des Experiments war die Untersuchung, ob wir durch Affirmation zur Bewegung animiert werden können, um durch präventive körperliche Aktivität gesünder leben zu können. Im Durchschnitt zeigten Teilnehmer, die affirmiert hatten, eine höhere Aktivität während der Exposition gegenüber den Gesundheitsbotschaften, stellten die Forscher fest: „Wir beobachteten signifikante Beziehungen zwischen selbstberichteten Selbststandards und Verhaltensänderungen sowie zwischen selbstberichteten Einstellungen und Verhaltensänderungen."

Als Nächstes untersuchte das Wissenschaftsteam, „ob die neuronale Aktivität in unserer hypothetischen VMPFC-ROI während der Nachrichtencodierung Veränderungen des sitzenden Verhaltens im Laufe der Zeit nach der Scanner-Intervention vorhersagt". Diejenigen, die während der Exposition gegenüber Gesundheitsbotschaften eine höhere VMPFC-Aktivität aufwiesen, zeigten auch eine stärkere Abnahme des sitzenden Verhaltens. „Schließlich untersuchten wir, ob sich die durch die neuronale Aktivität erklärte Varianz, mit der durch die Selbstberichte der Teilnehmer nicht nach der Intervention erklärten Varianz überschneidet. Wir beobachteten signifikante Beziehungen zwischen selbstberichteten Selbststandards und Verhaltensänderungen sowie zwischen selbstberichteten Einstellungen und Verhaltensänderungen. Um zu bestimmen, ob die neuronale Aktivität während der Gesundheitsbotschaften andere Informationen erfasst als die durch Selbstberichterstattungs-Messungen vorhergesagte, untersuchten wir als Nächstes, ob die beobachteten Beziehungen zwischen Affirmationszustand und Veränderungen im Bewegungsverhalten sowie der neuronalen Aktivität im VMPFC während der Botschaften-Exposition und der Verhaltensänderung diese Messungen steuern (z. B. Einstellungen zur körperlichen Aktivität; Selbststandards als jemand, der die körperliche Aktivität steigern kann). Alle zuvor beobachteten Beziehungen zwischen Affirmation, neuronaler Aktivität und Verhaltensänderung blieben bei der Kontrolle für unsere Einstellung und Selbst-Standardmessungen signifikant. Dies deutet darauf hin, dass die Auswirkungen der Affirmation und der daraus folgenden neuronalen Aktivität bei VMPFC während der Nachrichtenexposition eine zusätzliche Varianz in der Verhaltensänderung erklären, die über die durch Selbstberichte vorhergesagten hinausgeht. Die Selbstbestätigung hat sich bei der Verstärkung von Interventionen in einer Reihe von Bereichen als wirksam erwiesen", schreiben die Studienautoren in ihrem Fazit.

Doch das heißt jetzt nicht, dass Affirmation stets und bei jedem funktioniert, denn die neuronalen Mechanismen, die ihre Wirkung unterstützen, sind noch nicht untersucht worden. Doch es ist ein weiteres Puzzleteil, dass die Selbstaffirmation eine verstärkte Verarbeitung potenziell bedrohlicher Gesundheitsinformationen ermöglichen kann. Wenn dies der Fall ist, warum sollte es auch nicht bei der Selbstzufriedenheit wirksam sein?

Die aktuelle Studie schafft zusätzliche Sicherheit bezüglich psychologischer Prozesse, die zuvor beobachtete Effekte der Selbstbestätigung untermauern könnten, und schlägt auch eine experimentelle Methode zur Veränderung der Aktivität innerhalb des VMPFC während anderer Arten von Interventionen vor, die für die Ermittler in anderen Bereichen von Nutzen sein könnte. „Die Verwendung eines Scanner-kompatiblen Affirmationsparadigmas erlaubte es uns, Affirmationsmechanismen aufzudecken, die sich auf die anschließende, objektiv über Beschleunigungsmesser gemessene Empfänglichkeit für Gesundheitsbotschaften beziehen. Das Längsschnittdesign der Studie erlaubt auch die Untersuchung von Affirmationseffekten, die anfänglich während der gescannten Intervention ausgelöst und im Laufe der Zeit durch SMS-Textnachrichten (Short Message Service) verstärkt werden. Wie bei jeder Neurobildgebungsstudie sollten die psychologischen Funktionen der beobachteten neuronalen Aktivität mit Vorsicht in Bezug auf die umgekehrte Schlussfolgerung interpretiert werden, da der VMPFC viele psychologische Funktionen erfüllt (60). Unsere starke A-priori-Hypothese und die Konvergenz mit früheren Forschungen zur Verhaltensänderung legen jedoch nahe, dass die angebotenen Erklärungen sparsam sind.

Zusammenfassend lässt sich sagen, dass die Selbstbestätigung eine Methode zur Hochregulierung der Aktivität innerhalb des VMPFC während der Exposition gegenüber Gesundheitsbotschaften ist. Die vorliegenden Ergebnisse unterstützen ein Modell, in dem die Affirmation es den Menschen ermöglicht, anderweitig bedrohliche Informationen als selbst relevanter und wertvoller zu betrachten. Bestätigte (im Vergleich zu unbestätigten) Teilnehmer zeigten eine höhere Aktivität innerhalb des VMPFC während der Exposition gegenüber gezielten Gesundheitsbotschaften, und der Grad dieser Aktivität sagte den Verlauf des objektiv gemessenen sitzenden Verhaltens im folgenden Monat voraus. Diese Befunde beginnen, ein Bild der neuronalen Mechanismen der Affirmation zu zeichnen und lassen auf vielversprechende Interventionen hoffen, die die Teilnehmer dazu veranlassen, Informationen in einer Weise zu betrachten, die sie verinnerlichen können" *(Quelle: https://www.pnas.org/ content/112/7/1977: Self-affirmation alters the brain's response to health Messages and subsequent behavior Change/Emily B. Falk, Matthew Brook O'Donnell, Christopher N. Cascio, Francis Tinney, Yoona Kang, Matthew D. Lieberman, Shelley E. Taylor, Lawrence An, Kenneth Resnicow, and Victor J. Strecher).*

Dass die Methode allerdings nicht für jeden geeignet ist, erforschten Joanne Wood, Elaine Perunovic und John Lee von den Universitäten Waterloo und New Brunswick, schreibt Dr. Christine Seiger in einem Aufsatz auf „psychologie.uzh.ch" *(Quelle: https://www.psychologie.uzh.ch/de/bereiche/dev/lifespan/erleben/ berichte/mehr-berichte-1/selbstwertgefuehl.html).*

„Die Forscher beleuchten das Phänomen in drei verschiedenen Studien. Zunächst wurden Studierende gefragt, ob und wann sie positive Selbstgespräche nutzen: Vor Prüfungen und Präsentationen redeten sich die Befragten besonders häufig gut zu sowie auch nach negativen Ereignissen. Dann führten die Forscher zwei Experimente durch, um zu untersuchen, wie es sich auswirkt, wenn Personen mit hohem und niedrigem Selbstwertgefühl sich selbst sagen ‚Ich bin ein liebenswerter Mensch.‘ Dieser Satz wurde ausgewählt, weil er in Selbsthilfebüchern besonders häufig vorkommt. Die Experimente zeigten, dass positive Selbstgespräche bei Menschen mit einem niedrigen Selbstwertgefühl besonders stark wirken – allerdings nicht in die erwünschte Richtung. Sie fühlen sich hinterher schlechter als zuvor! Weder Ihre Stimmung verbesserte sich noch, was sie über sich selbst dachten. Bei ohnehin gutem Selbstwert hob sich zwar Stimmung und Selbstwert, allerdings nur sehr wenig", erklärt Seiger.

Darum moderate Sätze wählen, raten die Forscher aus der Studie von Wood, J.V., Perunovic, W.Q.E., & Lee, J.W. (2009) (Positive self-statements: Power for some, peril for others. *Psychological Science, 20(7)*, 860–866). Solche Sätze, wie: „Ich bin schön", rufen im Hirn sofort eine Gegenrede hervor. Seien Sie also bescheidener und sagen sich lieber: „Ich kann gute Präsentationen gestalten. Präsentationen, die das Interesse der Runde wecken, die interessant sind und mich weiterbringen."

Das war jetzt einiges an Theorie, aber es ist wichtig, zu verstehen, was das bedeutet. Mit dieser Grundlage können Sie Ihre eigenen Erfahrungen machen und selbst entscheiden, ob auch Sie bejahende und persönlich Botschaften formulieren, um Ihre Gedanken Richtung positives Denken umzuprogrammieren. Denn die schienen für das Hirn nicht unerreichbar, aber nicht bei jedem.

Am Ende soll die Selbstaffirmation Ihr Verhalten und Ihre Gefühle dauerhaft positiv verändern. Denn Handeln hängt vom Denken ab. Das kann man steuern. Doch verlangen Sie eines nicht vom Hirn: dass es sich abschaltet. Wenn Sie sich also sagen würden: Ich habe eine ideale Figur, kommen sofort Gegengedanken auf. Das ist ähnlich wie das Formulieren der Ziele und deren Verfolgung. Man geht zwar große Ziele an, aber in kleinen Etappen. Doch das findet nicht schriftlich dokumentiert statt, sondern als Training in Ihrem Kopf. Wir haben ja bereits gelernt, was im Hirn los ist, wenn wir affirmieren. Darum überfordern Sie sich und Ihre Gedanken nicht. Sagen Sie sich: Heute werde ich wieder ein Stück schlanker. Oder: Ich wirke heute in meiner Garderobe sehr vorteilhaft. Ich weiß eben, wie ich das Beste aus mir mache. Das klingt banal, ist es aber nicht. Wenn Sie sagen, mir kommt es mehr auf meine berufliche Leistung an. Okay. Dann formulieren Sie Ihre Sätze in diese Richtung.

Mir hilft beim Affirmieren stets das Bild des Rosenkranzes: Früher beteten sich die Menschen anhand der Perlenabarbeitung fast in einen meditativen Zustand. Aber immer Schritt für Schritt. So läuft das auch bei der Affirmation. Die, die katholisch erzogen wurden, kennen das. Das „Vater unser" begleitet uns ein Leben lang. Probieren Sie es! Kramen Sie in Ihrem Gedächtnis und Sie werden es sofort wieder aufsagen können. Die Kirchen haben also schon sehr früh auf Affirmation gesetzt. Natürlich um die Gläubigen bei der Stange zu halten. Nutzen Sie das aber für sich. Definieren Sie aber klar und deutlich, was Sie eigentlich möchten. Mehr Bewegung? Mehr Sex-Appeal? Mehr Einkommen? Oder im Gegensatz: Was Sie nicht wollen?

Aber auch Sätze wie „Alles wird gut!" helfen. Die Moderatorin Nina Ruge nutzte diese Affirmation täglich, um sich aus ihrer Sendung „Leute heute" mit einer positiven Botschaft zu verabschieden.

Ich persönlich bin ein großer Gegenredner und auch ein großer Verfechter des „So eitel darfst du aber nicht sein!" und seinen kleinen Geschwistern. Daher habe ich für mich eine Variante der Affirmation entwickelt, die dem Rechnung trägt. Ich suche mir etwas Nettes über mich selbst aus, dem ich auch zustimmen kann, und schreibe dies jeden Morgen auf. Sagen wir, ich möchte meinem Aussehen positiver gegenüberstehen. Hier mein Weg: Ich schaue in den Spiegel und sehe nur Fehler. Oh Gott, so fett! Und zum Friseur müsste ich auch mal wieder. Um Himmels willen, meine Zähne sind so schief! Aber halt! Was sehe ich da? Oder was sehe ich nicht? Keine Pickel? Keine Falten? Oder Lachfalten? Dickes Haar? Grade Zehen? Egal, was es ist: Schreiben Sie es auf. Was immer Ihnen an sich selbst gefällt.

Wenn ich nichts finde (wenn ich müde oder genervt bin oder meine Periode im Anzug ist), denke ich über Komplimente nach, die ich erhalten habe. Schöne Augen? Lange Wimpern? Gerade Zähne? Weiche Haut? Denen ich zustimme, diese schreibe ich auf.

Was noch? Was habe ich auch, das andere versuchen zu bekommen? Knackiger Po? Wenig oder keine Cellulite? Was habe ich nicht, dass andere loswerden wollen? Graue Haare? Brüchige Nägel? Für die Herren vielleicht Hühnerbeine? Schreiben Sie es auf.

Nach dem ersten Mal geht es schneller. Und jedes Mal wird es schneller funktionieren und jeden Tag fühlen Sie sich wohler damit, positiv über diese Dinge zu denken. Damit denken Sie positiver über sich und schwupps, irgendwann wird aus zwei Dingen drei, aus drei wird vier und so weiter. So kommen Sie an Affirmationen, die Sie glauben, mit denen Sie leben können und die ein positives Eigenleben entwickeln.

Erkennen Sie auch die Chancen! Dort, wo die größten Widerstände sind, haben Sie die beste Möglichkeit zu entdecken, woran Sie arbeiten können. Es hat ja keiner gesagt, Sie müssen nur an einer Sache arbeiten. Derzeit habe ich zwei: Sie dürfen raten, was diese sind.

Bei besonders großen Widerständen gibt es noch andere Mentaltechniken als Affirmationen. Doch die Affirmationsmethode ist schon einmal eine Variante, die man trainieren und mit der man das Augenmerk auf etwas Positives lenken kann, ohne dass es am Ende eine innere Gegenrede gibt.

Doch auch die innere Gegenrede ist gut, denn dadurch wissen Sie: Es gibt etwas, was Ihrem Glück oder zumindest Ihrer guten Laune entgegensteht. Schauen Sie es sich an, suchen Sie nach dem Ursprung und überlegen Sie sich, ob dieser Ursprung Ihre schlechte Laune oder Trauer oder Ihren Ärger wert ist – oder ob nicht sinnvoller etwas dagegen unternommen werden kann.

Ein Beispiel: Ich habe miese Laune, wenn ich ins Bad gehe, in dem es aussieht „wie Sau". Was kann ich dagegen tun? Ganz viele Sachen: Die Badezimmertür zumachen, sodass ich den Zustand nicht mehr sehe, meinen Partner anschnauzen, warum er nicht aufgeräumt hat, eine Putzfrau anheuern, selbst aufräumen … Überlegen Sie sich, was wohl am sinnvollsten für Sie ist, und feiern Sie Ihren ersten Sieg des Tages, indem Sie genau das tun.

Sollten Sie erkennen, dass der Ärger über das unaufgeräumte Bad lediglich ein Symptom dafür ist, dass Sie Ihr Leben aufräumen müssten und dass es Sie nicht stören würde, wenn nur Ihr Chef nicht so ein A … wäre, ist das Aufräumen womöglich eher nebensächlich, wenn Sie Ihr Leben an und für sich positiv sehen würden

Wenn Sie schlechte Laune haben, gibt es noch einen Trick, diese zu ändern: Sprechen oder denken Sie nur Gutes oder zumindest nichts Negatives! Dies ist eine Form der Zensur, der Eigenzensur. Jedes Mal, wenn Sie etwas Negatives über sich oder andere sagen oder denken, ändern Sie es. Sie denken: Mann, der doofe Autofahrer vor mir! Dann denken Sie an Stelle dessen: Was für ein interessanter Fahrstil, wie viele Knöllchen der wohl schon hat? Sie denken: Scheisswetter. Stattdessen denken Sie: Das Wetter hat Verbesserungspotenzial. Machen Sie ein kreatives Spiel daraus!

Eine andere Variante: Finden Sie in allem etwas Positives! Sie denken: Scheisswetter. Finden Sie das Gute: Der Regen ist jetzt zwar nichts für mich, aber dafür kann ich ja im Büro sein und werde auch noch bezahlt dafür und kann die Zeit zum Ausgleich an einem sonnigen Tag für mich nutzen. Machen Sie ein kreatives Spiel daraus!

Und das Beste bei all diesen Gute-Laune-Methoden: Hilft es nichts, schadet es nichts!

1.3 Kalender sind nur Gedankenstützen

Also, bevor Sie viel Geld für heilversprechende Seminare opfern, „do it yourself". Wie gesagt, die selbsttrainierenden Botschaften sind keine sofort wirkende Waffe gegen miese Stimmung. Sie müssen sich und Ihren Sätzen einen längeren Zeitraum einräumen, wenn es um Grundlegendes geht. Eine Woche ist nichts. Rechnen Sie lieber mit einigen Monaten!

Gute Laune ist gleichzusetzen mit Lebensfreude. Aber haben Sie die noch? Lebensfreude wird im Alltag oft vergessen. Denn der Kalender ist unser Chef geworden. Falsch! Sie sind Ihr Boss und kein anderer. Wenn Sie sich von Terminen hetzen lassen, kann das nur auf Ihre Kosten gehen. Das ist aber ja wohl nicht Ihr Ziel.

Also nehmen Sie Ihr Leben und damit Ihre Lebensfreude wieder selbst in die Hand und überlassen es nicht Ihrem Kalender. Wie? Ich will nur das Beste leisten und meinen eigenen Ansprüchen gerecht werden? Das ist ein hehres Ziel. Hängen vielleicht die Anforderungen an sich selbst ein wenig zu hoch? Ich bin sicher, Sie sind Ihr härtester Gegner. Sie sind es, der den Tag mit mehr und mehr Aufgaben anfüllt, die erledigt werden sollen. Wenn Sie am Abend dann nicht alles geschafft haben, sind Sie frustriert. Sagen Sie hier einfach: Stopp! Lernen Sie, mit der täglichen Aufgabenliste sorgfältig zu verfahren. Priorisieren Sie, was muss, was soll, was kann. Ernten Sie doch zunächst einmal die tief hängenden Früchte. Das macht zufrieden und fröhlich. Arbeiten, die wir lästig finden, verderben uns schon im Vorfeld die Lust. Also gehen Sie damit dosiert um!

Gehen Sie täglich auf die Suche nach dem Schönen, das Ihnen die Welt bietet. Gehen Sie zu Fuss zur Arbeit, spüren Sie dabei ganz bewusst den Jahreszeiten nach. Der Herbst mit seinen Farben, dem raschelnden Laub, der oft mystischen Stille. Der Winter mit seinem schönen Licht, dem herrlich blauen Himmel und dem glitzernden Eis auf den Bäumen. Das Frühjahr mit den Zeichen des Wiedererwachsens der Natur, dem sanften grünen Schimmer der ausschlagenden Bäume, den ersten Blumen, den zwitschernden Vögeln und dem Summen der Bienen. Der Sommer mit seinen goldenen Farben und wärmenden Sonnenstrahlen. Vielleicht sind es aber auch die glücklich wirkenden Menschen, die Ihnen begegnen, oder auch die unglücklichen Menschen, die Ihnen bewusst machen, dass Ihr Leben gar nicht so schlecht ist.

Hören Sie den Sound des Lebens (ob es das Vogelgezwitscher ist, Ihre Lieblingslieder sind oder lustige Unterhaltung von Menschen)! Es gibt so viel Schönes zu sehen, zu riechen, zu schmecken, zu fühlen oder zu hören. Schaffen Sie sich eine Aufgabenliste, die Sie gerne erledigen. Und: Regeln sind manchmal dafür geschaffen, um gebrochen zu werden. Also immer hinterfragen: Ist mein Tagesablauf, wie ich ihn geplant habe, wirklich gut und gut für mich? Ich zum Beispiel schiebe gerne Unangenehmes vor mir her, bis der Berg so groß ist, dass ich ihn nicht mehr erklimmen mag. Deshalb habe ich mir jetzt jeden Tag eine unangenehme Aufgabe vorgenommen und lasse so nicht zu, dass mir der hohe Berg des Unangenehmen die Sonne verdeckt.

Doch bevor Sie das angehen, definieren Sie doch erst einmal, woran Sie gute Laune festmachen. Ist es die Gelassenheit, ist es die innere Zufriedenheit, ist es das erfüllte Sexleben? Egal, Sie bestimmen das und kein anderer!

Was glücklich macht, wird leider seltener erforscht als das, was uns unglücklich macht. „Glück ist ein subjektives Gefühl, das jeder Mensch anders beschreibt, also sehr unpräzise", sagt Willibald Ruch, Professor am Psychologischen Institut der Universität Zürich für Persönlichkeitspsychologie und Diagnostik, in einem Interview mit migros-impuls.ch (Quelle: *https://www.migros-impuls.ch/de/entspannung/work-life-balance/gluecklich-sein/10-happiness-tipps*).

Laut Ruch wird aber die Hälfte des Glücklichseins vererbt. Den Rest kann man dadurch erreichen, indem man seine Stärken bedient. Welche Ihre Stärken sind, können Sie erfahren, indem Sie sich etwas Zeit nehmen und zum Beispiel den Fragebogen auf *https://www.charakterstaerken.org/*ausfüllen.

Eine der möglichen Messmethoden ist PERMA. „Sie umschreibt fünf Kategorien, die Happiness abbilden. Je mehr dieser Eigenschaften Menschen aufweisen und anstreben, desto grösser ist ihr Wohlbefinden. Es handelt sich dabei darum, positive Gefühle zu haben (positive emotions), sich zu engagieren (engagement), positive Beziehungen im Leben zu haben (relationships), dem Leben einen Sinn abzugewinnen (meaning) und Ziele oder Aufgaben erfolgreich zu erreichen (accomplishment)." Auf diese fünf Eigenschaften werden dann die 24 Stärken verteilt. Diese lassen sich wie gesagt auch mittels Fragebogen erfassen. Ruch und sein Team erarbeiteten ein Katalog mit 24 Stärken, von denen fünf besonders häufig sind fürs subjektive Glücksempfinden: Bindungsfähigkeit, Neugier, Tatendrang, Optimismus sowie Dankbarkeit.

Zum Thema „Glücklich-Sein und Unglücklich-Sein" habe ich mir folgenden Spruch notiert: lieber unerklärlich glücklich als erklärlich unglücklich. Wenn Sie unglücklich sind, versuchen Sie doch erst einmal, glücklicher zu werden, als Ihre Zeit damit zu verbringen, festzustellen, warum Sie so unglücklich sind, sich alle Gründe des Unglücklich-Seins vor Augen zu führen und zu verstehen, wieso. Das ist zwar wichtig, aber sekundär. Sie können auch glücklich sein und wissen, das würde mich oder macht mich unglücklich, das will ich nicht mehr. Warum also nicht mehr Zeit mit Glücklich-Sein verbringen, denn das zieht mehr Glück an!

1.4 Warum die Menschen aus dem Norden so glücklich sind

Eines der glücklichsten Völker auf unserem Erdball sind die Dänen, sagt der „Worlds Happiness Report" (worldhappiness. report), der von dem Sustainable Development Solutions Network veröffentlicht wird. Die Studie basiert auf Daten der Gallup World Poll und von der Ernesto Illy Foundation, illycaffè, der Davines Group, der Blue Chip Foundation, der William, Jeff und Jennifer Gross Family Foundation unterstützt wird und Unilevers grösste Eismarke Wall's.

Warum gelangt man zu dem Schluss, dass die Dänen glücklich sind? Weil die Dänen das bedienen, was sie glücklich macht. Die Familie geht vor Beruf, die Einrichtung besteht nicht aus repräsentativen Designerstücken, sondern Möbeln, die die Dänen gemütlich finden. Sie verbringen möglichst viel Freizeit mit Leuten, die sie mögen, und sie fühlen sich von ihrem Staat gut betreut. „Hygge" nennt man das. Laut dem „World Happiness Report" spielen auch Indikatoren wie Großzügigkeit, Entscheidungsfreiheit, soziale Zusammenhalt sowie Lebenserwartung der Bürger eine entscheidende Rolle. „Wir glauben – ein bisschen Hygge tut jedem gut!", hieß es in der Onlineausgabe von „Die Welt" *(Quelle: https://www.welt.de/kmpkt/article158449701/ Warum-die-Daenen-so-verdammt-gluecklich-sind.html)* über das dänische Glücksgefühl.

In den vergangenen sieben Jahren waren die nordischen Länder Finnland, Dänemark, Norwegen, Schweden und Island unter den Top Ten: „Wenn es um die durchschnittlichen Lebensbewertungen geht, machen die nordischen Staaten eindeutig etwas richtig, aber der nordische Ausnahmezustand beschränkt sich nicht nur auf das Glück der Bürger. Unabhängig davon, ob wir den Zustand der Demokratie und der politischen Rechte, den Mangel an Korruption, das Vertrauen zwischen den Bürgern, die Sicherheit, den sozialen Zusammenhalt, die Gleichstellung der Geschlechter, die Einkommensverteilung, den Index für die menschliche Entwicklung oder viele andere globale Vergleiche betrachten, finden sich bei diesen Themen tendenziell die nordischen Länder an der Weltspitze.

Es liegt also auch viel am Staat. Bietet das Land Sicherheit seinen Bürgern soziale Sicherheit, ist es stabil demokratisch, wenig diskriminierend und weist eine geringe Korruption auf, hat das viel mit dem eigenen Glücksgefühl zu tun. Das Recht auf freies Leben und Entscheiden ist also auch wichtig." *(Quelle: Biswas-Diener, R., Vitterso, J., & Diener, E. (2010). The Danish effect: Beginning to explain high well-being in Denmark. Social Indicators Research, 97(2), 229–246).*

Das Einkommensunterschiede Glück oder Unglück eines Menschen beeinflussen, kann nicht nachgewiesen werden.

Wie der regelmässig wiederholte World Happiness Report[1] zeigt, gehören alle nordischen Länder zu den elf führenden Ländern

---

1 https://worldhappiness.report/ed/2022/

der Welt, was die geringe Varianz in den Lebensbeurteilungen betrifft, weit unter dem globalen Durchschnitt und dem Durchschnitt der reichsten Länder. Dies bedeutet, dass es in den nordischen Ländern und Ländern wie den Niederlanden, Luxemburg und der Schweiz weniger Ungleichheit beim Glücklichsein gibt. Das bedeutet, dass die Glückswerte der Menschen in diesen Ländern im Vergleich zu anderen Ländern der Welt tendenziell näher beieinanderliegen. Unter den zehn reichsten Ländern der Welt rangieren die Niederlande, Luxemburg sowie die Schweiz ähnlich wie die nordischen Länder sowohl in Bezug auf die hohe Lebenszufriedenheit als auch auf die geringe Ungleichheit der Lebenszufriedenheitswerte. Im Gegensatz dazu weisen die anderen reichsten Länder – die Vereinigten Staaten, die Vereinigten Arabischen Emirate, Hongkong und insbesondere Saudi-Arabien und Kuwait – eine ungleiche Verteilung des Glücks auf, und die durchschnittliche Lebenszufriedenheit in diesen Ländern ist niedriger als in den nordischen Ländern, schreiben die Autoren des Glücksreports.

Eine der für mich wichtigsten Erkenntnisse ist, dass das Glück in einer vertrauenswürdigen sozialen Umgebung gross ist. Das zeigt auch den Einfluss der Umwelt. Das grössere Glück oder die Lebensqualität zu erhöhen, liegt an der oft hart erkämpften hohen Qualität ihrer lokalen und nationalen sozialen Umgebung.

Was bedeutet das für die eigene Laune, persönliche Zufriedenheit sowie das damit einhergehende Glücksgefühl? Schaffen Sie sich einen stabilen Freundeskreis, pflegen Sie diesen und die Beziehung zu Ihrer Familie. Denn ich glaube fest daran: Stimmt das Umfeld und schätzt man sein Leben, ist das eine Voraussetzung, um glücklich zu werden und somit jeden Tag mit guter Laune aufzuwachen.

2   ICH KANN JA DOCH NICHTS ÄNDERN

Erwartungen prägen täglich uns und unsere Umwelt. Wir erwarten beispielsweise höfliches Verhalten von Bedienungen, Kompetenz von Dienstleistern, Funktionieren von unseren technischen Geräten, Liebe und Zuwendung von unseren Familien. Das läuft im Hintergrund fortwährend mit und wird durch unsere Sozialisation, durch unsere Erfahrungen und durch unsere Einstellungen geprägt. Werden die Erwartungen enttäuscht, werden wir ungehalten. Werden unsere Erwartungen übertroffen (positiv), dann sind wir erfreut. Werden unsere Erwartungen genau getroffen, haben wir das Gefühl, dass alles so läuft wie immer – im Prinzip ist alles beim Alten und damit alles gut. Das ist so, weil wir Menschen Gewohnheitstiere sind. Auch wenn das Gewöhnte und das Erwartete furchtbar sind, ist es doch zumindest bekannt und wir wissen, wie damit umgehen: Mein Mann räumt nie auf, ich muss meinen Kindern immer alles 1000-mal sagen, meine Mitarbeiter sind dumm und faul und so weiter. Anderen Menschen geht es nicht anders als Ihnen und damit laufen täglich im Hintergrund die gleichen Muster ab.

Erstaunlicherweise ändern sich Ihre Erwartungen an andere etwas, wenn Sie selbst eine andere Einstellung haben. Haben Sie beispielsweise gute Laune, sehen Sie die Welt in einem besseren Licht und interpretieren Sie das Verhalten anderer positiver. Die eigene Einstellung hat also einen Einfluss darauf, wie Ihre Erwartungen sind und welche Ergebnisse Sie sehen.

Die eigene Einstellung und Laune haben jedoch noch einen weiteren Effekt, nämlich dass andere Menschen Sie positiver sehen. Ich will damit nicht sagen, dass jemand, der einen extrem schlechten Tag hat, auf Sie positiver reagiert, nur weil Sie gute Laune haben. Wir sprechen hier von Tendenzen, nicht von einem wunderwirkenden Rezept. Probieren Sie es einmal aus: Gehen Sie mit einem Lächeln durch eine Stunde und wechseln Sie dann den Ausdruck durch eine böse oder genervte Miene. Achten Sie darauf, wie die Umwelt auf Sie reagiert.

Was aber hat das mit dem Wohlbefinden und der besseren Leistungsfähigkeit zu tun? Dazu kommen wir jetzt.

Bestimmt kennen Sie das auch: das Gefühl, dass man machen kann, was man will, aber es geht dennoch nicht in die Richtung, in die man will. Oder dass jedes Ergebnis nur von kurzer Dauer ist, bevor man wieder vor demselben Problem steht. Da kann man schon mal verzweifeln und sich sagen: Ich kann ja eh nichts ändern. Das nennt man auch den Sisyphos-Effekt.

Ursprung des Begriffs ist die Bestrafung, die Sisyphos auferlegt wurde. Er sollte in der Unterwelt bis in alle Ewigkeit einen Felsen einen Hang hinaufrollen, der ihm kurz vor Erreichen der Spitze immer wieder entglitt.

Dies bedeutete nicht, dass wir keinen Einfluss haben. Anders als in vielen Selbsthilfebüchern bin ich aber kein Fan von der Maxime, dass Gedanken allein einen direkten Effekt auf die materielle Welt haben. Ich kann mir keinen Kaffee in meine Hand wünschen. Dafür muss ich schon zur Kaffeemaschine gehen oder durch das Büro nach meiner Assistenz brüllen, ob Sie gerade auch einen will und mir einen mitbringt.

Es gibt keine wissenschaftlichen Beweise dafür, dass Gedanken allein die Ergebnisse beeinflussen. Solche Ansätze wurden scharf verurteilt, weil sie die Schuldzuweisung an die Opfer begünstigen. Denn sie behaupten, dass Menschen, die nicht bekommen, was sie wollen, sich nicht genug bemüht und nicht stark genug an ihren Erfolg geglaubt haben. Dies ist ein gefährliches Denken, das von der Realität losgelöst ist und Sie in eine weitere Spirale von „Ich bin einfach nicht gut genug!" wirft.

Trotzdem haben Erwartungen einen Effekt. Dieser ist jedoch indirekter, als man denkt. Das bedeutet aber nicht, dass man den Effekt nicht für sich nutzen sollte. Jedes Bisschen auf dem Weg zum Ziel hilft.

2.1 Die Erwartung bedingt das Resultat

Überzeugungen und Erwartungen in unserem Leben beeinflussen uns, weil sie Auswirkungen darauf haben, wie wir uns verhalten und wie wir nach außen wirken.

Wenn Sie glauben, dass Sie etwas erreichen können, werden Sie vermutlich die notwendigen Anstrengungen unternehmen, Probleme lösen, Barrieren überwinden und durchhalten, bis das angestrebte Ergebnis erreicht ist.

Positive Erwartungen und harte Arbeit allein setzen sich aber nicht immer durch. Neben den Erfolgsgeschichten von Menschen, die trotz außerordentlichen Widrigkeiten durchgehalten haben, gibt es die Geschichten von Menschen, die dennoch gescheitert sind. Manchmal sind die schwierigsten Entscheidungen im Leben jene dahin gehend, ob man sich mehr anstrengen oder sich zurückziehen soll.

Ein Körper weiss genau, was gut und schlecht ist. Was jemanden nicht umbringt, macht ihn stärker, oder zumindest reicher an Erfahrungen.

Dabei sollte man aber nicht denken, dass eine positive Einstellung alles wie von Zauberhand verbessert, auch wenn es sich anfangs so anfühlen mag. Es gibt das sogenannte Syndrom der falschen

Hoffnung, das bei einer Verhaltensänderung zur Zielerreichung zunächst Euphorie auslöst, da unrealistisch hohe Erwartungen erhofft werden, welche hinterher nicht erreicht werden.

Im Artikel „Adressing Outcomes Expectancies in Behavior Change" beschrieben die Autoren, dass die Erwartungshaltung von Patienten bei Behandlungsmethoden, die Anpassungen im Verhalten erforderten, einen großen Einfluss auf das Resultat hatten.[2]

Das kann auch daran liegen, dass es bei positiven Erwartungen eine Anpassung in der eigenen Wahrnehmung gibt. Erwarten Sie etwas Positives, sehen Sie mehr Positives und ignorieren mehr Negatives.[3]

Wenn Sie mehr Positives wahrnehmen, werden Sie positiver, wenn Sie mehr Negatives wahrnehmen, verschlechtert sich die Laune.[4]

Dass es schwer ist, positiv zu bleiben, wenn man Misserfolge erlebt, ist mit messbaren Effekten belegt. In einer Studie über Diäterfolge bei Frauen im mittleren Alter fanden die Forscher heraus, dass unter anderem häufige Misserfolge bei vorherigen Diäten die Erfolgswahrscheinlichkeit einer neuen Diät stark

2 Layton Reesor u.a., „Addressing Outcomes Expectancies in Behavior Change", *American Journal of Lifestyle Medicine* 11, Nr. 6 (11. August 2017): 430–32, https://doi.org/10.1177/1559827617722504.

3 Suzanne C. Segerstrom, „Optimism and Attentional Bias for Negative and Positive Stimuli":, *Personality and Social Psychology Bulletin*, 2. Juli 2016, https://doi.org/10.1177/01461672012710009.

4 Joseph P. Forgas, „Chapter 3 – Mood Effects on Cognition: Affective Influences on the Content and Process of Information Processing and Behavior", in *Emotions and Affect in Human Factors and Human-Computer Interaction*, hg. von Myounghoon Jeon (San Diego: Academic Press, 2017), 89–122, https://doi.org/10.1016/B978-0-12-801851-4.00003-3.

reduzieren.[5] Dieser Effekt lässt sich aber adressieren, indem man die eigenen Erwartungen anpasst oder den Blickwinkel zum Ergebnis ändert. Dazu später mehr!

Entgegen meinen Erwartungen bei der Recherche zu diesem Buch fand ich jedoch heraus, dass übermässig positive Erwartungen an das Ergebnis zu haben, kein schlechteres Ergebnis produziert.[6]

Wichtig ist meiner Meinung nach nicht nur, welches Resultat Sie am Ende bekommen, sondern wie Sie auf das Ergebnis reagieren. Die emotionale Reaktion hängt nicht nur davon ab, was tatsächlich passiert ist, sondern auch davon, was Sie dachten, dass passieren würde.[7] Und hier sind wir wieder bei den Erwartungen.

Das nennt man auch den Effekt der sich selbst erfüllenden Prophezeiung. Robert King Merton definierte den Begriff und erklärte mit dieser Theorie eine unbewusst ablaufende Verhaltensänderung oder -steuerung. Die führt dazu, dass sich eine Erwartung oder Befürchtung tatsächlich erfüllt.[8]

Beim wohl klassischen Experiment von Rosenthal & Jacobson täuschte man Lehrern an Grundschulen vor, bei 20 Prozent der Schüler nach einem IQ-Test enormes Entwicklungspotenzial entdeckt zu haben. Fast die Hälfte der zufällig einer der Gruppen

---

5 Pedro J. Teixeira u. a., „Weight Loss Readiness in Middle-Aged Women: Psychosocial Predictors of Success for Behavioral Weight Reduction", *Journal of Behavioral Medicine* 25, Nr. 6 (Dezember 2002): 499–523, https://doi.org/10.1023/a:1020687832448.

6 Teixeira u. a.

7 Mika Asaba, Desmond C. Ong, und Hyowon Gweon, „Integrating Expectations and Outcomes: Preschoolers' Developing Ability to Reason about Others' Emotions", *Developmental Psychology* 55, Nr. 8 (August 2019): 1680–93, https://doi.org/10.1037/dev0000749.

8 Werner Stangl, „self-fulfilling prophecy", zugegriffen 3. November 2020, https://lexikon.stangl.eu/829/self-fullfilling-prophecy/.

zugeteilten Kinder steigerten ihren Intelligenzquotienten um 20 Punkte, bei einem Fünftel um 30 Punkte oder noch mehr, wobei es vor allem schlechtere Schüler waren, die sich verbesserten. Man vermutete, dass die Lehrer sich mehr um sie bemühten, geduldiger waren und mehr positives Feedback gaben. Spätere Studien konnten diese Ergebnisse allerdings nicht in gleichem Ausmaß bestätigen.[9]

Wenn man es genau betrachtet, verursacht eine positivere Einstellung zum Ergebnis nicht an sich die Verbesserung (auch wenn das Gehirn mit den entsprechenden Botenstoffen eine Wirkung verursachen kann), sondern die bessere Einstellung zum Ergebnis fördert Handlungen, die dieses Ergebnis bewirken. Wissenschaftler untersuchten 159 HIV-positive Menschen. Jene Patienten, die eine Schulung zum positiven Denken mitmachten, zeigten nach 15 Monaten eine bessere Gesundheit als die andere Kontrollgruppe.[10]

Ähnliches beschreibt der Placeboeffekt.[11] Als Placeboeffekt bezeichnet man das Auftreten einer therapeutischen Wirkung durch Verabreichung eines Mittels ohne Wirkstoff oder auch sogenannte Scheinbehandlungen.[12] Die Patienten wissen dabei nicht, dass sie kein echtes Medikament einnehmen.

---

9 Stangl Stangl, W. (2020). Stichwort: „self-fulfilling prophecy". Online Lexikon für Psychologie und Pädagogik. WWW: https://lexikon.stangl.eu/829/self-fullfilling-prophecy/(2020-11-03).

10 Andrew K. Macleod und Richard Moore, „Positive Thinking Revisited: Positive Cognitions, Well-Being and Mental Health", *Clinical Psychology & Psychotherapy* 7, Nr. 1 (2000): 1–10, https://doi.org/10.1002/(SICI)1099-0879(200002)7:1<1::AID-CPP228>3.0.CO;2-S.

11 Manfred Poser, *Der Placebo-Effekt* (Crotona Verlag GmbH, 2015).

12 Morton E. Tavel, „The Placebo Effect: The Good, the Bad, and the Ugly", *The American Journal of Medicine* 127, Nr. 6 (1. Juni 2014): 484–88, https://doi.org/10.1016/j.amjmed.2014.02.002.

Jahrelang galt ein Placeboeffekt als Zeichen des Scheiterns einer klinischen Studie über die Wirksamkeit von Behandlungen. So konnten die Wissenschaftler messen, ob das Medikament wirkt, indem sie vergleichen, wie die jeweilige Probandengruppe reagierte. Wenn beide die gleiche Reaktion zeigten – Verbesserung oder nicht – gilt das Medikament als nicht wirksam.

In jüngerer Zeit gelangte man jedoch zum Schluss, dass die Reaktion auf ein Placebo nicht einen Beweis für den Mangel der Wirksamkeit eines Medikaments darstellt, sondern den Beweis für die Präsenz eines anderen nicht-pharmakologischer Mechanismus.[13]

Dieser Placeboeffekt wird auf Neurotransmitter zurückgeführt, mit denen das Gehirn dem Körper signalisiert, dass eine Verbesserung vorliegt. Das Ergebnis kann also durch die eigene verstärkte Wahrnehmung von positiven Ergebnissen ausgelöst werden.[14]

In einer Studie mit 121 Unternehmern aus den Niederlanden untersuchten Forscher die Beziehungen zwischen dem Wohlbefinden sowie dem Unternehmenserfolg. Obwohl keine Beziehungen zu objektiven Indikatoren der Kennzahlen (Gewinn, Umsatz und Anzahl der Beschäftigten) im Zeitverlauf gefunden wurden, stellte man eine Beziehung zwischen Leistung und Wohlbefinden kurzfristig fest. Trotz dieses Ergebnisses unterstreicht diese Studie die Bedeutung des Wohlbefindens von Unternehmern

---

13 Deutscher Ärzteverlag GmbH Ärzteblatt Redaktion Deutsches, „Placebo", Deutsches Ärzteblatt, 13. November 2009, https://www.aerzteblatt.de/archiv/66733/Placebo; Harvard Health Publishing, „The power of the placebo effect", Harvard Health, zugegriffen 3. November 2020, https://www.health.harvard.edu/mental-health/the-power-of-the-placebo-effect.
14 Publishing, „The power of the placebo effect".

als Schlüsselfaktor für den langfristigen subjektiven finanziellen, persönlichen und unternehmerischen Erfolg. Die praktische Implikation ist, dass Unternehmer ihr eigenes Wohlbefinden aufrechterhalten und verbessern sollten, um langfristig positive Geschäftsergebnisse zu erzielen.[15]

Eine weitere Studie analysierte den Zusammenhang von persönlichem Wohlbefinden von Studierenden und ihren Lernerfolgen während des Universitätsstudiums. Sie umfasste insgesamt 434 Universitätsstudenten*innen einer öffentlichen Universität in Hongkong. Die Befragung fand über mehrere Jahre in Form von Online-Umfragen statt. Die Ergebnisse zeigten, dass das persönliche Wohlbefinden zu Beginn der Universitätsstudie den persönlichen Fortschritt und die akademische Leistung der Studenten vorhersagte.[16]

Shawn Archor hat mehrere Bücher verfasst (auf Basis einer Langzeitstudie mit 1.600 Harvard-Studenten), in denen steht, dass positiveres Denken („Happiness" oder „glücklich sein") erfolgreicher macht.[17]

15 Josette Dijkhuizen u. a., „Well-Being, Personal Success and Business Performance Among Entrepreneurs: A Two-Wave Study", *Journal of Happiness Studies*, 11. September 2017,
https://doi.org/10.1007/s10902-017-9914-6.
16 Lu Yu, Daniel T. L. Shek, und Xiaoqin Zhu, „The Influence of Personal Well-Being on Learning Achievement in University Students Over Time: Mediating or Moderating Effects of Internal and External University Engagement", *Frontiers in Psychology 8* (9. Januar 2018),
https://doi.org/10.3389/fpsyg.2017.02287.
17 Shawn Achor, The Happiness Advantage: *The Seven Principles of Positive Psychology That Fuel Success and Performance at Work* (London: Virgin Books, 2011); Shawn Achor, Das Happiness-Prinzip: Wie Sie mit 7 Bausteinen der Positiven Psychologie erfolgreicher und leistungsfähiger werden (Unimedica ein Imprint der Narayana Verlag, 2020).

Mit anderen Worten kann Ihnen eine positive Einstellung helfen, ein besseres Ergebnis zu erzielen. Aber nur dann, wenn Sie realistisch bezüglich der Erwartungen und Kompetenzen bleiben und daher die notwendigen Anstrengungen unternehmen, um diese auch erfüllen zu können. Befriedigung von Erwartungen bringt Sie dann wieder in einen Feedback-Loop, der Ihnen mehr Wohlbefinden bringt – zusätzlich zur Zielerreichung. Sind Sie auch während der Anstrengungen zur Zielerreichung bei besserem Wohlbefinden, erhalten Sie von anderen und Ihrem Inneren positives Feedback.

Sprechen wir vom Zusammenhang Ihrer Stimmung und damit Ausstrahlung auf das Feedback von aussen.

2.2   Ausstrahlung – die Erwartung anderer

„Wie es in den Wald hineinruft, so schallt es heraus", sagt ein altes Sprichwort. Das geht jedoch weit über die Kritik von Immanuel Kants goldener Regel hinaus. Der große Denker zweifelt, ob sie ein allgemeines Gesetz der moralischen Handlung sein kann, weil sie u. a. keinen Grund der Liebespflichten gegen andere enthalte. Ihre Ausstrahlung beeinflusst, wie andere Sie sehen.

„Halo effect" (zu Deutsch „Heiligenschein-Effekt") wird in der Sozialpsychologie als kognitive Verzerrung bezeichnet, also eine unbewusste, systematische Störung unserer Urteilskraft. Dies bedeutet, dass wir eine besondere oder herausstechende Eigenschaft, ein prägnantes Ereignis oder eine herausragende Leistung als Ankerpunkt übernehmen und dies auf ohne Weiteres auf andere Attribute einer Person übertragen. Ein Schachmeister ist ein Genie – auch wenn er keine Dose Suppe aufmachen kann. Eine Athletin oder Schauspielerin wird mit ihrer Meinung über wirtschaftliche oder politische Vorgänge für voll genommen.

Dieser Effekt kommt besonders beim Aussehen zum Tragen. Attraktive sind schlau, man traut ihnen viel zu,[18] das spielt ebenfalls eine Rolle.[19]

Eine US-Studie von Psychologin Courtney Michele Kneip befasste sich 2011 mit dem Zusammenhang bestimmter physischer Merkmale auf die wahrgenommene Kompetenz. Die Teilnehmer beantworteten dieselben Fragen, erhielten jedoch jeweils ein anderes Foto. Danach hörten sie sich eine zuvor aufgezeichnete Rede an, nachdem ihnen mitgeteilt worden war, dass der Redner die Person auf dem Foto war. In sämtlichen Umfragen wurden die Teilnehmer gebeten, ihre Beurteilungen von Größe, Gewicht und Aussehen im Vergleich zum durchschnittlichen Amerikaner zu bewerten. Die Rede bildete die Grundlage für die Kompetenz- und Glaubwürdigkeitsbewertungen.

Die ursprünglichen Ergebnisse erbrachten keine signifikanten Resultate, aber auf der Grundlage der Umfrage wurden alle drei Hypothesen im Allgemeinen unterstützt. Diese Ergebnisse legen nahe, dass Grösse, Gewicht sowie Aussehen einen Einfluss auf die Beurteilung der wahrgenommenen Kompetenz haben.[20] Es muss aber dazu gesagt werden, dass diese Forschungsergebnisse nicht unumstritten sind.

Umgekehrt beeinflusst unser Aussehen auch unseren Charakter. Wer schlank und schön oder muskulös und groß (je nach Geschlecht) ist, wird eher extrovertiert sein als eine dicke, hässliche oder kleine und schwache Person.

---

18 Bettina Kellerer, *Halo Effekt. Halten wir attraktive Menschen fr intelligenter?* (GRIN Verlag, 2018).
19 Timothy A. Judge und Daniel M. Cable, „The Effect of Physical Height on Workplace Success and Income: Preliminary Test of a Theoretical Model", *Journal of Applied Psychology* 89, Nr. 3 (2004): 428–41, https://doi.org/10.1037/0021-9010.89.3.428.
20 {Citation}

(First impressions – https://www.researchgate.net/publication/
*328442746_First_Impressions_of_Personality_Traits_From_Body_*
Shapes, https://www.bbc.com/future/article/20190619-how-your-
looks-shape-your-personality)

Denken Sie an den Künstler Prince, der klein war, aber als sexy galt. Oder den amerikanischen Ex-Präsidenten Donald Trump, der trotz seiner Frisur und seines Gesichts immerhin der Führer einer der einflussreichsten Nationen der Welt war.

Aber zurück zur Ausstrahlung. Geht es Ihnen gut, strahlen Sie dies auch aus. Dies kann ebenso einen Halo-Effekt auslösen oder zerstören, wie ein Artikel von Joseph P. Forgas bereits 2011 bezeugte.[21]

Ihre eigenen positiven Gefühle im Allgemeinen verursachen, dass andere auch besser über Sie denken.

In einer Studie aus dem Jahr 1976 mit depressiven Patienten hatten die Forscher 45 Probanden mit depressiven und nicht-depressiven Menschen sprechen lassen. Die Resultate erwiesen sich als eindeutig. Jene Probanden, die mit depressiven Menschen gesprochen hatten, wiesen danach einen deutlichen negativen Effekt bei sich selbst auf.[22]

Auch im Bereich der Führungsforschung wurde festgestellt, dass Führungspersonen, die gute Laune hatten, effektivere Teams

---

21 Joseph P. Forgas, „She Just Doesn't Look like a Philosopher ...? Affective Influences on the Halo Effect in Impression Formation", *European Journal of Social Psychology* 41, Nr. 7 (2011): 812–17, https://doi.org/10.1002/ejsp.842.
22 James C. Coyne, „Depression and the response of others", *Journal of Abnormal Psychology* 85, Nr. 2 (1976): 186–93, https://doi.org/10.1037/0021-843X.85.2.186.

führten und sich die Teammitglieder ebenfalls besser fühlten.[23] Jedoch muss hinzugefügt werden, dass die Resultate nicht immer nur von der Stimmung des Führungsorgans abhängen.[24]

Zudem muss auch erwähnt werden, dass in einer sehr ausführlichen Studie über das Verhältnis von Selbstbewusstsein und Erfolg keine direkte Korrelation gefunden wurde. Allerdings wurde festgestellt, dass mehr Selbstbewusstsein zu mehr Initiative und positiveren Gefühlen führt.[25]

Körpersprache zählt zur Ausstrahlung, die sich auf den von Edward Thorndike genannten Halo-Effekt auswirkt und war sogar der Ursprung der Untersuchung. Thorndike untersuchte im Ersten Weltkrieg, wie Offiziere ihre Soldaten bewerteten. Kriterien waren z. B. Intelligenz, Aussehen, Charakter, Musikalität und zielgenaues Schießen. Die Untersuchung führte zu überraschenden Ergebnissen. So wurde den Soldaten mit einer einwandfreien Körperhaltung auffällig oft zielgenaues Schießen und Musikalität bestätigt, wohingegen die anderen Soldaten bei der Bewertung unterdurchschnittlich abschnitten.

Ein hervortretendes Merkmal – in diesem Fall die einwandfreie Körperhaltung – überstrahlte den Rest und machte eine differenzierte Betrachtung der Soldaten unmöglich. In Kombi-

---

23 „The Contagious Leader: Impact of the Leader's Mood on the Mood of Group Members, Group Affective Tone, and Group Processes. – PsycNET", zugegriffen 3. November 2020, /doiLanding?doi=10.1037%2F0021-9010.90.2.295.

24 Peter J. Jordan, Sandra A. Lawrence, und Ashlea C. Troth, „The Impact of Negative Mood on Team Performance", *Journal of Management & Organization* 12, Nr. 2 (September 2006): 131–45, https://doi.org/10.5172/jmo.2006.12.2.131.

25 „Does High Self-Esteem Cause Better Performance, Interpersonal Success, Happiness, or Healthier Lifestyles? – Roy F. Baumeister, Jennifer D. Campbell, Joachim I. Krueger, Kathleen D. Vohs, 2003", zugegriffen 3. November 2020, https://journals.sagepub.com/doi/full/10.1111/1529-1006.01431.

nation mit dem Nimbus-Effekt – auch bekannt als Attraktivitätsstereotyp – lässt sich der Halo-Effekt ebenfalls im Unterrichtswesen nachweisen.

Dies bedeutet aber nicht, dass wir nun alle wie die Wilden in die Schönheitsklinik rennen sollten, damit wir uns attraktiver fühlen und uns mehr zugetraut wird.

2.3   Nur Du kannst Du sein

Wie ich bereits gesagt hatte, ist es die Ausstrahlung, die viel ausmacht. Natürlich hilft es, gut auszusehen. Es kann aber auch schaden. Machen wir uns nichts vor. Ich möchte jetzt nicht auf das ausgelutschte Beispiel der Blondine eingehen, sondern die Männer in den Vordergrund rücken. Ein junger und gutaussehender Mann wird fast immer zunächst als ein Frauenheld wahrgenommen. Seien Sie ehrlich. Seien Sie jetzt noch ehrlicher und überlegen Sie sich, was Sie denken würden, wenn dieser junge Mann eben kein Frauenheld ist, sondern ernsthaft nach einer langen, festen Beziehung sucht. Das nimmt ihm zunächst keiner ab. Soll dieser junge Mann nun deswegen anfangen, sich einen Bauch anzufressen oder sich nicht mehr zu pflegen? Nein. Sie müssen schon mit dem arbeiten, was Sie haben. Natürlich können Sie sich „optimieren", wenn Sie wollen und es sich leisten können und nicht wie ich Todesangst vor Krankenhäusern haben, dann legen Sie sich auch unters Messer (nach Beratung versteht sich). Das einfachste Mittel ist jedoch die Arbeit an Ihrer Ausstrahlung.

Besonders heftig möchte ich hier auf dem Wort „Ihrer" herumreiten. Sie sind, wie sie sind und aus einem Morgenmuffel wird nicht so schnell ein Frühaufsteher. Arbeiten Sie mit dem, was Sie haben, nicht nur beim Aussehen, sondern auch in Sachen Charakter. Wenn Sie diesen gezwungen ändern (dazu zählt auch

Eigenzwang), wirkt es auch gezwungen. Dann sind Sie nicht authentisch. Sind Sie nicht authentisch, ist das nicht nur sehr anstrengend (ich habe es 15 Jahre lang versucht, bevor ich aufgegeben habe), sondern fällt Ihrer Umwelt auch auf. Je länger man mit Ihnen Zeit verbringt, umso mehr. Sie kennen bestimmt die selbst-etikettierten, extrovertierten Introvertierten. Die sind das Leben der Party – für ein paar Stunden – und dann sind sie so ausgelaugt, dass sie schnell wieder in ihr Loch zurückgehen. Würde man diese Menschen länger beobachten, würde man die Löcher in der Fassade bemerken.

Selbst wenn es nicht sofort auffällt, haben doch die meisten Menschen einen Sinn dafür, dass etwas bei diesem oder jenem Menschen nicht stimmt. Ich gebe aber zu, dass es immer Ausnahmen gibt.

Was können Sie also tun, um als Sie mit Ihrer Persönlichkeit zu einer guten Ausstrahlung kommen? Indem Sie sich positiver zu sich selbst stellen. Loben Sie sich (sich selbst gegenüber), behandeln Sie sich gut, ziehen Sie sich gut an, pflegen Sie sich, achten Sie auf Sauberkeit und Gepflegtheit der Kleidung (egal welcher Stil). Ich verspreche Ihnen, dass Sie sich selbst besser fühlen werden und damit auch nach außen besser wirken.

Wenn Sie sonst noch einen besseren Effekt erzielen wollen, der etwas Training erfordert, kann ich auch helfen. Die meisten Ratschläge zur Verbesserung der Ausstrahlung bestehen aus unnützen Aussagen wie „Selbstvertrauen ist alles". Na großartig. Daher werde ich jetzt konkreter – auch wenn es nicht alles auf meinem Mist gewachsen ist.

Zollen Sie Ihrem Gegenüber Aufmerksamkeit! Zeigen Sie sich als ansprechbar. Zeigen Sie Begeisterung. Verwenden Sie Metaphern, Geschichten und Anekdoten, insbesondere persönliche Erlebnisse. Zeigen Sie moralische Überzeugung. Drücken Sie gemeinsame Gefühle aus. Setzen Sie hohe Erwartungen und vermitteln Sie Vertrauen in die Person, in die Sie diese Erwartungen setzen. Verwenden Sie Kontraste, um Botschaften einzurahmen und zu fokussieren. Verwenden Sie Listen! Verwenden Sie rhetorische Fragen! Verwenden Sie Körpersprache!

2.4 Es muss nicht immer alles „gleich" funktionieren – Flexibilität ist der Schlüssel

Wie immer in diesem Buch gilt: Es muss nicht sofort funktionieren! Probieren Sie einige Sache einfach aus und machen aus Ihrem Leben eine wissenschaftliche Studie für sich. Wenn Sie dann feststellen, dass ich recht habe, arbeiten Sie an Ihrer Einstellung.

Haben Sie einmal schlechte Laune, müssen Sie dies also erkennen und die Dauerschleife (schlechte Laune macht schlechte Aussenwahrnehmung macht schlechtes Feedback, macht mehr schlechte Laune) durchbrechen!

Ich empfehle, dass Sie mit etwas Kleinem anfangen. Kaffee ist zum Beispiel nicht mehr „widerlich", sondern nur noch Geschmackssache. Ihr Chef ist nicht mehr ein kompletter Trottel, sondern hat Verbesserungspotenzial. Der Tag hat zwar schlecht angefangen, aber das kann sich ja noch ändern.

Erwarten Sie dann entsprechend kleine Verbesserungen und trimmen Sie Ihr Gehirn darauf, diese auch wahrzunehmen. Wenn Ihnen jemand einen Kaffee anbietet, verziehen Sie nicht mehr das Gesicht und machen so einen schlechten Eindruck, sondern bedanken sich. Sie können ja erwähnen, dass Kaffee eine Geschmackssache sei und Sie lieber Tee hätten. Ein anderes Beispiel gefällig? Ihr Chef tritt mal wieder direkt vor Ihnen durch die Tür, sodass Sie anhalten müssen: Wow, der will wirklich was arbeiten und so weiter!

Ein weiterer Schlüssel, um von den eigenen Automatismen wegzukommen: Sie sind nicht die Hauptfigur in dem Spielfilm anderer. Sie sind die Hauptfigur in Ihrem Spielfilm. Zurück zum
Chef: Wenn er vor Ihnen eintritt, geht es wahrscheinlich weniger darum, grade Ihnen den Weg abzuschneiden, sondern darum, dass der Chef auf Teufel komm raus der Erste (oder nicht
der Letzte) im Sitzungszimmer sein will – oder Ähnliches. Sie
werden sehen: Die eigene Laune verbessert sich enorm und damit auch die Ausstrahlung.

3   QUICKIES FÜR DIE GUTE LAUNE

Der Kalender ist voll, Sie müssen vor wichtigen Kunden präsentieren und natürlich auch brillieren. Die Arbeit stapelt sich und dann kommt auch noch Unvorhergesehenes. Der Hund hat sich auf dem Teppich übergeben, die Kinder haben einen „schwierigen" Tag, Ihr Partner hat gemeint, dass Sie wohl wieder ein bisschen mehr Sport machen sollten. Super, dass Sie an dem Tag echt psychisch und physisch fit sind. Aber was, wenn nicht?

Man hat zu wenig zu unruhig oder zu schlecht geschlafen, nach dem Mittagessen hängt man merklich durch, man fühlt sich körperlich und seelisch nicht wohl. Alles Gründe für plötzlich auftretende Leistungsabfälle und Erschöpfungszustände. „In einer deutschen Bevölkerungsbefragung geben 31 % der über 16 Jahre alten Befragten an, manchmal oder häufig unter ‚Ermüdungserscheinungen' zu leiden."[1] Vor allem am frühen Nachmittag sinkt die Leistungskurve. Die Erkenntnis ist nicht neu und wurde bereits 1902 vom Psychiater Emil Kraeplin als „Hygiene der Arbeit" veröffentlicht und von seinem Schüler Otto Graf *(Quelle: Otto Graf, Untersuchungen über die Wirkung zwangsläufiger zeitlicher Regelung von Arbeitsvorgängen (III), Arbeitsphysiologie 7, 1934)* ergänzt.

Die Psychologen stellten fest, dass es zwischen 09:00 Uhr und 11:00 Uhr bei Arbeitenden ein Leistungshoch gibt. Zu einem Leistungshöhepunkt kommt es gegen 11:00 Uhr. Das Leistungstief kommt nach dem Mittagessen (wahrscheinlich mit vielen Kohlehydraten), weil der Körper verdauen muss. Das heißt physische Schwerstarbeit und verbraucht Energie. Und das eben macht müde. Dann geht es am Nachmittag (gegen 16:00 Uhr) wieder aufwärts mit unserer Leistung. Doch in der Regel bauen wir eine Stunde später wieder langsam ab. Die Müdigkeit nimmt wieder zu.

Bevölkerungsstudien sehen darüber hinaus einen Zusammenhang von Bewegungsmangel und Müdigkeit. *(Quelle: Chen MK. Die Epidemiologie der Selbstwahrnehmung von Müdigkeit bei Erwachsenen. Vorherige Med. 1986 Jan; 15(1):74-81).* Nun kann aber nicht jeder während der Bürozeit Sport treiben.

Diese Erkenntnisse sind gut und schön, und sind die Voraussetzung, um überhaupt etwas tun zu können, dass die Situation verbessert. Aber was? Und vor allem, was auf die Schnelle?

3.1 Trinken und essen Sie

Auch wenn ich eben eine Studie zitiert habe, die die Verdauung mit Müdigkeit und Leistungsabfall in Verbindung bringt, heißt das nicht, dass Sie nun nichts mehr essen sollten. Stattdessen geht es darum, dem Körper etwas zuzuführen, das ihn leistungsfähig hält und nicht belastet.

Heißhunger verführt dazu, gerne den Schokoriegel oder die Kekse aus der Schreibtischschublade in einem Rutsch zu verschlingen. Solche Gelüste treten meist auf, wenn unser Gehirn signalisiert: Keine Power mehr, bitte laden! Diese Reaktion ist teilweise ein echtes Signal des Körpers, teilweise brillantes Marketing und teilweise durch jahrelange Konditionierung antrainiert. So sehr ich in diesem Buch darauf hinweise, dass Sie auf den Körper hören sollten, heißt das nicht, dass Sie dies unreflektiert tun sollten.

Daher folgende schnelle Tipps

Erste Sofortmaßnahme: Trinken Sie keine zuckerversetzten Getränke wie Limonade oder Fruchtnektare, sondern Wasser, Wasser und noch mal Wasser. Wenn Sie das nicht mögen, greifen Sie zu grünem Tee oder einer leichten Schorle. Die Limonade würde Sie zwar pushen, aber nur kurzfristig. Danach stürzt der Energiepegel rasant ab. Der Grund für den Griff zum Glas liegt in der Natur des Hungergefühls. In jedem Essen steckt auch Wasser, sodass der Körper auch mit etwas Festem anstelle der Flüssigkeit zufrieden ist. Sie können den Unterschied zwischen Hunger und Durst zwar erkennen, müssen dafür aber oft mehr Aufmerksamkeit auf Ihre Bedürfnisse lenken. Wenn Sie dann erst einmal etwas trinken, haben Sie den Vorteil, dass Sie sowieso immer Flüssigkeit brauchen, vielleicht weniger Heißhunger haben und dann weniger „Mist" essen, sodass Sie Ihren Körperfunktionen etwas Gutes tun. Denn alle biochemischen Prozesse im Körper basieren auf Reaktionen, die mit H2O in Verbindung stehen. Ohne Wasser geht nichts, also schadet ein Gläschen mehr auch nicht.

Wenn Sie lieber ein Häppchen zu sich nehmen, greifen Sie zu Nüssen (natürlich keine fetten, gesalzenen Erdnüsse) oder frischen Beeren (je nach Saison). Das ist das Allerbeste für zwischendurch. Aber auch hier ist Vorsicht geboten. Das Motto „viel hilft viel" gilt eindeutig nicht. Zu viele Beeren haben auch bei allen Vitaminen und Spurenelementen zu viel Fruchtzucker. Zu viele Nüsse können oft Hautreaktionen hervorrufen (wie die heiss geliebten Pickel) und haben bei zu viel auch zu viel Kalorien.

Das als Powerfood angepriesene Studentenfutter beinhaltet meist Rosinen und die haben einen hohen Zuckergehalt. 59 Gramm sind davon in 100 Gramm der getrockneten Weinbeeren. Darum ist das nicht für den gesunden Energieschub geeignet.

Wer keine Nüsse mag oder dagegen allergisch ist: Ein Stück Bitterschokolade hilft. Warum? Sie ist ein Multitalent, sagen Wissenschaftler, die für die kalifornische Universität Loma Linda eine Studie durchführten. Dunkle Schokolade (70 % organischer Kakao) erhöht die akute und chronische EEG-Leistungsspektraldichte (µv2) der Gammafrequenz (25-40 Hz) für die Gesundheit des Gehirns. Das heißt nichts anderes, als dass der Verzehr zur Verbesserung der Neuroplastizität, neuronale Synchronität, kognitive Verarbeitung, Lernfähigkeit, gutes Gedächtnis und Achtsamkeit beiträgt.

In dieser Studie wurde die Reaktion der Elektroenzephalographie (EEG) auf den Verzehr von 48 g dunkler Schokolade (70 Prozent Kakao) nach einer akuten Zeitspanne (30 Minuten) und nach einer chronischen Zeitspanne (120 Minuten) bei der Modulation der Gehirnfrequenzen von 0 bis 40 Hz bewertet, besonders vorteilhafte Gammafrequenz (25-40 Hz). Die Ergebnisse zeigen, dass dieses Superfood aus 70 Prozent Kakao die Neuroplastizität für Verhaltens- und Gehirnvorteile verbessert.

Lee S. Berk, Professor an der School of Allied Health Professions Virginia und einer der Studienverantwortlichen, sagt, dass die Studie weitere Untersuchungen erfordern. Insbesondere um die Bedeutung dieser Effekte für Immunzellen und das Gehirn in größeren Studienpopulationen zu bestimmen. Weitere Forschungen sind im Gange, um die Mechanismen zu erarbeiten, die bei dieser hohen Konzentration an der Ursache-Wirkungs-Beziehung zwischen Gehirn und Kakao beteiligt sein können.

„Über Jahre haben wir den guten Einfluss dunkler Schokolade auf verschiedene Nervenfunktionen auf ihren Zuckergehalt zurückgeführt", sagt Berk in der Pressemitteilung zur

Studie. Inzwischen wisse man: „Je höher der Kakaogehalt, desto besser."

(Quelle: https://www.sciencedaily.com/releases/2018/04/ 180424133628.htm)

Sie können Ihren Speicher ebenfalls durch ein gesundes Mittagessen aufladen. Lachs und Avocado sind neben kurz gegarten Gemüsen ein wahrer Booster. Salate? Gerne, wenn Sie keine Salatsoßen mit viel Zucker wählen. Wenn Sie sich nicht sicher sind, mischen Sie sich mit Essig und Öl selbst eine Marinade. Allerdings können Sie sich nicht sicher sein, wie viel Nährstoffe der Salat noch hat. Das Waschen und Schneiden kostet Vitamine. Es hilft, sich kleinere Portionen in die Schublade zu legen und dann die Nüsse auch nur portionsweise zu essen. Wenn Sie merken, dass Sie die Nüsse mit der ganzen Hand in den Mund schieben und kaum geschluckt schon die nächste Handvoll greifen, könnten Sie es nicht mit einem Mangel an Energie, sondern mit Stressessen zu tun haben.

Und übrigens, die Qualität der Nüsse, Beeren oder Schokolade, die Sie verzehren, spielt durchaus eine Rolle.

(Quelle: Allensbacher Jahrbuch der Demoskopie. 1993 – 1997, hrsg. von Elisabeth Noelle-Neumann und Renate Köcher (München: Saur; Allensbach: Verlag für Demoskopie).

3.2 Tief Luft holen

Einen Energiekick, den Sie sich überall holen können, ist das bewusste Atmen. Und wenn die Mittagspause noch weit entfernt ist oder nicht machbar, der Druck dennoch steigt, dann holen Sie mal tief Luft!

Wie wichtig atmen ist, können Sie auf der Internetseite *https://www.lungeninformationsdienst.de/praevention/grundlagen-atmung/atmung-was-ist-das/index.html* nachlesen. Dort erklären das Helmholtz Zentrum München und das Deutsche Zentrum für Lungenforschung (DZL), welche Organe bei einem einzigen Atemzug involviert sind und wie oft Sie im Idealzustand atmen: „Im Ruhezustand atmet ein Erwachsener mit jedem Atemzug einen halben Liter Luft ein und aus. Erwachsene atmen, wenn sie ruhig und entspannt sind bis zu 17-mal pro Minute."

Wie oft wir atmen, reguliert unser Atemzentrum im Hirnstamm. Hier werden ununterbrochen verschiedene Werte wie der Kohlenstoffdioxid-Gehalt des Blutes, pH-Wert oder Sauerstoffgehalt ausgewertet. „Je nach Ergebnis gibt das Atemzentrum dann den Impuls zum tiefen oder flachen Ein- beziehungsweise Ausatmen", steht auf der Website lungenaerzte-im-netz.de zu lesen. Die Sauerstoffsättigung des Blutes liegt normalerweise zwischen 94 bis 98 Prozent. Liegt der Wert darunter, kann sich das durch ein Schwächegefühl äußern.

Gut zu wissen: Die oft lästigen Härchen in der Nase reinigen die Atemluft nicht nur, sondern sie bringen die Luft auf Temperatur. Also vor dem Schneiden dieser noch mal nachdenken, ob sie wirklich so stören.

Was passiert, wenn Sie Atemübungen durchführen? Durch das Einatmen werden unsere Körperzellen mit Sauerstoff versorgt, beim Ausatmen scheiden wir Kohlendioxid aus dem Körper aus.

Man differenziert zwischen Brust- sowie Bauchatmung. Bei der Brustatmung werden die Zwischenrippenmuskeln beim Einatmen angespannt. „Dadurch heben sich die Rippen und damit auch der Brustkorb, und der Brustraum vergrößert sich. Da die Lunge der Brustkorbwand fest anliegt, folgen die elastischen Lungenflügel dieser Ausweitung des Raumes und dehnen sich aus. Die so erweiterten Lungenflügel saugen nun Außenluft an, die über Luftröhre und Bronchien einströmt", schreibt das Helmholtz-Zentrum.

Neben der Brust- gibt es die Bauchatmung. Wenn Sie in Ihren Körper tief hinab atmen, bekommen die durch Sitzen zusammengestauchten Organe wieder Luft und das Zwerchfell wieder Spannung. Wer nicht weiß, wo das liegt: Es befindet sich zwischen Brust und Bauchhöhle. Atmet man tief nach unten durch, können sich Lungenflügel dehnen und Außenluft aufnehmen, die in die Lunge einströmt. Auch hier gilt mindestens fünf Mal.

Am besten im Sitzen, Liegen oder noch besser im Stehen. Stellen Sie sich bildlich vor, im unteren Bauch ist ein leerer Ballon, der prall mit Luft gefüllt werden muss. Das hilft, um auch wirklich gaaanz nach unten zu kommen. Vorsicht für Kreislaufanfällige! Es kann am Anfang zum Schwindel führen. Versuchen Sie es dann einfach an einem anderen Tag!

Ihr Atem hat auch Einfluss auf die Laune. Darum sollten Sie ruhig häufiger mal tief Luft holen (aber bitte nicht gleich nach dem Essen). Schön wäre ein ruhiger Raum, den Sie auf jeden Fall zuvor lüften sollten. Wenn es dann immer derselbe ist und Sie Ihre Übungen zur selben Tageszeit absolvieren, werden die Atemübungen schnell zur Routine im täglichen Ablauf. Haben Sie keinen ruhigen Ort zur Verfügung, leiten Sie die Übung ein, indem Sie zunächst die Geräusche Ihrer Umgebung bewusst wahrnehmen. Horchen Sie den Tönen nach und Sie hören irgendwann nur noch Stille!

Das Atmen über die ganze Brustbreite begleiten Sie am besten durch geschlossene Augen, tiefes Luftholen und Atmen entlang der Schlüsselbeine. Wenn Ihnen das schwerfällt, zeichnen Sie am besten mit den Fingern die Strecke während des Einatmens nach und navigieren so den Sauerstoff an die richtige Stelle. Machen Sie das mindestens fünf Mal pro Tag (besser wäre natürlich das Dreifache), können Sie mit breiter Brust in die weitere Tagesetappe starten.

Sie denken, das ist einfach? Sie werden sich wundern. Denn je gestresster oder unsicherer wir sind, desto oberflächlicher und schneller und je weniger achten Sie darauf. Sie hören regelrecht auf, Luft zu holen. Doch keine Angst, richtiges Atmen kann trainiert werden! Bevor Sie mit dem bewussten Atmen wieder Energie tanken, sollten Sie, wenn möglich, den Raum gut durchlüften. Wenn Sie am selben Platz üben, entsteht eine Routine!

Wenn Sie durch Atmen entspannen wollen, beobachten Sie Ihren Atem genau, das rät auch die Techniker Krankenkasse *(https:// www.tk.de/techniker/magazin/life-balance/aktiv-entspannen/ meditative-atemuebungen-2007104)*. Wenn Sie einatmen und ausatmen, dann merken Sie oft unmittelbar, wie Sie entspannen. Aber nur, wenn Sie nicht krampfhaft atmen, sondern auf den Atem achten.

Das ist der richtige Einstand zum richtigen Atem und wer schon meditiert hat, weiß, wie wirksam das ist. Bemerken Sie sich auch, wie sich Ihr Bauch verhält. Er sollte sich heben und senken. Steuern Sie nicht gegen. Das Atemzentrum will nur das Beste für Sie und ist stets zu Ihren Diensten. Freuen Sie sich: Wenigstens einer, der für Sie gut und zuverlässig arbeitet! Um wieder aus der Ruhe in die Energie zu kommen, atmen Sie am Ende der Entspannungsübung tief ein und aus. Bewegen Sie sich und schütteln die Gliedmaßen aus!

Wenn Sie einen schnellen Kick im Vorbeigehen brauchen, sollten Sie beim Ein- und Ausatmen bis fünf zählen und währenddessen dieselbe Anzahl an Schritten machen.

Um wieder in den Normalmodus zu kommen, strecken Sie sich und schütteln Sie Ihre Glieder aus. Ein schöner Übergang ist zudem das Entlangstreichen von dem Anfang des Augenbrauenbogens bis hin zum Haaransatz mit Mittel- und Zeigefingern.

Auch welche Luft Sie atmen, ist wichtig. Machen Sie das Fenster auf, gehen Sie raus, geben Sie einen Tropfen Aromaöl auf ein Wattepad und atmen Sie den Duft ein. Welches Aromaöl besonders geeignet ist, verrät Ihnen Kapitel 8.

3.3   Lache den Tag an

Unter Gelotologie bezeichnet man die Wissenschaft des Lachens. Die Forscher dieser jungen Disziplin untersuchen die körperlichen und psychischen Aspekte des Lachens. Begründer der Gelotologie ist der Psychiater William F. Fry, der 1964 an der Stanford-Universität die Lehre etablierte. Die Ergebnisse dieser Fachrichtung sind erfreulich: Regelmäßiges Lachen sorgt zum Beispiel für die Stärkung des Immunsystems. Das wies Lee Berk von der Universität Loma Linda in Kalifornien nach. Berg erforschte, dass beim Lachen das Hormon Gamma-Interferon freigesetzt wird. Das sorgt dafür, dass sich vermehr Antikörper und sogenannte T-Zellen bilden. Diese sind eine äußerst mobile Kampfgruppe und dafür da, andere Zellen, wenn sich diese mit einem Erreger infiziert haben, schachmatt zu stellen.

Ihr Lacher ist darüber hinaus der beste Verbündete gegen schlechte Laune oder noch schlimmer Depression. Lachen schützt das Herz-Kreislaufsystem und überhaupt strahlt ein Mensch mit hochgezogenen Mundwinkeln stets positive Energie aus.

(Quelle: https://www.aebv-schwaben.de/aktuelles/68-bitte-laecheln-laecheln-sie-sich-gesuender-schlauer-und-gluecklicher.html)

Doch damit nicht genug. Ein herzhaftes Lachen oder ein ehrliches Lächeln hilft in Stresssituationen, fördert den Stoffwechsel, sorgt für Glückshormone und (Männer hinhören!) stärkt die Potenz. Wer viel lächelt beziehungsweise lacht, schläft zudem besser und hat seltener Kopfschmerzen.

Doch der allerbeste Effekt: Lächeln löst ein positives Signal im Gehirn aus und macht dadurch leistungsfähiger. Auch das Lernen fällt leichter, heißt es beim Ärztlichen Bezirksverband Schwaben. Wir merken uns dadurch Dinge besser. „Es beugt Burn-out vor und steigert unsere Kreativität", verspricht der Ärzteverband.

Mit der Meinung stehen Sie nicht allein. In einem Beitrag zum Thema Lachen des „Time Magazin" *(Quelle: http://time.com/3592134/laughing-health-benefits)* wird Stressforscher Dr. Lee Berk, Professor an der Loma Linda University in Kalifornien zitiert. Berk hat fast drei Jahrzehnte lang untersucht, wie sich ein herzhaftes Lachen auf Gehirn und Körper auswirkt.

Der Experte erklärt, dass Gehirn, Hormonsystem und Immunsystem ständig auf eine Weise miteinander kommunizieren, die sich auf alles auswirkt, von Ihrer Stimmung bis zu Ihrer Fähigkeit, Krankheiten und Stress zu bekämpfen. Vor allem bei Stress ist Lachen ein Quickie: „Weil Lachen alle wechselseitigen oder entgegengesetzten Auswirkungen von Stress zu verursachen scheint", sagt Berk.

Im Artikel des „Time-Magazins" erklärt er, dass Lachen die Freisetzung von Stresshormonen wie Cortisol verhindert. „Es löst auch die Produktion von Wohlfühl-Transmitter wie Dopamin aus, die alle Arten von beruhigenden, angstlösenden Vorteilen haben."

Nebenbei wirkt man entspannt und gut gelaunt. Das zieht andere Menschen an. Also lächeln oder lachen Sie und am besten ständig. Auch das lässt sich mit einigen Übungen trainieren.

Eine Übung, die Sie auf jeden Fall machen sollten, wenn Sie einen wichtigen Termin haben und vor wichtigen Menschen glänzen wollen: Klemmen Sie vorher einen Kugelschreiber zwischen die obere und untere Zahnreihe und versuchen Sie, diesen so lange wie möglich mit den Beißern zu halten. Das gelingt Ihnen am Anfang nur für eine kurze Zeit. Doch es wird von Mal zu Mal besser. Das Champion-Level haben Sie bei zehn Minuten erreicht. Machen Sie die Übung täglich!

Eine gute Gelegenheit ergibt sich beim Autofahren. Weitere Trainingseinheiten helfen, die Mundwinkel oben zu lassen (was auch vor zu tiefen Labialfalten schützt).

Tackern Sie möglichst Ihr Lächeln fest! Wenn Sie am Schreibtisch sitzen, sollte Ihnen das Lächeln nicht vergehen. Dazu braucht es täglich ein wenig Gesichtsgymnastik. Ziehen Sie beispielsweise mit Mittel- und Zeigefinger die Mundwinkel Richtung Jochbein und „heften" Sie diese in Gedanken fest. Übrigens dabei das Atmen nicht vergessen!

Blasen Sie sich auf! Indem Sie die Backen aufblasen, können Sie Ihre Lächelfähigkeit verbessern. Wenn Sie das also gemacht haben, rollen Sie die Luft, so oft es geht, hin und her, reiben Sie Ihre Wange mit Ihren Handflächen, dann atmen Sie mit gespitzten Lippen so lange wie möglich aus. Das böse Kohlendioxid kann entweichen.

Seien Sie ein Fisch! Eine weitere Übung für ein strahlend schönes Lächeln können Sie sich von den Fischen abschauen. Saugen Sie Ihre Wangen ein, sodass ein Fischmund entsteht. Das machen Sie mindestens fünfmal hintereinander. Danach streichen Sie mit Ihren Händen die Haut vom Mund Richtung Ohrmuschel. Das tut so gut, dass Sie es nicht unter zehn Mal machen können. Und das Atmen nicht vergessen! Also die Übung mit einigen tiefen Atemzügen abschließen.

Ziehen Sie Kreise! Beginnen Sie, an der Nasenwurzel mit dem Zeigefinger entgegen des Uhrzeigersinns Kreise zu ziehen bis zu den unteren fühlbaren Wangenknochen. Diese kurz anheben und an ihren Rand entlang mit den Fingern nach oben streichen. Und was sollten Sie dabei nicht vergessen? Richtig, das Atmen!

Streichen Sie die Sorgenfalten einfach weg! Setzen Sie die Innenkuppen Ihrer gesamten Finger am Kinn an und nun streichen Sie langsam übers Gesicht bis zum Haaransatz. Dabei machen Sie was? Gut, Sie haben es gleich gewusst, Sie drücken die Falten weg. Sie atmen aber bitte tief ein, während Sie Ihr Gesicht nach oben hin „straffen". Die Übung zaubert sofort einen entspannten Ausdruck aufs Gesicht.

Eine Gesichtsmassage lernen Sie in fast allen Bordprogrammen, während Langstreckenflüge. Nehmen Sie wieder Ihre gesamten Finger und streichen die Stirnpartie von der Nasenwurzel bis zum Ende der Brauen Richtung Haaransatz. Sind Sie angekommen, nehmen Sie beidhändig zwei Zeige- und Mittelfinger und quetschen wieder von der Nasenwurzel Richtung Augenbrauen-Ende die Haut ein. Das glättet garantiert die Stirn.

Wenn Ihnen nicht nach Übungen ist, dann öffnen Sie YouTube und schauen sich den Lieblingskomödianten für ein paar Minuten an oder Tiervideos. Aber wie gesagt, nur ein paar Minuten, sonst stressen Sie sich noch mehr, weil auf einmal eine ganze Stunde vergangen ist.

3.4 Der Schlaf der Gerechten

Wer die Menschen in südlichen Ländern beobachtet, kann sehen, dass sie meist fröhlicher und gelassener wirken als Menschen aus dem Norden. Das liegt zum einen an dem Mehr (oder Meer?) an Sonne, aber zum anderen auch an einer Tradition. In südlichen Staaten gilt es bei den Menschen als geliebte Tradition, in der Mittagszeit zu ruhen. Richtig so, denn wie bereits erwähnt, befindet sich der Mensch um diese Zeit im Leistungskeller. Die Siesta bringt das öffentliche Leben zum Erliegen. Zwar kann man zwischenzeitlich beobachten, dass mehr und mehr Behörden im Süden durcharbeiten. Doch das ist ein Fehler. Denn dann fehlt Italienern, Spaniern oder Griechen die Zeit zum Nickerchen und damit verlieren sie eine wichtige Energiequelle, schrieb der Spiegel in seiner Onlineausausgabe.

(Quelle: https://www.spiegel.de/wissenschaft/mensch/gesunde-siesta-mittagsschlaf-verlaengert-das-leben-a-466072.html#:~:text=Ein%20 Nickerchen%20am%20Nachmittag%20macht,vor%20allem%20 f%C3%BCr%20arbeitende%20M%C3%A4nner.)

Denn wer sich mindestens dreimal pro Woche nach Mittag für mehr als eine halbe Stunde schlafen legt, verringert das Risiko, durch eine Herz-Kreislauf-Erkrankung zu sterben um 37 Prozent. Das ist das Ergebnis einer Studie mit mehr als 23.000 Griechinnen und Griechen, die im US-Fachmagazin „Archives of Internal Medicine" veröffentlicht wurde. „Wenn Sie sich erlauben können, eine Siesta einzulegen, dann sollten Sie das auch machen", wird Studienautor Dimitros Trichopoulos zitiert.

Laut einer weiteren Studie, die im Journal of Clinical Endocrinology & Metabolism (JCEM) der Endocrine Society veröffentlicht wurde, wird die kurze Schlafpause als Stressreduzierung empfohlen: „Unsere Daten deuten darauf hin, dass ein 30-minütiges Nickerchen die hormonelle Wirkung einer Nacht mit schlechtem Schlaf umkehren kann", sagte Brice Faraut, PhD, von der Université Paris Descartes-Sorbonne Paris Cité in Paris, Frankreich auf endorcrine.org (*Quelle: https://www.endocrine.org/ news-and-advocacy/news-room/2015/napping-reverses-health-ef- fects-of-poor-sleep*). „Dies ist die erste Studie, bei der festgestellt wurde, dass durch Nickerchen die Biomarker für die neuroen- dokrine und immunologische Gesundheit wieder auf ein nor- males Niveau gebracht werden können."

Das würde also auch Personen helfen, die weniger gut schlafen. Doch hier ist Ingo Fietze, Leiter des interdisziplinären Schlaf- medizinischen Zentrums der Charité Universitätsmedizin, Berlin, anderer Meinung. Fietze sagt, dass das nur Menschen Energie verschafft, die auch in der Nacht keine Schlafprobleme haben und mindestens sechs Stunden schlafen. Doch das Soll erfüllen leider nicht viele. Jeder Zehnte in Deutschland leidet unter chronischen Schlafstörungen, jeder Dritte schläft nicht gut. Anders als früher seien heute viele seiner Patienten erst 20 Jahre alt, sagte Fietze in einem Podcast der Wochenzeitung Die Zeit (*https://www.zeit.de/arbeit/2018-09/schlafmediziner- ingo-fietze-schlafstoerungen-karriere-chef*). Der Auslöser dafür sei häufig Stress. Wer die Gelegenheit hat, mittags ein wenig zu schlafen, sollte dies also tun, aber laut Fietze nicht länger als 40 Minuten. Da hilft es, wenn man im Sitzen schläft, denn dann wacht man automatisch in der Zeitspanne auf, rät der Mediziner.

Probieren Sie aus, wer recht hat. Vielleicht testen Sie es in Ih- rer Mittagspause bei schönem Wetter auf der Parkbank, sollten Sie kein Einzelbüro haben. Es gib aber mehr und mehr Firmen, die Ruheecken anbieten. Als gutes Beispiel gilt der Automobil- zulieferer Webasto. Als das bayerische Unternehmen die Zen- trale neu gebaut hat, wurden auch Rückzugsnischen für Ruhe- zeiten eingeplant.

3.5 Bewegung statt Sport

„Wer rastet, der rostet", sagt ein Sprichwort und hat recht. Aus arbeitsmedizinischer Sicht sollten Sie daher die Arbeitszeit so gestalten: Die Hälfte Ihrer Arbeitszeit sitzen Sie am Arbeitstisch, 25 Prozent arbeiten Sie stehend (an einem hoffentlich höhenverstellbaren ergonomischen Schreibtisch oder Werkbank) und den Rest bleiben Sie bitte in Bewegung. Das hat einen guten Grund. Denn wir werden immer unbeweglicher: Der Bewegungsmangel europäischer Erwachsener hat sich nach der Studie „Changes in sedentary behaviour in European Union adults between 2002 and 2017" von A. López-Valenciano, X. Mayo, G. Liguori et A. López-Valenciano, X. Mayo, G. Liguori et al. *(https://bmcpublichealth. biomedcentral.com/articles/10.1186/s12889-020-09293-1#Abs1)* zwischen 2002 und 2017 von etwa 49 Prozent auf 55 Prozent erhöht. Als Bewegungsmangel definierten die Wissenschaftlerinnen und Wissenschaftler ein tägliches Sitzen von 4,5 Stunden oder mehr. Ein Ergebnis der Analyse ist, dass Männer länger sitzen als Frauen. Die Folgen sind Rückenleiden (allein in Deutschland kostet jeder Patient mit Rückenleiden nach Angaben des Robert Koch Instituts 1.322 Euro, *Quelle: https://www.rki.de/DE/Content/ Gesundheitsmonitoring/Gesundheitsberichterstattung/GBE DownloadsT/rueckenschmerzen.pdf?__blob=publicationFile)*. Bewegungsmangel verursacht zudem Stimmungstiefs und zu viel Kilos auf der Waage.

Um nicht den Fehler der Mehrheit zu machen, gibt es ein paar Regeln, die nicht neu, aber wirksam sind: Fahren Sie, wenn es geht mit dem Rad zur Arbeit oder zum Park & Ride, laufen Sie, wenn Sie nahe genug am Arbeitsplatz wohnen, nehmen Sie im Büro die Treppe, statt dem Fahrstuhl, gehen Sie in der Pause spazieren, telefonieren Sie stehend, rekeln und dehnen Sie sich ab und zu. Reden Sie direkt mit den Kollegen in der anderen Etage und laufen Sie, wenn Sie etwas überdenken wollen. Stellen Sie den Drucker so weit weg vom Schreibtisch, dass Sie aufstehen müssen. Das Gleiche gilt für die Kaffeemaschine. Mindestens 3.000 Schritte sollten es nach Bewegungswissenschaftler Dr. Dieter Breithecker sein. Wer es genau wissen will: *https://youtu.be/Gt7w_p9evPc.*

Doch auch im Sitzen hat man die Möglichkeiten, sich fit zu halten. Das geht immer und mit viel Fingerspitzengefühl. Mein Lieblings-Work-out ist es, die Finger so lang machen, wie nur irgend möglich und dann langsam die Faust zu ballen. Eine weitere Trainingseinheit gefällig? Setzen Sie sich aufrecht hin, Ihre Hände legen Sie auf Ihre Oberschenkel. Dann drehen Sie Ihren Kopf langsam nach rechts, recken Sie Ihr Kinn (Und was nicht vergessen? Richtig! Bewusst atmen), dann bewegen Sie den Kopf wieder in die Mitte (mit Ausatmen). Dasselbe machen Sie in die linke Richtung, aber langsam!

Oder lassen Sie Ihre Schultern arbeiten. Selbe Grundhaltung wie zuvor einnehmen. Schultern nach vorne richten, dann in die Höhe ziehen und mit dem Ausatmen Kinn fallen lassen und den Kopf wieder zur Mitte drehen. Machen Sie sich locker, indem Sie Ihre Schultern kreisen lassen! Und los gehts: Arme an die Seite, Daumen nach innen drehen, Schultern nach vorne nehmen, beim Einatmen Schultern nach hinten und Daumen nach außen bewegen.

Eine sehr gute Übung kommt aus dem Yoga. Aufstehen, Füße fest auf den Boden, dann beide Arme mit den Innenseiten an die Ohren und versuchen, einzuatmen und so lang wie möglich die Arme nach oben strecken. Stellen Sie sich vor, Sie sind ein Baum und wachsen nach oben und unten.

Auf der Seite der Techniker Krankenkasse finden Sie weitere Übungen *https://www.tk.de/techniker/magazin/life-balance/balance-im-job/8-minuten-workout-fuers-buero-2009264.*

Eine Kurzform der progressiven Muskelentspannung, einer bewährten Entspannungstechnik, befördert Sie in einen entspannten Zustand. „Atmen Sie dafür tief ein und spannen Sie die Muskeln an – jedoch nicht so stark, dass Sie einen Krampf bekommen könnten. Nehmen Sie die Anspannung wahr. Beim nächsten Ausatmen sagen Sie zu sich ‚Entspanne!' und lassen die Spannung los", empfehlen die Experten der Techniker-Krankenkasse. Lauschen Sie währenddessen in Ihren Körper hinein. Doch das bedarf einiger Trainings. Auf der Techniker-Krankenkasse-Website können Sie sich dafür gesprochene Anleitungen zur **progressiven Muskelentspannung** *(https://www.tk.de/ techniker/magazin/life-balance/aktiv-entspannen/progressive-muskelentspannung-zum-download-2021142)* herunterladen.

Eine Runde um den Block hilft ebenfalls, denn er verbindet frische Luft mit ein bisschen Bewegung.

Ein weiterer guter Quickie für Bewegung und gute Laune ist ein schneller Tanz im Büro. Zugegebenermaßen ist das oft sinnvoller, wenn Sie ein Einzelbüro haben, jedoch kann eine kurze Tanzeinlage auch für die Kollegen erheiternd sein. Wählen Sie sich aus der Playlist einen „Gute-Laune-Song" aus, geben Sie die Ohrenstöpsel in die Ohren und tanzen Sie hemmungslos herum. Mein persönlicher Tipp ist, dass Sie in die Suchmaschine „happy" und „lied" eintippen, und dann erhalten Sie eine Liste von Titeln: Ob „happy" von Will Pharrell oder „Don't worry be happy" von Bobby McFarin, es ist bestimmt etwas für Sie dabei.

3.6   Chemie

Wenn wir unter Druck stehen, verschlechtert sich unsere Körperchemie. Die bestimmt sich nach dem Zusammenspiel der Hormone. Frauen, welche die Wechseljahre durchleben, wissen, dass der Hormonspiegel große Wirkung auf die Psyche hat. Man kann sich beispielsweise durch einen hohen Estradiol-Spiegel besonders attraktiv finden, bewiesen die Forscher Kristina

Durante und Norman Li von der Universität Austin in einer Studie, die sie in der Fachzeitschrift „Biology Letters" *(Quelle: https://royalsocietypublishing.org/doi/10.1098/rsbl.2008.0709)* veröffentlichten. Aber was hilft, wenn unsere Hormone einen Strich gerade vor wichtigen Terminen durch die Leistungsfähigkeit machen wollen? Wir überlisten sie, indem wir durch Reize unseren Chemiebaukasten wieder in Ordnung bringen. Beispielsweise nehmen wir etwas ganz Scharfes zu uns. Das führt zur Ausschüttung von Endorphinen. Das funktioniert besonders zügig mit Chilischoten. Diese beinhalten Capsaicin.

Das reizt die Nervenenden, die dafür verantwortlich sind, dass wir Wärme empfinden. Werden sie durch Capsaicin gereizt, senden die Nerven ans Hirn: „Achtung, Schmerzen!" Das Hirn reagiert brav und schüttet Endorphine aus, die als Glückshormon unsere Stimmung in Hochform bringt.

Ein positiver Schock löst zudem Kälte aus. Darum halten Sie Ihr Gesicht unter den kalt laufenden Wasserhahn. Möglichst eine halbe Minute durchhalten! Wenn Sie die Chance haben, legen Sie kühlende Kompressen auf die Augen oder die Wangenpartie.

Das kann ich gut riechen! Ich gratuliere, wenn Sie einen Kräutergarten haben. Denn einige Kräuter sind als Energiekick äußerst wirkungsvoll. Sie sollen sogar bei Demenz helfen. Zu den anregenden Düften rechnet man Rosmarin, Thymian oder das Aroma der Minze. Haben Sie keine eigene Zucht, greifen Sie auf Aromaöle zurück, stellen Sie Duftdiffusor auf oder zünden Sie entsprechende Räucherstäbchen an.

Die ätherischen Öle können Sie auf zwei verschiedenen Wegen anwenden: über die Nase oder die Haut. Den schnellsten Effekt bringt das Verdampfen von Ölen. Der Geruch wird dann über die Schleimhäute der Nase aufgenommen und beeinflusst das limbische System im Gehirn, welches für die Emotionen zuständig ist. Sie können das Öl aber auch zum Massieren für Einreibungen oder Bäder benutzen. Zitrusfrüchte laden ebenfalls Ihr Energiedepot auf. Bergamotte-, Zitrone- oder Grapefruitgeruch macht wach und fit im Kopf. Und die gute alte Fichtennadel erinnert uns nicht nur an die Badbrausetabletten aus der Kindheit, sondern Sie lässt uns besser atmen und fördert die Durchblutung. Und wie Sie von Waldspaziergängen wissen, sorgen die Gerüchte aus dem Forst für neue Kraft.

Aus dem Gewürzangebot helfen Nelken, die nicht nur Zahnschmerzen lindern, sondern auch die Energie erneut aufbauen. Die Wirkung von Ingwer ist weitgehend bekannt, aber auch Zimt hilft beim Energieaufbau. Wacholder ist gleichbedeutend mit „Wachhalter". Der Beerenduft macht also wach und Tee entschlackt, Verspannung werden gelöst und nervöse Menschen werden durch den Geruch ruhiger. Sprechen Sie mit den Kollegen sicherheitshalber ab, auf welchen Duft Sie in Ihrer Arbeitsumgebung setzen. Das hat nichts mit Esoterik zu tun, sondern ist ein gesundes Doping.

3.7   Gut aussehen

Gut aussehen, das fängt bei den Haarspitzen an und hört bei den Zehennägeln auf. Alles dazwischen gehört dazu. Jeder von uns hat etwas, was ihm an sich gefällt. Auch bei noch so wenig Zeit können wir es uns gönnen, dies positiv herauszustreichen. Das gibt ein gutes Gefühl.

Beispiele: Nehmen Sie Haltung an! Leider haben die meisten von uns keinen Ballettunterricht genossen; oder Kampfsport gemacht. Das ist schade, denn da bekommt man schon von Jung an beigebracht, dass Haltung alles ist. Damit meine ich jetzt nicht die innere Haltung, sondern ob Sie aufrecht durch den Tag gehen. Das ist viel verlangt, den schlechter Schlaf, viel Arbeit und grauer Himmel lassen unser im wahrsten Sinne des

Wortes zusammensinken. Nichts zu sehen von einem federnden Schritt, mit dem wir das Büro durchqueren und alle aufschauen. Doch das können Sie ändern. Seien Sie sich Ihrer Haltung ständig bewusst! Und wenn Sie nicht mehr wissen, was gerade Haltung und erhobener Kopf bedeuten, lehnen Sie sich mit dem Rücken an die Wand und versuchen mit sie sich mit möglichst viel Körperfläche an die Wand zu drücken. Dann haben Sie wieder einen Maßstab. Auch die berühmte Übung der Models, ein Buch auf den Kopf zu balancieren, hilft schnell, Ihnen wieder bewusst zu machen, was aufrechte Haltung eigentlich ist.

Wenn ich mich nicht so fit für den Tag fühle, nehme ich mir morgens zehn Minuten und mache Streck- und Dehnübungen vor offenem Fenster, um mit erhobenem Haupt in den Tag zu starten.

Natürlich hilft auch die passende Kleidung. Wenn Sie sich morgens nicht gut gelaunt fühlen, ziehen Sie Ihre Lieblingsstücke an. Diese umhüllen einen mit dem notwendigen Selbstbewusstsein, weil Sie wissen: Darin sehe ich gut aus. Darüber hinaus denken Sie über schöne Unterwäsche nach (das gilt auch für Männer). Denn wenn Sie sich entsprechend ausstatten, finden Sie sich sexy, was zu einer attraktiven Ausstrahlung führt. Probieren Sie es aus. Investieren Sie in schöne Wäsche oder edle T-Shirts für unter das Hemd oder den Pullover. Das lohnt sich.

Bad Hair Day? Na und! Da gibt es Möglichkeiten. Fangen Sie blos nicht an, mit Gel oder Haaröl irgendetwas zu retten. Das geht garantiert daneben. Überlegen Sie lieber, ob Sie Ihre Haare „schön" frisieren können. Zum Beispiel: Wenn die Haare lang genug sind, machen Sie einen Pferdeschwanz (das lässt Sie zudem jünger wirken) oder binden Sie sich ein Haarband ins Haar. Sorry Männer, aber bei euch gibt es leider meist nichts zu variieren. Ihr müsst zum Gel greifen. Aber bitte kleine Portionen ins Haar einarbeiten. Grundsätzlich gilt aber immer: Sauber ist schon halb gepflegt und gepflegt ist schön!

Als Dauerstrategien eignen sich diese Methoden natürlich nicht. Um langfristig leistungsfähig zu bleiben, müssen Sie an die Ursachen für Leistungsabfall gehen. Das sind meist Stress und Erschöpfung, die stets einen Grund haben. Die Wurzel dieses Übels müssen Sie allerdings ohne meine Hilfe aufspüren.

4 MEDITATION

Meditation gibt es schon sehr lange und in vielen Varianten.[26] Es gibt fernöstliche, indische, schamanische und christliche Formen. Ja, christliche Formen, denn ein Gebet ist nichts anderes als eine Form von Meditation.

Obwohl heutzutage Menschen meditieren, war die Praxis nicht immer zugänglich. Mönche, Nonnen, Mystiker und wandernde Asketen nutzten sie im Verborgenen, um höhere Bewusstseinszustände zu erreichen. Kreuzgänge, Pilgerfahrten und Gebetsmarathons wurden genutzt. Die rigorose Praxis der Meditation war ein heiliges Streben, das auf einige wenige Eliten beschränkt blieb.

Der erste größere Zustrom östlicher Lehren begann in den 1840 er und 1850 er Jahren, als Transzendentalisten wie Ralph Waldo Emerson und Henry David Thoreau hinduistische Schriften lasen. Emerson vermischte Optimismus und indische Spiritualität. Dabei kreierte er die Idee eines universelleren Konzepts der Überseele.

Die Theosophen-Mitglieder (einer weitgehend westlichen Bewegung, angeführt von Madame Blavatsky) adaptierten und popularisierten das spirituelle Denken Indiens. Sie erstellten zugänglichere hinduistische Meditationstexte mit geführten Visualisierungen und Mantra-Meditationen.

---

26 Klaus Engel, *Meditation: Geschichte, Systematik, Forschung, Theorie* (Frankfurt am Main: Peter Lang GmbH, Internationaler Verlag der Wissenschaften, 2000).

1893 fand in Chicago sogar eine internationale Religionskonferenz statt, die so viel Interesse weckte, dass einige der asiatischen Meister im Anschluss durch die Vereinigten Staaten reisten und Vorträge hielten.

In den Fünfziger- und Sechzigerjahren mit indischen Yogis und Swamis wurde Meditation weiterverbreitet. In den Sechziger- und Siebzigerjahren wurde vermehrt Drogenkonsum genutzt, um meditationsähnliche Zustände zu erreichen.

Vom Standpunkt der Meditation aus gesehen war vielleicht das bahnbrechende Ereignis dieser Ära die Bekehrung der Beatles zur Transzendentalen Meditation (TM), was Tausende ihrer jungen Fans auch zum Meditieren brachte.

Nicht zu vergessen ist, dass die alten Traditionen wie christliche Kontemplation oder schamanische Traditionen daneben durchaus weiter bestanden.

Mehr und mehr öffentliche und private Institutionen – von Fortune-500-Unternehmen bis hin zu großen Versicherungsgesellschaften (wie oben schon angedeutet), von Bezirkskliniken für psychische Gesundheit bis hin zu Gefängnissen und dem Militär – fühlen sich dazu aufgerufen, ihren Patienten, Insassen, Studenten, Angestellten und Mitarbeitern irgendeine Form der Meditation anzubieten, um sich die Vorteile der Meditation nutzbar zu machen. Heute ist das Achtsamkeitstraining der neue Hype, der von Jon Kabat-Zinn angeführt wird.[27]

---

27 „Gesund durch Meditation von Jon Kabat-Zinn. Bücher | Orell Füssli“, zugegriffen 15. Oktober 2020, https://www.orellfuessli.ch/shop/home/rubrikartikel/ID25887859.html?ProvID=10917735&&ProvID=10917735&gclid=EAIaIQobChMIxYvD25K27AIV2uJ3Ch1BfwFVEAAYAiAAEgID-_D_BwE&gclsrc=aw.ds.

Meditation wurde in Psychologielabors ausgiebig studiert, mit fMRI-Maschinen gemessen und auf Formeln reduziert wie die Entspannungsreaktion (eine einfache Technik zum Abbau von Stress). Dennoch hat sie ihre spirituellen Wurzeln nie völlig verloren.

Mir ist es wichtig, in diesem Kapitel von der sagenumwobenen, spirituellen, esoterischen und überkomplizierten Definition wegzukommen, da dies in die Irre leiten kann. Nicht im Sinne von man tut sich etwas Schlechtes, sondern man fängt gar nicht erst an oder ist frustriert, wenn es nicht so funktioniert, wie man denkt, dass es sollte. Ich bin mit dieser Meinung nicht allein, Kranken-/Gesundheitsversicherungen und Apps, die die einfache Methode zur Stressreduktion anpreisen, sind weitverbreitet. *(Quelle: Helsansa https://www.helsana.ch/de/blog/themen/ gesundheitstipps/meditation.html)*

Um Sie wissen zu lassen, dass Sie nicht allein sind und Sie nicht versagen, sind hier ein paar Dinge, an die sich erst mal gewöhnen müssen, bevor Sie erwarten können, dass Sie der „Held im Erdbeerfeld" bei der Meditation werden.

Still sitzen lernen, lernen, ohne Ohrstöpsel spazieren zu gehen, Stille ertragen, bemerken, dass Gedanken wandern, wandernde Gedanken loslassen, Geräusche ausblenden, sich Zeit für sich selbst nehmen und nicht mit einem halben Ohr darauf warten, ob es an der Tür klingelt. Das ist der Weg zur Meditation.

Was ist Meditation? Gemäß dem Wörterbuch ist Meditation ein weibliches Substantiv mit der Bedeutung „sinnende Betrachtung" oder „mythische, kontemplative Versenkung". Das macht es also schon viel einfacher. Wenn Sie also wie ich manchmal versunken in den Kühlschrank starren und nach fünf Minuten wie vom Blitz getroffen wieder zu sich kommen, weil das Licht blinkt, war das eine Meditation. Bravo. Sie können meditieren!

Nun sagt man Meditation nach, sie sei gut für Körper, Geist und Seele – und wir kommen auch noch zu dem Thema –, aber gedankenverloren in den Kühlschrank zu blicken, hat mir bisher noch nie etwas gebracht. Damit sind wir beim Kernpunkt angelangt. Wie alles, was in diesem Buch vorgestellt wird, soll die Meditation zu Ihrem Wohlbefinden und zu Ihrer Leistungssteigerung beitragen. Daher springen Sie jetzt mit mir ohne Angst!

4.1   Meditation als sich Luft holen

Wie schon angedeutet ist Meditation nichts anderes, als sich aus seinem Jetzt und Hier zu verabschieden, etwas Abstand zu gewinnen. „Meditation ist ein Sammelname für teilweise sehr unterschiedliche Techniken, die wichtige Bestandteile in allen Weltreligionen waren und sind, insbesondere im Hinduismus und Buddhismus." Denken Sie bei Meditation an eine Art Mini-Kurzurlaub von Ihren Gefühlen, Sorgen, Ihren Aufgaben. Als Luft holen im Alltag. Lustigerweise gibt es sogar eine Studie zu Meditation und Urlaub, die amüsant zu lesen ist.[28]

4.1.1   Ich kann nicht meditieren –
Formen der Mediation

Meditation gibt es in verschiedenen Varianten, die sich allgemein in passive und aktive Formen unterscheiden lassen. Bei den passiven Formen, auch kontemplative Meditation genannt,

---

28 E. S. Epel u. a., „Meditation and VacationVokation Effects hHave an Impact on Disease-Associated MolecularMolekulare Phenotypes", *Translational PsychiatryPsychiater* 6, Nr. 8 (August 2016): e880–e880, https://doi.org/10.1038/tp.2016.164.

liegen oder sitzen die Meditierenden meist in der Stille, mit Meditationsmusik oder mit gesprochenen Texten (geführte Meditation) oder Mantras (selbst gesprochene oder gedachte Worte). Die passive Meditation ist das, was am häufigsten als Meditationsform dargestellt oder benutzt wird. Die aktive Meditation wird während der Bewegung durchgeführt, Beispiele sind die Teezeremonie aus Japan, die Gehmeditation, Praktiken des Yoga, Tantra (ja, Tantra!), Qi Gong oder Kampfkunst, tanzen und sogar joggen. Wichtig ist bei beiden nur, Abstand zu gewinnen und die Perspektive zu ändern.

Was immer für Sie das Richtige ist, ist okay. Jeder kann meditieren. Es ist lediglich eine die Frage, was für Sie funktioniert und welche Erwartungshaltung Sie haben. Das sehen Sie auch am Beispiel Joggen. Sie können sicher nicht erwarten, dass Sie in der ersten Woche, in der Sie anfangen zu joggen, das sogenannte Joggers-High erfahren oder einen Marathon laufen. Wenn Sie am Anfang 1 bis 2 Minuten schaffen, ist das ein Erfolg. Seien Sie auch nicht enttäuscht, wenn Sie „nur" 5 Minuten an einem Tag schaffen und „nur" eine am nächsten. Auch Meditation hängt von der Tagesverfassung ab.

In dem äußerst informativen Buch „Meditation für Dummies"[29] wird deutlich gemacht, wie einfach und vielfältig Meditation sein kann.

Im Buch „Meditation für Skeptiker" erklärt der Neurowissenschaftler Ulrich Ott die unterschiedlichen Körperhaltungen und deren Auswirkungen sowie die verschiedenen Teile der Meditation, wie der Atem, das Fühlen und das Denken. Die Frage, ob Gruppe oder Solo, wird gleichfalls behandelt.[30]

---

29 Stephan Bodian, *Meditation für Dummies*, 2. überarbeitete Auflage Edition (Weinheim: Wiley-VCH Verlag GmbH & Co. KGaA, 2006).
30 Ulrich Ott, *Meditation für Skeptiker: Ein Neurowissenschaftler erklärt den Weg zum Selbst* (O.W. Barth eBook, 2011).

4.1.2 Was soll das bringen – warum Meditation?

Menschen meditieren schon sehr lange in der ein oder in der anderen Form, früher angezogen von dem Wunsch nach spiritueller Erleuchtung, erhöhten Geistes- und Stimmungszuständen, jetzt vermehrt für die Gesundheit, Langlebigkeit und Leistungsfähigkeit. Ich möchte hier nicht über die einzelnen Zielsetzungen urteilen, sondern nur auf die Geisteshaltung hinweisen, die zu den unterschiedlichen Zielen führt und die Sie jetzt fragen lässt: Warum Meditation?

Unsere Vorfahren haben sich wohl nie die Mühe gemacht, die Auswirkungen der Meditation zu messen. Sie waren ausreichend motiviert durch die subjektiven Berichte ihrer Lehrer und Meditierenden. Außerdem ging es nie darum, die Praxis zu quantifizieren, sondern die Auswirkungen direkt von innen heraus erleben.

Wenn ich darüber nachdenke, ist es schon leicht seltsam. Sie versuchen, bei der Meditation sich auf sich zu konzentrieren und äußere Einflüsse, die Sie ablenken könnten, zu reduzieren. Damit setzt man die Meditierenden unter Stress, weil von ihnen ein Ergebnis erwartet wird, in einem Labor, dass sicher nicht dem angenehmen und gewohnten Meditationsumfeld entspricht, und schließt elektrische und elektronische Geräte ein. Aber nun ja, wir wollen ja wissenschaftlich sein und einen Beweis haben, dass etwas allgemein funktioniert, damit wir uns kasteien können, wenn es bei uns nicht so funktioniert. Oder damit wir sicher sind, dass wir uns nichts einbilden, oder so.

Mal ernsthaft. Ist doch egal! Das Schlimmste, was passieren kann, ist, dass Sie täglich ein paar Minuten Ihrer Zeit mit in die Luft gucken, laufen, ruhig sitzen oder wofür auch immer Sie sich entscheiden, „verschwenden". Finden Sie „Big Brother" schauen sinnvoller? Wo sind die Studien, was das mit dem Hirn, der Entspannung und der Gesundheit tut? Und das einzig Wichtige ist doch: Tut es Ihnen gut? Nicht: Tut es anderen gut?

Wir sind im 21. Jahrhundert. Wir sind in der Leistungsgesellschaft und ein Grund, warum ich dieses Buch schreibe, ist es, aufzuzeigen, wie man leistungsfähiger wird. Also packe ich mich an der eigenen Nase und beschäftige mich mit den Studien und Effekten.

Dabei ist zu beachten, dass nicht alle Meditationen und Meditationsformen das gleiche Ziel haben oder dass nicht jeder die gleiche Hirnstruktur und sogenannte. „Baseline" hat. Auch ist die Meditation, wie bei allem anderen tages- und trainingsabhängig. Wenn man dem Forscher James Hardt glaubt, auch abhängig von der Ernährung. Jeder Versuch, Meditation aus dem Studium nur einer Technik zu verallgemeinern, sollte mit dem sprichwörtlichen Körnchen Salz aufgenommen.

Meditation hat Kurz- und Langzeiteffekte. Ein paar der geläufigsten positiven Aspekte der Meditation sind:

» Unterstützung bei der Abwehr von Abhängigkeiten und anderen selbstzerstörerischen Verhaltensweisen
» stärkere Fokussierung und Konzentration
» Liebe und Spontaneität
» reduzierte Spannung
» Angst und Stress klareres Denken
» weniger emotionaler Aufruhr
» mehr Freude
» verstärkte Gefühle von Glück, Zufriedenheit und subjektives Wohlbefinden
» Senkung von Blutdruck und Cholesterin
» größere Kreativität
» verbesserte Leistung bei Arbeit und Spiel
» erhöhtes Selbstverständnis und Selbstakzeptanz
» größere Intimität mit Freunden und Familienmitgliedern.

Eine Bekannte von mir, die vor Kurzem mit der Meditationspraxis angefangen hat, berichtet:

> *„Kurze Atemzüge, innere Unruhe,*
> *kreisende Gedanken – einige von vielen Gründen,*
> *weshalb ich begonnen haben zu meditieren.“*

Meine Angst vor Prüfungen führte mich zu einem Life Coach, der mir die Meditation näherbrachte. Der Adrenalinkick, kurz bevor man den Prüfungsraum betritt, kennt wohl beinahe jede Person. Doch was hat es mit dem Gefühl auf sich, nach einer nicht gelungenen Prüfung sich komplett als Versager zu fühlen – das Gefühl, die Welt breche zusammen. Handelt es sich dabei um ein normales Gefühl? Das weiß ich nicht, es ist nur schwer kontrollierbar für mich. Woher kommt das Gefühl? Wen oder was möchte ich beeindrucken? Wovor fürchte ich mich? Weshalb kann ich die Gedanken an ein schlechtes Ereignis kaum mehr aus meinem Kopf bringen?

Nach einer schlecht gelaufenen Prüfung bringe ich meine Gedanken kaum unter Kontrolle. Bis zum Erhalt des Resultats denke ich mindestens einmal am Tag daran. Wie viele Punkte hat der Professor mir wohl doch noch gegeben? Reicht es für eine genügende Note?

Während der Sessions beim Life Coach wurde uns beiden schnell klar, dass die Prüfungsangst nicht meine einzige Schwachstelle ist. Bei jeder schlechten Erfahrung, bei vielen Dingen, die ich tue oder sage, auch bei guten Dingen, kreisen meine Gedanken. Hätte ich diese oder jene Entscheidung treffen sollen? Hätte ich das in dieser Art machen sollen? Hätte ich das sagen sollen? Eigentlich sind diese Gedanken sinnlos, denn die Entscheidung wurde bereits gefällt. Ich frage mich bei fast allen Dingen, ob ich es besser hätte machen können oder ob ich zu jemanden etwas gesagt habe, dass diesen verletzen hätte können. Dabei mache ich mir oft unnötige Gedanken und das, was ich gesagt oder getan hatte, war gar nicht von Bedeutung für andere Menschen.

Jeder Mensch trifft Entscheidungen im Leben, gute wie auch schlechte. Dabei habe ich gelernt, dass es nicht von Bedeutung ist, dass die Entscheidungen immer gut sind. Denn so funktioniert das Leben nicht. Viel wichtiger ist, dass man die Entscheidungen bewusst trifft und danach zu diesen Entscheidungen stehen kann. Das Hin und Her vor der Entscheidung, die kreisenden Gedanken nach der Entscheidung sind nicht notwendig. Das ständige Kreisen von Gedanken führte außerdem gemäß Life Coach zu mehr Adrenalin in meinem Körper. Das Adrenalin in meinem Körper fiel nicht nur ihm auf, sondern auch meinen Mitmenschen, der mir sagte, ich sei ein unruhiger, nervöser Mensch, überhaupt nicht so gelassen, wie das im ersten Moment wirkt.

Dazu kam das Aufregen. „Motzgritli" nannte mich mein Lehrer in der Primarschule, dies nicht zu Unrecht. Innerhalb weniger Sekunden kann ich mich heute noch völlig übertrieben aufregen – sei es über die rücksichtslosen Eltern mit ihren Kindern im Bus oder schlicht und einfach über das Wetter. Dabei kann ich mich in etwas hineinsteigern, was mich in Wirklichkeit gar nicht so aufregt. Ich rege mich auf, damit ich mich aufgeregt habe – tönt total sinnlos – ist es auch. Anstatt, dass ich die Dinge so nehme, wie sie sind, bringe ich meinen Puls hoch und verfange mich in einer sinnlosen Aufregung. Auch die Aufregung erzeugt Adrenalin im Körper. Das übermäßige Adrenalin in meinem Körper führt zur Kurzatmigkeit und macht den Körper langfristig krank. Sport befreit den Körper von Adrenalin, weshalb ich den großen Gehalt von Adrenalin in meinem Körper relativ gut verarbeiten kann, da ich regelmäßig Fußball spiele. Doch auf Dauer ist diese innere Unruhe anstrengend und ungesund. Dass dieser dauernde Stress, die Kontrolle und Unruhe nicht nötig sind, dachte ich mir eigentlich. Ich wusste nicht, wie ich damit umgehen soll. Was könnte mir helfen, meinen inneren Frieden zu finden und die Dinge einfach mal so zu nehmen, wie sie sind?

Ein absolutes Warnzeichen für mich war die Kurzatmigkeit – das Gefühl, keine Luft zu bekommen. Es geschah ganz bewusst und immer vor dem Einschlafen. Ich konnte nicht sofort einschlafen, fing an, an etwas herumzustudieren, zählte die Stunden, die ich noch schlafen konnte, bis der Wecker klingelt. Dabei konzentrierte ich mich auf meine Atmung und bekam allmählich das Gefühl, zu wenig Luft zu bekommen. Es war nicht so dramatisch, wie sich das jetzt vielleicht anhört, aber dennoch ein beängstigendes und unangenehmes Gefühl. Das Unangenehme daran ist, dass man denkt, man sei verrückt. Und wenn man es schließlich jemandem erzählt, halten die meisten Leute, die eine solche Situation noch nie erlebt hatten, tatsächlich für verrückt. Doch es gibt viele Menschen, die unter dem gleichen Phänomen leiden. Darüber zu sprechen, ist irgendwie merkwürdig oder man tut es einfach nicht. Doch darüber zu sprechen hat mir geholfen, die Meditation zu finden.

Ich meditiere erst seit Kurzem. Dazu benutze ich die App „headspace", die man im App Store herunterladen kann. Die App ist sehr vielfältig und begleitet durch die Meditation. Es gibt verschiedene Bereich in der App. Der eine Bereich ist für die Meditation, der eine für die Konzentration und einer schließlich für den Schlaf. Es gibt unterschiedlich lange Sessions. Einige dauern lediglich eine Minute, andere über 20 Minuten oder noch länger. Durch die Meditation wird man von verschiedenen Stimmen geführt, männliche und weibliche. Die Führung durch die Meditation ist zu Beginn extrem wichtig. Man lernt dadurch auch, zu verstehen, was die Meditation bringt, was man machen soll und was bei der Meditation spielt.

Denn zu Beginn der Meditation denkt man sich: Was ist das? Wie mach ich das? Kurze Sessions reichen zu Beginn völlig aus. Fünf Minuten fühlen sich schon extrem lange an.

Ein zentrales Thema der Meditation ist für mich das Kennenlernen des eigenen Körpers, die innere Ruhe und Ausgeglichenheit. Daneben wird mir bewusst, wie ich auf andere Personen wirke, welche Wirkungen meine Handlungen oder meine innere Ruhe auf andere Personen hat. In der Meditation von headspace kommt immer wieder das Thema zum Vorschein, wieso man meditiert. Dabei geht es neben der Wirkung auf andere Personen ebenfalls darum, wie es sich auf den Körper auswirkt. Man nimmt zum Beispiel die Atmung bewusst wahr. Ob man dabei in Gedanken versinkt oder abschweift, spielt keine Rolle. Für mich geht es in erster Linie darum, einen guten Start in den Tag zu haben. Drei, fünf oder zehn Minuten in mich hineinzugehen, meine innere Ruhe zu finden, mich nur auf meinen Körper sowie meine Gedanken zu konzentrieren, legt einen guten Grundstein für einen optimalen Tagesstart. Man nimmt sich im Leben viel zu wenig Zeit, an sich selbst zu denken, daran, was einem guttut, an den eigenen Körper und die Empfindungen des Körpers wahrzunehmen.

In den ersten Tagen fühlt sich die Meditation merkwürdig an. Besser gesagt, sie fühlt sich für mich immer noch merkwürdig an. Dennoch ist es ein gutes Gefühl, auf die Atmung zu achten, ohne das Gefühl zu haben, keine Luft zu bekommen. Denn der Körper atmet ganz von allein. Er braucht keine Hilfe von uns. Auch das hat mir die Meditation beigebracht. Die Atmung ist ein guter Anker im Leben. Darum tut es gut, wenn man mal abschweift, Pause macht und zur Ruhe kommt. Daneben versuche ich aufgrund der Meditation bewusst meine Verhaltensweisen im Alltag anzupassen. Insbesondere versuche ich, mich bewusst darauf zu konzentrieren, dass ich mich in Situationen, in denen ich mich normalerweise sofort aufrege, nicht mehr aufrege. Das gelingt mir bei Weitem noch nicht immer. Doch die Meditation braucht ihre Zeit, bis sie die nötige Wirkung entfaltet. Genau das erklärt headspace. headspace führt nicht nur durch die Meditation, sondern zeigt auch auf, was sie bewirken soll, was normal dabei ist und worauf man achten soll. Dabei gibt die App jeden Tag neue Inputs, auf die man achten sollte, zum Beispiel einen Tipp für diesen Tag.

Meinen Mitmenschen ist bereits aufgefallen, dass sich bei mir etwas verändert hat, wenn auch nur ganz leicht. Ich versuche, weiter meinen inneren Frieden zu finden, und empfehle jedem, die Meditation auszuprobieren. Dabei braucht es keine spezielle Nervosität oder dergleichen. Die Meditation setzt nichts voraus, sie kann jedem Menschen guttun.

Meditation dient also dazu, das vegetative Nervensystem, die Aufmerksamkeit und die Emotionen zu verbessern. Mithilfe moderner wissenschaftlicher Methoden können diese Effekte bildlich und messbar dargestellt werden.[31] Diese direkten Effekte lassen indirekte Effekte zu wie ruhigeren Herzschlag, verbesserte Plastizität der Gefäße, Reduktion der Entzündungsfaktoren. Es gilt: Besser kurz als gar nicht![32]

Die Kurzzeiteffekte sind bereits während der Meditation erkennbar. Man fühlt sich entspannter, innere Aufgewühltheit, Ärger und Angst nehmen ab. Diese Effekte halten oft nach der Meditation noch an – wie lange, das hängt von vielen Faktoren ab, einer davon ist, wie lange die Meditation erfolgreich war, wie tief entspannt wurde und was die äußeren Einflussfaktoren sind.

---

31 U. Ott und B. Hölzel, „Meditationsforschung: neuroanatomische Befunde", *Deutsche Zeitschrift für Akupunktur* 54, Nr. 3 (1. Januar 2011): 17–19, https://doi.org/10.1016/j.dza.2011.07.006.
32 DER SPIEGEL, „Hirnforschung: Kurzes Meditieren verbessert geistige Fähigkeiten – DER SPIEGEL – Wissenschaft", zugegriffen 6. Oktober 2020, https://www.spiegel.de/wissenschaft/mensch/hirnforschung-kurzes-meditieren-verbessert-geistige-faehigkeiten-a-689352.html.

Lassen Sie uns ehrlich sein, wenn Sie dieses Buch lesen, gehören Sie wahrscheinlich zu der Kategorie Mensch, die weder von Hunger bedroht ist noch in einem Kriegsgebiet lebt. Man kann daher davon ausgehen, dass es Ihnen im Vergleich zu 50 Prozent der Menschheit besser geht. Herzlichen Glückwunsch! Dennoch geht es uns eben gut oder nicht gut, je nach Empfinden. Dieses Empfinden hat nur eine entfernte Verwandtschaft mit dem, was objektiv ist. Und wissen Sie was? Das ist auch in Ordnung. Klar kann man das Wissen um die Tragödien anderer nutzen, um sich klarzumachen, wie gut es einem geht, und etwas an Perspektive zu gewinnen.

Dennoch, jedes Gefühl hat meiner Ansicht nach eine Berechtigung und muss wahrgenommen und adressiert werden. Verstehen Sie mich nicht falsch, damit meine ich nicht, dass Sie sich im Selbstmitleid suhlen sollen. Ein Gefühl wahrzunehmen, kann auch heißen, zu sagen: Hallo, ich habe dich gesehen, gut, dass ich weiß, dass du da bist, jetzt lass mich arbeiten. Das ist natürlich nicht immer die Methode, aber das kann angebracht sein. Der ganze Sinn dieses Buches ist zu zeigen, dass es nicht eine Patentlösung gibt, sondern dass an unterschiedlichen Stellen und zu unterschiedlichen Zeiten unterschiedliche Wege beschritten werden können und sollen! Nun geht es ihnen aus einem erfindlichen oder unerfindlichen Grund einfach nicht gut. Meditation hilft, dies abzufedern.

Aus eigener Erfahrung kann ich sagen, dass meine Reaktionen und Empfindungen in Bezug auf Situationen des Alltags oder des nicht so Alltäglichen deutlich besser wegzustecken sind, wenn ich meditiere.

Das heißt in dem Moment UND allgemein. Habe ich ein paar Tage nicht meditiert, merkt mein Umfeld das. Erst vergangene Woche sagte meine Mutter leicht genervt zu mir: „Kind, hast du heute schon meditiert?" Warum? Weil ich wie ein Rohrspatz über eine völlig banale Angelegenheit geschimpft habe und das zu viel meiner wertvollen Energie, Zeit und meiner noch viel wertvolleren guten Laune in Anspruch nahm.

Wenn ich einmal einen Tag auslasse, ist das noch kein Drama. Je länger ich jedoch pausiere, desto extremer werden meine Reaktionen. Das bedeutet auf der einen Seite nicht, dass ich mich nicht aufregen kann, auch wenn ich meditiere. Oder dass ich wie ein Engel in der Gegend herumschwebe. Es bedeutet nur, dass ich mich schneller wieder im Griff habe, effizienter bin, meine Reaktionen angemessener sind und mich manche Sachen einfach nicht mehr (so oft) kratzen. Auf der anderen Seite bedeutet dies aber auch, dass ich nicht mehr so lange wie früher Sachen mitmache, die mir nicht passen, nur damit es anderen gut geht. Meditation lehrt Respekt – Respekt gegenüber sich selbst und Respekt gegenüber den anderen.

Die mittel- bis längerfristigen Wirkungen lassen sich durch Studien eher allgemein belegen, da aufgrund der Verschiedenartigkeit der Meditationstechniken, Messarten und Versuchsaufstellungen eine unübersichtliche Lage entsteht.

Doch was wir wissen, ist nachweislich und messbar: Die Herzfrequenz verlangsamt sich während der Meditation von 2 oder 3 bis 15 Schläge pro Minute, das Herzzeitvolumen steigt um bis zu 15 Prozent.

Der Blutdruckwert verringerte sich in einer Reihe von Studien. Meditation senkt den Cortisolspiegel um bis zu 25 Prozent bei fortgeschrittenen Anwendern. Laktat wird bis zu 33 Prozent gesenkt. Der Cholesterinspiegel im Serum kann um bis zu 30 mg/dL sinken. Der Sauerstoffverbrauch erhöht sich um bis zu 55 Prozent. Das CO_2-wurde um bis zu 50 Prozent eliminiert und Atemfrequenz von einer Norm von 14 auf 16 Atemzüge pro Minute bis hin zu nur 1 oder 2.

Langzeitstudien von TCM-Praktikern (Traditionelle Chinesische Medizin) deuten an, dass diese im Durchschnitt fast acht Jahre länger leben und statistisch weniger an Krebs oder aufgrund von Herzproblemen erkranken. Vergleicht man das mit nicht meditierenden Personen, verzeichnet man bei meditierenden 30 Prozent weniger kardiale Todesfälle und 50 Prozent weniger Todesfälle durch Krebs.

Eine Studie zur Schmerztoleranz fand heraus, dass nach nur vier Tagen Meditationstraining der Stress und die Schmerztoleranz um mehr als 40 Prozent verbessert wurden.

Ebenfalls interessant ist die Studie, die darauf hinweist, dass Meditation das geistige Abdriften mildert und die Rückkehr zum relevanten Punkt schneller möglich macht. Obwohl Tagträumen so kreativ sein soll, ist es doch belegt, dass Kreativität verstärkt bei Vorliegen von Alphafrequenzen vorkommt, die durch die Meditationen gefördert werden.

Im Allgemeinen ist im EEG eine Zunahme der Theta- und Alpha-Frequenzen sowie der Kohärenz der Gehirnhälften zu verzeichnen. Gelegentlich wurde bei sehr erfahrenen Meditierenden eine erhöhte Aktivität im Gamma-Band des EEG (> 30 Hz) beobachtet.

Bei MRT-Messungen wurde festgestellt, dass die sogenannte Neuroplastizität zunahm und damit auch die Gehirnmasse.[33] Der Wissenschaftler Dr. James Hardt forscht seit mehr als 30 Jahren auf diesem Gebiet mit EEG und einer umfangreichen An-

---

33 Sara W. Lazar u.a., „Meditation experience is associated withWitz increased cortical thickness", *Neuroreport* 16, Nr. 17 (28. November 2005): 1893–97.

zahl von Probanden und hat mit Meditation (und Neurofeed-back) bereits erstaunliche Ergebnisse erzielt.[34]

Auch der altersbedingte Abbau des Gehirns kann durch Meditation verzögert werden, wie der altersbedingte Verfall des Körpers durch Sport und gute Ernährung.

Wie beim Sport gilt: Je länger man es betreibt, desto besser. Wenn Sie also nach zwei Wochen aufgeben, wird der Effekt weder so gut oder noch so anhaltend sein, wie wenn Sie zwei Jahre im Training waren.

Wichtig ist nur, dass Sie anfangen und ausprobieren!

Natürlich stellen wir uns immer gern selbst ein Bein. Wenn ich grade wütend bin, dann denke ich nicht: So jetzt meditieren, dann geht es besser! Das ist eine antrainierte Verhaltensweise und wie jede antrainierte Verhaltensweise ist auch hier jede Wiederholung wichtig. Jedes ausgefallene Mal ist genauso wichtig wie jedes praktizierte Mal. Denken Sie an Kinder oder Tiere: Sind sie nicht konstant in dem, was Sie tun, kann alles passieren, und der Effekt ist so gut wie null.

Denselben Kind- und Tiermechanismus können wir aber auch für uns nutzen. Bin ich einmal ans Meditieren in einer gewissen Form oder Umgebung gewöhnt, stellt sich der gewünschte Effekt schneller ein. Heute setze ich mich vor meinen Amethyst oder meinen Buddha in der mir üblichen Haltung, vielleicht noch mit einem Räucherstäbchen und mein Nervensystem bringt mich schon fast automatisch zur Ruhe. Ich will Ihnen aber nichts vormachen, manchmal mehr, manchmal weniger. Sicher ist jedoch, dass die fünf Minuten, die ich mir mindestens nehme, um es zu versuchen, zumindest den Effekt haben, die ersten Reaktio-

---

34 James Hardt, *The Art of Ob Smart ThinkingHinging*, o. J.

nen auf Ärger, die Mann/Frau so oft bereut, abzufedern oder die Traurigkeit zumindest ein bisschen in Perspektive zu rücken.

Für noch mehr Studien und Informationen: *https://noetic.org/.*

Aber wie gesagt, nehmen Sie diese Studien nicht als gegeben hin. Diese Expertisen sind teilweise aufgrund der Methodologie, der Subjektivität der Forscher oder unzureichender Technik nicht ohne Fehler. Auch die Messergebnisse selbst unterscheiden häufig nicht ausreichend zwischen Kurzzeit und Langzeit. Bei Langzeitstudien werden zudem nur periodisch die Probanden untersucht. Diese laufen nicht zehn Jahre lang mit den Messgeräten herum. Es wäre auch unmöglich, die äußeren Umstände aller Studienteilnehmer völlig gleich zu halten. Was ist, wenn der Vater eines Probanden stirbt, aber nicht jener eines anderen? Oder beide Väter kommen zur gleichen Zeit unter denselben Umständen ums Leben, aber das Verhältnis der Teilnehmer zu den Vätern war unterschiedlich. Sie sehen, worauf ich hinauswill?

Was machen also die Forscher? Es wird die Tätigkeit diverser Teile des Gehirns und Veränderungen in Verhalten, Kognition und Emotion gemessen. Die Ergebnisse sind alles andere als schlüssig, zeigen aber das Potenzial zur Förderung der menschlichen, psychologischen und neurologischen Entwicklung durch Aktivierung, Integration und Koordination verschiedener Hirnregionen.

So ermöglicht das fMRT es, Veränderungen und Wachstum des Gehirns zu beobachten, während man meditiert. In einer viel zitierten Studie (ich fand in meiner Recherche immer dieselbe) fand man heraus, dass Achtsamkeitsmeditation für etwa eine halbe Stunde pro Tag während nur acht Wochen die graue Masse wachsen und die Amygdala schrumpfen ließ. I. e. weniger Stress und mehr Hirn! Wie wir aber schon von Tieren wissen, ist es nicht die Masse, die zählt. Es wäre vielleicht interessant gewesen, den Damen und Herrn vorher und nachher Stresstests und Intelligenztest vorzulegen – aber hey, man kann nicht alles haben!

Das Leben umfasst verschiedenste Momente: außergewöhnliche Liebe, große Schönheit, kleine und große Wunder. Das Leben genauso wie den Tod, Krankheit und Niederlagen. Tatsache ist, dass das Leben ein reiches und verwirrendes Wechselspiel aus Licht und Dunkel, Erfolg und Misserfolg, Jugend und Alter, Vergnügen und Trauer ist. Die Umstände ändern sich ständig, und wir müssen damit umgehen. Die Frage ist, wollen wir ein Blatt im Wind sein und herumgewirbelt werden, oder wie die Weide im Wind sich biegen, aber immer verankert stehen.

Ganz wichtig ist mir zum Schluss dieses Teils noch Folgendes zu betonen: Meditation ist kein Allheilmittel und kein Weg zum perfekten Leben. Nur weil Sie meditieren, heißt das nicht, dass Sie sich nie aufregen, dass nie etwas Schlimmes passiert oder dass Sie nie einer Herausforderung gegenübertreten müssen. Wie bei allem, was Sie in diesem Buch lesen, ist es eines von vielen Mitteln, die Sie für sich allgemein und in der konkreten Situation ausprobieren müssen.

Doch hier einige Tipps für Beginner

Haltung. Ich gehe hier von der stillen, nicht der bewegten Meditation aus. Die bewegte Meditation erklärt sich von selbst.

Wenn Sie aufrecht sitzen, fungiert Ihr Körper als Verbindung zwischen Himmel und Erde – und verbindet durch Analogie Ihre physische, verkörperte Existenz mit dem Überirdischen. Viele Traditionen sprechen davon, wie wichtig es ist, die scheinbare Kluft zu überbrücken, sie trennt uns von Gott oder dem Absoluten.

Sie könnten in Erwägung ziehen, dass das gerade Sitzen auch einige praktische Vorteile mit sich bringt. Durch die Ausrichtung der Wirbelsäule und die Öffnung der Kanäle, die durch die Körpermitte verlaufen, fördert das aufrechte Sitzen eine ungehinderte Zirkulation von Energie, die ihrerseits zur Wachheit auf allen Ebenen – körperlich, geistig und spirituell – beiträgt. Außerdem ist es viel einfacher, längere Zeit still zu sitzen, wenn die Wirbel gestapelt sind. Ansonsten hat die Schwerkraft nach einer gewissen Zeit diese irritierende Angewohnheit, Ihren Körper nach unten zum Boden zu ziehen – und dabei die Schmerzen zu verursachen. Wenn sich der Körper in Einklang mit der Haltung befindet, ist er am geniessbarsten. Dies bedeutet aber noch nicht, dass Sie nur in Ihrer natürlichen Haltung sein müssen, und alles ist gut. Denn was manche als natürliche Haltung betrachten, ist möglicherweise eine eingeübte Haltung oder Fehlstellung, die Sie schon lange haben. Es ist daher nicht falsch, wenn die aufrechte Sitzhaltung unbequem ist. Mein Freund, Pilates-Trainer und Anwender der strukturellen Integration, versucht schon seit Jahren, meine PC- und Büro-Körperhaltung wieder in die natürliche Position zu bugsieren. Wenn Sie also meditieren wollen, ist eine gewisse körperliche Aktivität zur Unterstützung der Mediationshaltung sehr angebracht. Bis Sie so weit sind, in der perfekten Haltung für den freien Energiefluss zu sitzen, rate ich zu Hilfsmitteln: Kissen, Stuhl, Meditationsbank.

Viele Anfängermeditationen werden im Liegen durchgeführt, um es einfacher zu machen, die Chakren übereinander zu haben, ohne Schmerzen. Jedoch ist hier die Gefahr des Einschlafens groß. Auch können Kissen unterm Kopf zu Fehlstellungen in der Anordnung der Chakren führen.

Augen auf oder zu? Zu Beginn müssen Sie sich entscheiden, ob Sie mit geschlossenen, offenen oder halb geschlossenen Augen sitzen möchten. Alles hat seine Vor- und Nachteile. Die Augen geschlossen zu halten, lenkt von äußeren Ablenkungen ab und hilft, sich auf das Innere zu konzentrieren. Leider regt sie auch zum Tagträumen und Nachdenken an. Die Augen weit offen zu halten, ist eine schwierige Position, weil sie Sie ablenken könnte. Im Allgemeinen empfehle ich geschlossene Augen. Wenn Sie sich müde fühlen, können Sie sie wieder öffnen. Sind Ihre Augen offen, machen Sie den Fokus weicher.

Die Hände. Sie können Ihre Hände so ziemlich überall dort hinlegen, wo sie sich wohlfühlen, solange Sie sie die ganze Zeit dort lassen. Die Finger können Sie entspannen, es gibt jedoch in auch die Variante, die Finger in Mudras zu legen. Im Prinzip handelt es sich bei Mudras um Hand- und Fingerhaltungen. Die Mudras sollen Energieströme freisetzen und ähnlich wie Yoga-posen je nach Mudra unterschiedliche Vorteile habe. Erklärungen zu Mudras finden Sie in vielen Büchern.[35]

Andere Hindernisse. Es gibt außer der Haltung natürlich noch andere Hindernisse bei der Meditation: Müdigkeit, zu viel oder zu schweres Essen, eine volle Blase, Durst. All dies können Sie steuern. Wer kennt das nicht? Nach einem dicken Festschmaus ist alles Blut im Bauch, aber keine Kapazität mehr für Denken.

Ob es Sinn macht, unter Einfluss von stimulierenden oder besänftigenden Mitteln (Marihuana, Kaffee, Alkohol, LSD und anders) zu meditieren, ist umstritten. Zum Beispiel für die, die fliegen gehen wollen, mag LSD die Sache zunächst vereinfachen. Auch Ayahuasca oder Payote ist speziell für Meditation gedacht, jedoch stehe ich dem sehr skeptisch gegenüber. Wenn der Sinn ist, sich weiterzuentwickeln und die positiven Folgen der Meditation für sich nutzbar zu machen, ist es für mich wichtig, dies eben auch zu tun. Wenn ich ohne stimulierende oder besänftigende Mittel nicht oder nur schwieriger meditieren kann, dann ist das für mich ein Zeichen, dass ich eben nicht gut meditieren kann. Ich bin zwar sonst ein Fan von Hilfsmitteln, jedoch nur, wenn diese keine Nebenwirkungen haben.

---

35 „Mudras von Gertrud Hirschi. Bücher | Orell Füssli", zugegriffen 15. Oktober 2020,
https://www.orellfuessli.ch/shop/home/artikeldetails/ID4175690.html;
„Der Körper in unseren Händen von Kim da Silva. Bücher | Orell Füssli", zugegriffen 15. Oktober 2020,
https://www.orellfuessli.ch/shop/home/artikeldetails/ID15043249.html

Neben den allgemeinen Weisheiten hat der Forscher Dr. James Hardt noch weitere Regeln aufgestellt. Einige davon: gar kein Koffein, keine Zwiebeln, kein Knoblauch, kein Alkohol, viel kurz- und mittelkettige Fettsäuren. Was man davon hält, überlasse ich jedem selbst, jedoch hat Dr. Hardt Messdaten von 30 Jahren aus seinem Biocybernaut Institute gesammelt.

Atmosphäre. Sprechen wir doch nun einmal von der Atmosphäre. Wie schon angedeutet, ist Routine sehr hilfreich. Nicht nur, weil unser Körper dann zu Automatismen übergeht, sondern auch, weil Routine weniger Ablenkungen schafft. Nachdem Sie sich daran gewöhnt haben, diese kleinen Flecken auf dem Teppich und diese Risse in der Farbe zu sehen, sind diese weniger ablenkend. Denken Sie an Ihre Mutter oder Ihren Vater. Können Sie genau sagen, was er/sie das letzte Mal anhatte, als Sie sich gesehen haben? Wahrscheinlich nicht. Wir nehmen bei Gewohntem nur das wahr, was wir erwarten, und alles andere tritt in den Hintergrund.

Auf der esoterischeren Ebene kann man sagen, dass Schwingungen der Meditation sich an der Stelle festsetzen. Je öfter Sie dort sitzen, desto mehr durchdringen Sie den Platz und seine Umgebung mit der Energie Ihrer Bemühungen. Denken Sie an alte Kirchen und Tempel und Sie können dem eine gewisse Wahrheit bestimmt nicht absprechen. Auf einer laizistischeren Ebene kann man von friedlichen Erinnerungen sprechen. Wenn es an einem Platz stets ruhig ist, gehen Sie dort hin, wenn Sie Ruhe suchen, und finden Sie oft dort.

Wenn Sie einer gewissen Routine folgen, bevor Sie beginnen, kann dies auch bereits etwas Meditatives haben. Sie können eine Kerze anzünden, ein Räucherstäbchen anmachen, Ihren Meditationsfokus hervorholen (bei mir oft ein Stein). Diese Anker verbinden Sie mit der Meditation und machen sie auf die Dauer einfacher.

Als weiteren Tipp sollten Sie weder in einer zu dunklen noch zu hellen Umgebung meditieren. Das ist ein bisschen individuell: Das Sitzen an einem hellen, sonnigen Ort kann anregend sein und ablenkend, so wie das Sitzen im Dunkeln einschläfern kann.

Frische Luft ist oft wichtig, da Meditation den Metabolismus anregt – dafür braucht man O2. Außerdem wird oft der Atem genutzt, um bei der Meditation zu helfen. Wenn die Luft schlecht, abgestanden oder gar übelriechend ist, ist dies ein weiterer Ablenkungsfaktor.

Das gilt auch für unangenehme Temperaturen, Lärm oder Durchgangsverkehr.

In der Gruppe oder allein? Da muss ich passen. Meine persönliche Erfahrung ist, dass Meditation in der Gruppe die Dynamik der eigenen Meditation steigern kann. Insbesondere, wenn es einen gemeinsamen Fokus gibt. Ich habe schon an einigen Heilmeditationen und Intentions-Experimenten teilgenommen, die mir sehr kraftvoll erschienen. Auf der anderen Seite kann man allerdings auch in den Strudel von anderen Mitmeditierenden hineingezogen oder durch diesen stark abgelenkt werden. Am Anfang würde ich Meditation in der Gruppe nur mit geführten und stark körperbezogenen Techniken empfehlen, wie autogenes Training, progressive Muskelentspannung oder den Body Scan. Dort gehen alle in die gleiche Richtung und werden geleitet. Bei freieren Meditationen würde ich Gruppen erst dann empfehlen, wenn man selbst erfahren genug ist, um mit Ablenkung und Ableitung umgehen zu können.

Einfache Anfängertechniken. Stellen Sie sich vor, Sie nehmen eine Dusche. Das Wasser strömt über den Kopf und in den Kopf hinein, und auf dem Weg nach unten nimmt es alles mit. Stellen Sie sich vor, Sie wären ein Kind, das im Schlamm gespielt hat. Der Schlamm ist alles, was Sie im Augenblick so mit sich tragen. Gut und schlecht. Schlamm hat ja keine Wertung. Wichtig ist, dass Sie alles abwaschen, bis das Wasser vor Ihrem geistigen Auge klar ist. Fühlen Sie in sich hinein! Übrigens, das geht auch super mit einer echten Dusche. Als Teenager haben meine Eltern mich verflucht, wegen der Wasserrechnung. Ich bin sehr lange unter der Dusche gestanden, aber es hat mir geholfen und Wasser hilft mir auch heute noch (rituelles Händewaschen, Baden, Duschen, Schwimmen, am Wasser entlanglaufen etc. etc.).

Stellen Sie sich eine Lichtkugel über Ihrem Kopf vor. Dann schmilzt sie über Ihr Gesicht, Ihren Kopf und Nacken, bedeckt die Schultern, den Brustkorb, die Arme und nach und nach Ihren gesamten Körper bis zu den Zehen. Dann sind Sie eingehüllt von Licht. Eine tatsächliche Lichtdusche mit Tageslicht oder Rotlichtlampe ist aus meiner Sicht hilfreich. Aber gewisse Medikationen können hier eher hinderlich sein. Also lesen Sie nach, ob sich das Mittel für Sie eignet.

Stellen Sie sich eine angenehme Zeit und einen angenehmen Ort aus Ihrer Kindheit vor, an dem Sie sich sehr wohl gefühlt haben. Stellen Sie sich jedes Detail vor und wie Sie jetzt dort sind. Bleiben Sie in der Erinnerung und spüren Sie, wie sicher Sie sind. Was ist ein Satz oder Worte, die Sie an diesen Ort und diese Zeit erinnern? Vielleicht „See" und „Sommer"? Vielleicht „Berge" und „Vanillekipferl"? Völlig egal. Es muss nur für Sie bedeutungsvoll sein. Wiederholen Sie diese Worte mehrmals. Wann immer Sie sich schlecht fühlen, schließen Sie die Augen und wiederholen Sie diese Worte mehrfach.

Körper scannen ist eine Technik der Achtsamkeitslehre. Beginnen Sie mit dem Scheitel Ihres Kopfes und scannen Sie den eigenen Körper von oben nach unten. Wenn Sie an ein Spannungs- oder Unbehaglichkeitsgebiet kommen, lassen Sie es sanft öffnen und weicher werden.

Setzen Sie sich gemütlich, aber aufrecht hin. Schließen Sie die Augen und atmen Sie aus. Bevor Sie wiedereinatmen, warten Sie ein paar Sekunden. Atmen Sie tief ein und zählen Sie, wie lange Sie einatmen. Halten Sie den Atem die Hälfte der Ziffer an, bevor Sie ausatmen. Das Ausatmen sollte 1,5- bis 2-mal so viele Zähler haben wie das Einatmen. Bevor Sie wieder einatmen, halten Sie den Atem die gleiche Ziffer lang an wie beim ersten Mal, dann atmen Sie ein. Wiederholen Sie dies so oft und so lange Sie möchten, jedoch nicht weniger als 5-mal. Spüren Sie dabei, wie sich Ihr Brustkorb, Ihr Rücken und/oder Ihr Bauch nach außen dehnen und wieder zusammensinken.

Hoch oder Tief? Meditation kann vieles. Ich selbst werde mich hier jetzt outen. Ich kann entweder meditieren, um zu mir und meinem Körper zu kommen und ruhig zu werden in Bezug auf eine Situation oder aus einer Situation positive Energie ziehen. Alternativ kann ich „fliegen" gehen. Menschen, die aus spirituellen Gründen meditieren, suchen oft die Erfahrung außerhalb des Körpers, die Weisheit des „höheren Selbst" des „inneren Kindes", eines Vorfahrens, eines geistigen Führers, eines Gottes. Das nenne ich fliegen gehen. Je länger ich meditiere, desto weniger versuche ich, fliegen zu gehen, da ich den Zugang zu meinem Inneren im täglichen Leben habe (durch die jahrelange Meditation) habe. Aber das ist möglich. Seien Sie sich aber bewusst, dass dieses Fliegen-Gehen Sie nicht mit Ihrer Leitungsfähigkeit verbindet. Die Intention ist anders. Ich habe noch nicht messen lassen, bei welcher Intention der Meditation sich welche Hirnregion meldet. Meine eigene Wahrnehmung ist jedoch deutlich. Gehe ich fliegen, komme ich in eine Hochphase, ähnlich einem Drogen- oder Alkohol-Rausch. Dieses macht mich jedoch anfälliger für das Auf und Ab meiner Gefühle und meiner Umwelt und Umstände. Gehe ich „in mich", stellt sich der Effekt der Ruhe und Gelassenheit ein, die mir eine gewisse Abstraktion erlaubt, wenn das Leben mal wieder etwas nach mir wirft oder ich wieder mal meinen Kaffee über der Tastatur ausleere.

TIPPS UND TRICKS FÜR ANFÄNGER
ODER DEN NOTFALL

Nutzen Sie Ihre Elektronik

Setzen Sie sich Erinnerungen, nutzen Sie Apps, „timen" Sie sich, schreiben Sie Ihre Erfahrungen und Trainingseinheiten auf. So können Sie sich selbst davon überzeugen, was für Sie wann und wie funktioniert hat und welche Methode welche Wirkungen hatte. Wenn Sie noch dazu schreiben, was sonst noch so passiert ist (gute oder schlechte Nachrichten, guter oder schlechter Schlaf etc. etc.), können Sie schnell effizient werden.

Weniger ist mehr

Fangen Sie mit kleinen Schritten an, dann wird es schwieriger, sich selbst einzureden, man habe keine Zeit.

Probieren geht über studieren

Sobald Sie sich Gedanken machen, ob es jetzt etwas bringen würde oder funktionieren würde, geben Sie der Meditation eine Chance. Die Apple App „Atem" ist super. Anmachen und mit der App ein- und ausatmen. 1 bis 5 Minuten sind schon super (siehe auch: Nutzen Sie Ihre Elektronik).

Routine

Bringen Sie zunächst Routine rein. Suchen Sie den Ort, die Zeit, die Stille oder die Lautstärke, die Helligkeit oder die Dunkelheit, den Geruch oder die Luft und die Temperatur, die für Sie gut sind, um sich zu entspannen, und nehmen Sie für eine Weile immer das Gleiche. Sie haben doch bestimmt schon vom Pawlowschen Hund gehört? Gleiches Prinzip.

Nicht urteilen

Sie haben wahrscheinlich keine Forschungsapparatur, um Gehirnströme zu messen. Urteilen Sie also nicht darüber, ob Sie gut oder schlecht meditiert haben oder eingeschlafen sind. Sie haben es getan und das ist gut so. Nächstes Mal wird es besser, oder das Mal danach und so weiter.

Stolpersteine aus dem Weg räumen

Wenn Sie immer wieder denken: Ich kann das nicht oder etwas anderes, was Ihnen Negatives zum Meditieren zuflüstert, räumen Sie es erst mit den Mentaltechniken, die Sie hier schon gelernt haben aus dem Weg. Warum sollten Sie es sich schwer machen? Wenn Sie zu müde sind, schlafen Sie erst einmal. Wenn Sie keinen gescheiten Stuhl/Bett/Kissen, oder was auch immer Sie haben, besorgen Sie sich das erst. Meditieren, wenn Sie der Rücken oder die Knie nach drei Minuten schmerzen, ist sinnlos, weil dann Ihre Aufmerksamkeit auf dem Schmerz liegt, nicht auf Ihrem Atem, dem Mantra, der Blume oder der Anweisung der Meditation.

Meditationswochenenden/Retreats

Meditationswochenenden/Retreats sind super. Sie sind entspannend, euphorisch, aber selten alltagstauglich. Die Atmosphäre ist eine andere und man tendiert dazu, „fliegen" zu gehen. Sie wollen aber im Alltag die Meditation nutzen, oder? Dann machen Sie sie auch im Alltag. Einen Kickstart für Meditation gibt es nicht. Es tut mir wirklich leid, aber hier müssen Sie nun einmal einen Schritt nach dem anderen machen.

5 ERWARTUNGEN UND EINSTELLUNG

„Energy flows, where attention goes."

Viele Menschen ordnen sich selbst in Kategorien ein wie: Optimist, Pessimist oder Realist. Damit geben Sie eine bestimmte Grundhaltung zu Ihrem Leben und den Situationen wieder, die Sie betreffen. Ob diese Einstellungen zu dem einen oder anderen Resultat führen, kann diskutiert werden. Man könnte zum Beispiel argumentieren, dass jemand, der ein schlechtes Ergebnis erwartet, sich umso mehr anstrengt, damit es trotzdem etwas wird. Man könnte aber auch genau das Gegenteil anführen, dass jemand, der sowieso nichts Gutes erwartet, nicht die gleiche Energie in das Projekt steckt, weil es am Ende sowieso Zeitverschwendung ist. Optimismus fördert Leistungsfähigkeit (Barrick & Mount, 1991; Kemper, Kovaleva, Beierlein, & Rammstedt, 2012) [36] und die Gesundheit.[37]

Aber wie bei allem im Leben ist auch beim Optimismus Augenmass gefragt. „In der Tat führt überhaupt das Allzu viel gern einen Umschlag in das Gegenteil mit sich, z. B. in den Jahreszeiten, im Wachsen der Pflanzen und Körper und so auch nun

36 Charles S Carver, Michael F Scheier, und Suzanne C Segerstrom, „Clinical Psychology Review", *Clinical Psychology Review*, 2010, 11.
37 Paul J. Allison u. a., „Dispositional Optimism Predicts Survival Status 1 Year after Diagnosis in Head and Neck Cancer Patients", *Journal of Clinical Oncology: Official Journal of the American Society of Clinical Oncology* 21, Nr. 3 (1. Februar 2003): 543–48, https://doi.org/10.1200/JCO.2003.10.092.

ganz vorzüglich in den Verfassungen." Sokrates (470–399 v. Chr.), griechischer Philosoph (*Quelle: Platon, Politeia (Der Staat), entstanden um 375 v. Chr. 8. Buch*).

Ungefilterter Optimismus sowie völlig falsche Selbsteinschätzung können zum Misserfolg führen. Optimismus bedeutet nicht, dass man blind durchs Leben geht. Man kann Misserfolge oder Hürden jedoch erahnen, abschätzen und Maßnahmen dagegen ergreifen. Über glühende Kohlen zu laufen, ohne Training und Schuhwerk, wird zum Misserfolg. Es ist damit zu rechnen, dass es wohl heiß wird. Das heißt jedoch nicht, dass man es nicht schafft.

Es gibt wohl kein ernsteres Thema als den Tod. Ich möchte mir diesen daher hier zunutze machen, um das, was ich meine, besonders auszuführen. In ihrer Dissertation „Einstellungen zu Sterben und Tod bei Hochaltrigen: Die Rolle von Persönlichkeit, Gesundheit und Religiosität" untersuchte Ortrun Reidick unter anderem den Einfluss der Persönlichkeit zur Einstellung von Hochaltrigen zum Sterben. Reaktionen auf die eigene Sterblichkeit können Angstreaktionen oder Akzeptanz auslösen. Diese Reaktion wirkt sich dann auf die Lebensqualität der Sterbenden aus, was im vierten Teil der Studie untersucht wurde. Das Ergebnis war für mich nicht überraschend. Menschen mit mehr Angst hatten ein schlechteres Wohlbefinden als jene mit Akzeptanz-Gruppe.[38]

---

[38] Ortrun Reidick, „Einstellungen zu Sterben und Tod bei Hochaltrigen: Die Rolle von Persönlichkeit, Gesundheit und Religiosität", Dissertation, 2013, https://archiv.ub.uni-heidelberg.de/volltextserver/15563/.

Auch in der anderen Alterskategorien, bei Jugendlichen, die noch in der Schule sind, zeigt sich der Einfluss des Wohlbefindens für die Leistungsfähigkeit.[39]

Noch direkter äußerte sich Johann Caspar Rüegg, der den Einfluss der Einstellung auf das Wohlbefinden im Campus Report thematisierte.[40] Die Einstellung und Erwartung haben also Folgen für das Ergebnis.

Warum schreibe ich hier also über Erwartungen und Einstellungen, wenn diese doch keinen – oder nur begrenzten – oder doch ganz viel Einfluss auf das Ergebnis haben? Wegen des Wohlbefindens – und das hat Einfluss auf das tägliche Leben. Ganz egal ob am Ende das herauskommt, was Sie sich vorgestellt oder erhofft hatten. Ist es nicht wichtiger, dass der Weg dahin so angenehm wie möglich ist? Denken Sie an Ihren Ferienflieger. Wie viele von Ihnen haben durch den nervigen und stressigen Rückflug vom Ferienort schon viel vom eigentlichen Erholungswert eingebüsst? Denken Sie an den 10-Kilometer-Lauf, den Sie gemacht haben? Nachdem er durch ist, sind Sie froh, aber wenn Sie die ganzen 10 Kilometer gelitten haben wie ein Tier, wie großartig war es dann wirklich?

Es gibt aber nicht nur die Variante des halb vollen oder halb leeren Glas, sondern es gibt auch eine Erweiterung oder einfach nur eine Veränderung des Blickwinkels. Es geht eben nicht immer nur um direkte oder indirekte Zielerreichung. Der Song-

---

39 Tina Hascher und Gerda Hagenauer, „Adolescents' Well-Being in School – Time Courses and Antecedents", in *Jahrbuch Jugendforschung*, hg. von Angela Ittel, Hans Merkens, und Ludwig Stecher (Wiesbaden: VS Verlag für Sozialwissenschaften, 2011), 15–45, https://doi.org/10.1007/978-3-531-93116-6_1.

40 Johann Caspar Rüegg, „Geist und Körper: eine positive Einstellung zum Leben verändert nachweislich das Gehirn und kann großen Einfluss auf unser Wohlbefinden haben", Audio, 2010, https://doi.org/10.11588/heidok.00011386

writer Jason Mraz sang: „today is my day to win some or learn some". Für mich bedeutet diese Textzeile sehr viel. Selbst wenn ich etwas nicht bekomme oder ein Ziel nicht erreiche, gibt es an der Situation sicher etwas Positives. Egal was. Ja, egal was!

Ich nehme jetzt ein extremes Beispiel: Sagen wir, ein von Ihnen geliebter Mensch ist gestorben. Was soll es daran Schönes oder Positives geben? Einfach: Vielleicht hat der Mensch gelitten und der Tod ist eine Erlösung. Vielleicht war Ihre Beziehung zu dieser Person (erkannt oder unerkannt) nicht gut für Sie und nur durch sein Ableben konnten Sie sich aus der Beziehung lösen? Es könnte sein, dass eine noch besser passende Person nun in Ihr Leben tritt. Vielleicht lernen Sie dadurch, dass Sie jetzt durch diesen Schmerz damit umgehen, sodass Sie andere in der Lage besser verstehen oder dass Sie beim nächsten Schock in Ihrem Leben (und es kommen immer wieder Schocks) auf die Erfahrungen und Strategien zur Bewältigung zurückgreifen können? Verstehen Sie mich nicht falsch. Es ist möglich, dass nichts „Besseres" folgt oder dass es nicht nötig gewesen wäre, den Menschen zu verlieren. Darum geht es nicht. Es geht darum, in allem einen Segen zu finden. Manchmal muss man suchen, manchmal ist er klein, manchmal ist er erst viel später erkennbar, aber er ist immer da.

Wichtig ist, dass Sie den Blickwinkel erweitern und nicht nur auf die Sache selbst sehen. Der positive Effekt kann aus einer völlig anderen Ecke kommen. In Bezug auf unsere Tragödie mit dem verstorbenen Menschen: Vielleicht lernen Sie bei der Beerdigung den nächsten Partner kennen, vertragen sich mit einem Verwandten wieder oder ganz, ganz andere Dinge.

Es gibt eine Meditation, die sich „das Gold suchen" nennt. Darin begeben Sie sich auf eine Reise zu Menschen, die Ihnen etwas zuleide getan haben oder die Charakteristiken haben, die Sie nicht ausstehen können. In der Meditation zeigt dieser Mensch sämtliche Aspekte dieser Charaktereigenschaft oder dieser Situation und zeigt Ihnen, was die Charaktereigenschaft auch noch sein kann. Als Beispiel nehme ich meinen Vater. Mein Vater ist gelinde gesagt ein sturer Typ, der völlig unflexibel durchs Leben läuft und dessen Meinung man mit einer Atombombe nicht erschüttern könnte. Was bedeutet es aber auch? Mein Vater ist ein sehr treuer Mensch, auf den man sich verlassen kann wie das Amen in der Kirche. Seine Prinzipien sind unumstößlich und er würde nie einen Kompromiss eingehen, der seine moralischen Vorstellungen beeinträchtigt, auch dann nicht, wenn es zu seinen Lasten geht. Wow – was für ein Mann – der sture Bock. Das Gleiche hätte man von Ghandi sagen können, der ungeachtet der Konsequenzen für seine Familie und seine Gesundheit das getan hat, was er für richtig hielt. Perspektive ist alles!

In Bezug auf die Zielerreichung und die mit den Misserfolgen in Zusammenhang stehenden Gefühlen gibt es zwei Sprüche, die ich liebe: Einer ist aus den „Tom und Jerry"-Videos und eine Liedzeile von Udo Jürgens: Was macht es schon, wenn ich einmal verlier'? Die Antwort ist natürlich: Gar nichts! Der Unterschied zwischen der Zielerreichung und der Zielverfehlung ist oft lediglich Zeit und Standhaftigkeit. Sie versuchen es so lange, bis es funktioniert. Eine Geschichte, die ich mal gehört habe, ging ungefähr: Die Regentänzer bei den Schamanen waren zu 100 % erfolgreich, wenn es galt, den Regen herbeizutanzen. Nach der Dauer des Tanzes hat keiner gefragt. Mit anderen Worten: Die Regentänzer tanzten so lange, bis es regnete. Bestimmt hat es geholfen, auf meteorologische Beobachtungen zurückzugreifen, bevor man anfing, aber der Punkt ist, dass man weitermacht, bis man erreicht, was man möchte. Was ist da schon mal ein Tag, der trocken bleibt? Daher auch der zweite Spruch, der aus Indien stammen soll: Am Ende wird alles gut. Ist es noch nicht gut, ist es noch nicht das Ende.

Hier kommen wir dann auch wieder zum Ausgangspunkt zurück. Wenn Sie den Weg lieben, ist es egal, wie lange es dauert, bis Sie an das Ziel kommen. Sie sind beim Laufen glücklicher und haben damit ein glücklicheres, gesünderes und produktiveres Leben. Glauben Sie, Regentänzer tanzten nicht gern? Wenn Sie also ein sprichwörtlicher Regentänzer sind, aber Tanzschritte oder Musik nicht so gern mögen, wäre es vielleicht an der Zeit, den Job zu wechseln. Wenn Sie zum Beispiel einfach nur Wasser von oben mögen, werden Sie Duschentester, wenn Sie zum Beispiel Schlamm lieben, werden Sie Reisbauer oder Schlammwrestler.

5.1   Glas halb voll – Glas halb leer

Überlegen Sie selbst! Wenn Sie ein Projekt beginnen oder eine Arbeit anfangen, woran denken Sie? An all die Arbeit oder wie schön es sein wird, wenn das Projekt abgeschlossen ist? An die vielen interessanten Teile der Arbeit oder wie sich das nächste Projekt schon ankündigt und Sie vor lauter Stress schon nicht mehr wissen, wo sie anfangen sollen? Auch das ist Pessimismus. Nicht nur das Ergebnis und die Einstellung dazu, sondern die Einstellung zu den einzelnen Schritten ist relevant, wenn Sie eine positivere Sichtweise wünschen.

Möchten Sie lernen, den Blickwinkel zu verändern?

5.2   Tricks zur Einstellung und Erwartung

Es gibt viele Techniken, mit denen man seinen Blickwinkel verändern kann.

Eine Variante habe ich bereits genannt: die Goldsuche. Sie können jede Situation und jede Person ansehen und alles aufschreiben, was Ihnen nicht passt. Dann begeben Sie sich auf die Suche nach dem, was für Sie Gutes darin ist oder welche verborgenen Schätze Sie finden können. Denken Sie daran, dass jeder Misserfolg nur ein Schritt auf dem Weg zum Erfolg ist.

Eine weitere Variante nenne ich das Vergrösserungsglas. Es funktioniert besonders gut für Dinge, die in der Vergangenheit liegen und an denen Sie nichts mehr ändern können. Nehmen wir wieder unser traumatisches Ereignis: den Tod des geliebten Menschen. Der Mensch ist tot. Sie können ihm nicht mehr sagen, dass Sie ihn lieben, und bereuen furchtbar, dass Sie es nicht viel öfter gesagt haben oder dass Sie kurz vor dessen Tod keine Chance mehr hatten. Anstelle an die vielen Male zu denken, wo Sie gestritten haben, wo Sie nichts gesagt haben. Denken Sie an all die Momente, in denen Sie Ihre Verbundenheit und Liebe gefeiert haben. Denken Sie an all die Momente, in denen Sie glücklich zusammen waren. Lassen Sie Ihre Gedanken beim Glück verweilen, rufen Sie sich jedes Detail in Erinnerung und vergrößern Sie es. Machen Sie es bunt und laut in Ihrem Kopf, als sei die Szene unter einem Vergrößerungsglas.

In Sachen Streitereien oder bei verpassten Gelegenheiten drehen Sie das Vergrößerungsglas um. Damit rückt das in weite Ferne. Malen Sie diese – wenn überhaupt – nur in Schwarz-Weiß. Stellen Sie sich vor, dass die Farbe und Details wie aus einem Sieb unten heraustropfen. Sie brauchen die Farbe und den Platz für die schönen Erinnerungen.

Eine andere Technik ist die, dass Sie sich an die Situation oder Zeit zurückerinnern und sich selbst zur Seite stehen. Stellen Sie sich vor, was Sie gesagt oder getan hätten, wenn Sie sich selbst zu Seite gestanden hätten, und sagen Sie dies nun zu sich selbst. Wie eine Art Entschuldigung an Ihr damaliges Ich. Vergeben Sie sich, dass Sie damals noch nicht so weit waren, dies zu sagen!

Wenn wir schon beim Vergeben sind, hier ist eine Technik, mit der ich selbst oft arbeite.

Kennen Sie das? Sie schimpfen sich selbst aus, weil Sie etwas falsch oder nicht gemacht haben, weil Sie faul oder feige waren? Darf ich fragen, was das bringen soll? Dass Sie es das nächste

Mal nicht mehr machen? Bitte?! Sie waren doch auch mal ein Teenager, oder? Nachhaltige Veränderung entsteht nur, wenn wir verstehen, warum. Der Grund, warum, ist immer derselbe – immer. Weil wir es in dem Moment nicht besser konnten.

Die Argumentation: Aber sonst ging es doch auch oder Ähnliches zählt nicht. Wenn wir es zu dem Zeitpunkt wirklich besser gekonnt hätten, hätten wir es getan. Warum sollten wir uns selbst absichtlich schaden?

Natürlich sagt jetzt die innere Stimme: „Mein Unterbewusstsein hat mich nicht gelassen." Bitte? Nicht Ihr Ernst! Denken Sie nach! Ihr Unterbewusstsein ist ein Teil von Ihnen und will Ihnen nichts Böses. Vielmehr können Sie vielleicht das Ziel, welches das Unterbewusstsein verfolgte – oder besser gesagt den positiven Effekt, den Sie davon hatten – nicht mehr sehen.

Das führt zu zwei Konsequenzen. Nummer eins: Vergeben Sie sich, es ging in dem Moment nicht besser und sich selbst zu Sau machen, hilft nicht dabei, sich besser zu fühlen. Nummer zwei: Gehen Sie auf Spurensuche! Ähnlich wie beim Gold finden von oben ist auch hier ein bisschen Mühe Ihrerseits erforderlich.

Was ist der positive Faktor, den Sie sich erhofften? Ich gebe Ihnen ein Beispiel: Ich leide öfters unter Migräne. Wenn ich Migräne habe, liege ich flach. Nichts mehr machbar. Egal, wie viel ich zu tun habe. Meine Termine müssen verschoben werden, ich kann nicht mit Freunden ausgehen und mir geht es schlecht. Soll ich Ihnen sagen, was bei meiner Spurensuche herauskam? Daheim im Bett liegen bedeutet: Ich habe frei. Weil ich nur freinehme, wenn ich krank bin, werde ich halt krank. Mein Körper und mein Unterbewusstsein sind schlau. Habe ich eine Grippe, schmeiße ich Grippemittel ein und gehe arbeiten (keiner hat gesagt, das sei sinnvoll). Bei Migräneanfällen habe ich allerdings nur ein ganz kleines Fenster, in dem ich noch was tun kann, das mich funktional hält. Danach helfen keine Medikamente mehr und ich liege flach. Im Unterbewusstsein ist jedoch der Zusammenhang abgespeichert, dass nach meiner Rückkehr ins Leben noch mehr Stress und völlige Erschöpfung drohen. Also zusammenreißen, aufstehen und arbeiten? Doch als direkte Reaktion signalisiert mein Unterbewusstsein: Jetzt will ich flachliegen. Nach mir die Sintflut.

Nachdem ich diesen Zusammenhang herausgefunden hatte, akzeptiere ich die Zwangspausen und höre auf meinen Körper. Bevor ich einen Migräneanfall bekomme, gibt es Warnzeichen. Darauf stelle ich mich ein. Ihr Unterbewusstsein ist verhandlungswillig. Sie sollten die Position als Steuermann des Körpers aber nicht ausnutzen. Also: Finden Sie den versteckten Zweck, anstatt mit sich zu schimpfen.

Dies führt direkt zur nächsten Technik: die Zensur. Denken und sprechen Sie nur positiv von sich und anderen und Ihre Wahrnehmung wird sich verändern. Anstelle vom A ... hinterm Steuer haben Sie einen Autofahrer mit Verbesserungspotenzial. Anstelle der fetten Kuh, die nicht entscheiden kann, welche Kaffeesorte sie im Starbucks will, denken Sie sich: Muss es ein überteuerter Kaffee grade jetzt sein, oder reicht nicht auch ein Wasser? Sie können es sogar kreativ nehmen: Bei mir im Büro gibt es keine verfluchten Idioten, sondern herausfordernde Grashüpfer. Es muss keinen Sinn ergeben. Es geht um Mental- und Sprachhygiene.

Sprechen wir von Mental- und Sprachhygiene, kommen wir auf eine weitere Methode zum Perspektivenwechsel, die ich schon einmal erwähnt hatte. Seien Sie nett zu sich selbst und anderen. Dinge, über die Sie bei sich oder bei anderen schimpfen, können negative Gesamtbilder hervorrufen. Nehmen Sie sich die Zeit, über die Sache/Person/Eigenschaft an sich fünf positive Punkte in Ihr Mentalhygienebuch zu schreiben. Jeden Tag. Ihre Sichtweise darauf wird sich ändern. Denn wo immer Ihre Aufmerksamkeit ist, dort fließt auch mehr Energie hin.

Das Mentalhygienebuch ist eines meiner Lieblingswerkzeuge, denn ein Perspektivenwechsel, insbesondere zu positiveren Sichtweisen hin, ist besonders effizient durch Dankbarkeit zu erreichen. Listen Sie alles auf (jeden Tag einmal), wofür Sie dankbar sind. Ich habe da regelmäßig meine Katzen stehen, meine Putzfrau, meine Spülmaschine, das gute Wetter, dass ich in Zürich lebe, dass mein Laptop noch immer lebt (das Ding macht bei mir total viel mit), dass meine Eltern noch bei mir sind, dass ich in friedlichen Zeiten lebe, dass ich dank Corona zu viel weniger Veranstaltungen muss und mein geliebtes Bett viel öfter mit Beschlag belege. Sie verstehen!

Ein weiterer Tipp, der ein bisschen im Gegensatz zum Tipp über falschen Optimismus steht, ist, dass Sie sich selbst auch ein bisschen belügen dürfen. Mit Maß und Ziel.

5.3 Träum dir die Welt – sich anzulügen, kann auch hilfreich sein

Wir Menschen haben Vorstellungskraft. Das heißt, wir können uns erinnern oder uns noch nicht Dagewesenes ausdenken. Das kann man sich zunutze machen, indem man die Perspektive des Davor oder Danach einnimmt.

Der Boxer Muhamed Ali – wie viele andere Sportler auch – stellte sich vor jedem Kampf vor, wie er den Gegner besiegte. Hunderte Male. Natürlich trainierte er sehr hart, aber die mentale Vorwegnahme gehörte dazu. In dieselbe Richtung geht es, wenn Sie sich vorstellen, wie es sein wird, wenn Sie Ihr Ziel erreicht haben. Stellen Sie sich die Geräusche, die Bilder, die Gerüche, die Gefühle und die Geschmäcker in diesem Moment vor. Was würden Sie tun? Wie würden Sie aussehen? Dann stellen Sie sich vor, was Sie tun würden, um dorthin zu kommen? Machen Sie es bunt und lebendig!

Tun Sie so, als wäre es schon so. Sagen wir, Sie wollen Millionär sein und würden sich ein Auto kaufen? Was täten Sie? Tun Sie es in Ihrem Kopf – und soweit Sie können – in Ihrem jetzigen Leben. Sie wollen einen Bentley? Fahren Sie einen Probe oder mieten Sie einen für einen Tag. Suchen Sie sich die Ausstattung aus. Wichtig ist jedoch, dass Sie nicht daran denken, dass Sie ihn sich noch nicht leisten können, sondern dass Sie sich an dem erfreuen, was jetzt ist. Sie haben genug Zeit, alles über dieses Auto zu recherchieren und genau das auszusuchen, was für Sie am besten ist, sodass – wenn das Geld da ist – nur der Kauf vollzogen werden muss.

Das Gleiche gilt, wenn eine nicht zu glückliche Situation stattgefunden hat. Statt das immer wieder im Kopf abspielen, nutzen Sie die innere Waschmaschine für Do-overs (neue Versuche). Spielen Sie die Situation in verschiedenen Varianten ab. Wie beim Film mit unterschiedlichen Wiederholungen der gleichen Szene. Machen Sie das so lange, bis Ihnen die Situation gefällt, und spielen Sie diese immer wieder geistig ab. Wenn eine ähnliche Situation oder eine Variante davon vorkommt, haben Sie bereits eine „pfannenfertige" Lösung. Damit haben Sie nicht nur für die Zukunft vorgesorgt, sondern Sie haben auch Ihre Einstellung zur vergangenen Situation geändert. Probieren Sie es aus!

Wichtig ist hier jedoch Folgendes: Sie müssen sich selbst glauben können. Wenn Ihre innere Stimme stärker ist als das neue Bild, das Sie malen, ist das vergebene Liebesmüh. Suchen Sie sich ein Bild, das Ihnen weniger Widerstand bietet. Sie mögen zwar dann vielleicht nicht Astronaut oder Boxweltmeister sein, aber Sie können zum Beispiel in Ihrem Bild erhobenen Hauptes aus der Sitzung gehen und Ihren Kollegen auch direkt danach in die Augen schauen, an Stelle von heulend auf dem Klo zu sitzen und sich in Grund und Boden zu schämen.

Je länger und öfter Sie diese Techniken anwenden, desto näher sind Sie der Mondlandung.

5.4 Körper-Techniken zum Sinneswandel

Ich bin ein großer Verfechter von Abkürzungen. Warum soll ich fünf Jahre Gesprächstherapie machen, wenn einfache Körpertechniken schon helfen können? Dabei muss ich gestehen, dass ich selbst von den vielen Varianten, die es gibt, nur wenige ausprobiert habe, diese aber mit Enthusiasmus einsetze.

Fangen wir mit Kinesiologie und deren angewandten Formen an. Der amerikanische Chiropraktiker George Goodheart entwickelte die Angewandte Kinesiologie („Applied Kinesiology" – Abkürzung AK) in den 1960er-Jahren. Die Kinesiologie ist heute eine weitverbreitete Technik, um Energieblockaden zu finden und zu lösen. Sie wird genutzt von Beratern, Coaches und Anwendern der verschiedensten Richtungen sowie in Praxen von Therapeuten, Heilpraktikern und Ärzten. Kinesiologie kann emotionalen Stress reduzieren und ebenso gut Muskelschmerzen oder Muskelschwäche beheben, Allergien und Überempfindlichkeiten gegen Lebensmittel angehen, aber auch selbstzerstörerische Gewohnheiten. Kinesiologie arbeitet mit der Idee, dass es im Körper Energiebahnen und -zentren gibt, die Einfluss auf unsere Muskelstärke haben. Die Muskeln werden dann geeicht und mit Muskeltests wird auf Stärke (ja) oder Schwäche (nein) geprüft.

Eine mir seit den 1990-er Jahren bekannte Methode ist Psych-K™. Es handelt sich dabei um eine angewandte Form von Kinesiologie. Psych-K™ ist ein nicht-invasiver, interaktiver Veränderungsprozess, der einfach, aber wirkungsvoll Prozesse zur Veränderung unbewusster Überzeugungen anstößt. Hier werden innere Überzeugungen des Unterbewusstseins aufgedeckt und durch relativ schnell durchführbare sogenannte «Balancen» verändert. Hier können Sie Ihrem Unterbewusstsein auf die Schliche kommen und Überzeugungen, die nicht mehr dienlich sind, ausrangieren. Im Grundsatz funktioniert Psych-K für alle inneren Überzeugungen, jedoch kann unser Unterbewusstsein ein hinterhältiger kleiner Bursche sein. Überzeugungen können übereinander liegen wie eine Matroschkapuppe oder es können Nuancen da sein, denen wir erst mit der Zeit auf die Schliche kommen. Aber wie so oft gilt auch hier: Stetes Wasser höhlt den Stein. Positiv an dieser Technik ist auch, dass man Sie allein durchführen kann. Ein Coach hilft bei fortgeschrittenen Balancen, Balancen, die mehr als eine Person brauchen, oder wenn man selbst nicht an die richtigen Überzeugungen rankommt.

Wingwave™ kenn ich seit etwa fünf Jahren und ich finde es eine sehr hilfreiche Technik der angewandten Kinesiologie, welche vor allem für Gefühle nützlich ist. Gefühle tragen viel Energie in sich, und manchmal sind nicht nur Überzeugungen involviert, sondern eben Gefühle, die uns und unsere Ich einfach mal so überwältigen. Auch wenn viele Überzeugungen auf einmal betroffen sind oder man einfach nicht an sie herankommt, dann man hier eine Abkürzung versuchen. Erreicht wird der Effekt beim Wingwave™ durch eine einfach erscheinende Grundintervention: das Erzeugen von „wachen" REM-Phasen (Rapid Eye Movement), welche wir Menschen sonst nur im nächtlichen Traumschlaf durchlaufen. Dabei führt der Coach mit schnellen Handbewegungen den Blick seiner Coaches horizontal hin und her. Laut Gehirnforschung lösen die wachen Augenbewegungen – anders als beim fixierten Blick – deutlich stresslindernde Reaktionen in verschiedenen Gehirnarealen aus, beispielsweise aktivieren sie auch auf eine günstige Weise den präfrontalen Cortex im Großhirn. Die „Motion" der Augen ist also ein wirkungsvoller Auslöser für positive „waves". Anders als beim Psych-K™ braucht es hier einen Coach, um die Balance selbst durchführen zu können.

EFT-Tapping (Emotional Freedom Technique auch **Tapping** genannt) ist eine Klopftechnik, die Sie in kurzer Zeit **selbst erlernen und anwenden** kannst. Mir persönlich ist keine andere Technik bekannt, die gleichermaßen **einfach wie wirkungsvoll** ist. Ich selbst habe keine Erfahrungen damit gesammelt, aber aus meinem Bekanntenkreis nur Gutes gehört. Die Klopftherapie empfiehlt sich für die Eigenanwendung, weil die Punkte nicht genau getroffen werden müssen.

Natürlich gibt es noch viele weitere Methoden. Eine meiner Lieblingsmethoden, um emotionale oder mentale Blockaden zu lösen, ist Sport- und zwar zwei Arten: Pilates, wie mein Freund und Trainer Joachim Schutz dies anwendet, und Yoga. Hier wird ebenfalls der Weg über den Körper zu den Emotionen und dem Gehirn gewählt. Anders jedoch als bei den Methoden der angewandten Kinesiologie ist die Verbindung weniger deutlich und nur im Effekt wahrnehmbar. Während bei den AK-Varianten das Gehirn immer weiß, worum es geht und unser Denken mitmacht, werden beim Yoga und Pilates durch Lösung der physischen Blockaden Energie und Emotion freigesetzt, die dann wieder zur Verfügung stehen.

Ich selbst bin schon so oft verwirrt und fahrig im Training angekommen, stand wie ein Schluck Wasser in der Kurve (innerlich und äußerlich) vor Joachim und hätte nur heulen können. Dann lässt Joachim mich Übungen machen, die die Skelettmuskulatur hier entspannen und dort anregen und auf einmal stehe ich wieder grade und bin auch im Geiste zentriert. Ich habe es noch nicht ganz durchdrungen und überlasse darum im Kapitel 7 Joachim das Wort der Erklärung.

Leider sind diese Techniken zwar für den jeweiligen Moment sehr hilfreich, jedoch können die Energiebahnen mit den gleichen Auslösern immer wieder zugehen. Sie gehen mit zunehmender Übung zwar schneller wieder auf, das ändert aber nichts daran, dass die unterliegenden Probleme nicht angegangen werden.

Im Gegenzug muss jedoch auch gesagt werden, dass eine Blockade auf der rein körperlichen Ebene auf die emotionale Ebene ebenfalls anschlägt. Denken Sie an den simplen Fall, dass Sie sich den Rücken verrenkt und nun Schmerzen haben. Das ist der Laune nicht sehr zuträglich. Da hilft dann auch keine angewandte Kinesiologie.

Für Ungeduldige

Natürlich kann ich dieses Kapital nicht beenden, ohne vom Alpha-(oder Theta-)-Wellen-Training oder Neurofeedbacktraining gesprochen zu haben. Dieses Training arbeitet mit der „Meditationsfrequenz", den Alpha- (oder Theta-) Gehirnwellen, ebenfalls um Blockaden zu lösen oder zur Behandlung von verschiedensten psychosomatischen Störungen.[41]

Das Alpha-Theta-Training ist eine Form des Neurofeedbacks, bei der Sie Alpha- (8-12 Hz) und Theta-Hirnwellen (4-8 Hz) trainieren, wobei Alpha und Theta verstärkt werden, während die schnellere Aktivität der Beta-Hirnwellen gehemmt wird. Alpha und Theta Frequenzen sind am besten für ihre entspannenden und kreativen Qualitäten bekannt. Beim Alpha-Theta-Training werden die Sensoren traditionell auf dem Hinterhauptslappen platziert, aber heutzutage werden sie hauptsächlich auf dem oberen hinteren Teil der Kopfhaut platziert. Mit geschlossenen Augen lauschen Sie einer Belohnung für die gemessenen Alpha- und Theta-Frequenzen, die Ihr Gehirn produziert.

Die positiven Auswirkungen sind meditative Konzentration, verminderte sympathische, autonome Aktivierung, verbesserte fokussierte und anhaltende Aufmerksamkeit, besseres Arbeitsgedächtnis und Auswirkungen auf die synaptische Plastizität.[42]

---

41 „EEG Signature and Phenomenology of Alpha/theta Neurofeedback Training Versus Mock Feedback | SpringerLink", zugegriffen 19. Oktober 2020, https://link.springer.com/article/10.1023/A:1021063416558.
42 John Gruzelier, „A theory of alpha/theta neurofeedback, creative performance enhancement, long distance functional connectivity and psychological integration", *Cognitive processing* 10 Suppl 1 (1. Februar 2009): S101-9, https://doi.org/10.1007/s10339-008-0248-5.

Andere Studien zeigten, dass das Alpha-Theta-Neurofeedback-Training zu einer signifikanten Steigerung der Wärme, des abstrakten Denkens, der Stabilität, der Gewissenhaftigkeit, der Kühnheit, des Einfallsreichtums und der Selbstkontrolle sowie verbesserte geistige Gesundheit als innere Ruhe und Bewusstheit, die Fähigkeit, aufwühlende Gedanken zu tolerieren, weniger Essanfälle, die Produktion von mehr Antikörpern, was das Immunsystem verbessert.[43]

Inzwischen ist es üblich, das Alpha-Theta-Neurofeedback-Training als effiziente Behandlung nicht nur für Suchterkrankungen,[44] Angstzustände, Meditationssteigerung und Stressabbau, sondern auch für Spitzenleistungen einzusetzen.

Ich persönlich habe bereits zwei Alphawellen-Trainings des Biocybernaut-Instituts™ hinter mich gebracht, die jeweils eine Woche gedauert haben. Es war sehr anstrengend, aber ich habe den Effekt noch lange danach gespürt. Der Erfinder des Prozesses, Dr. Hardt, hat auf der Website auch ein paar interessante Studien, von denen mir jene über die Green Berets besonders imponiert hat *(https://www.biocybernaut.com/publications/neurofeedback-ultimate-performance/)*.

Allerdings ist diese Art von Training nicht billig, weshalb ich auch bisher keine weiteren Trainings gemacht habe.

---

43 Cynthia Kerson und Antonio Martins-Mourao, *Alpha-Theta Neurofeedback in the 21st Century: A Handbook for Clinicians and Researchers*, Illustrated Edition (Foundation for Neurofeedback and Neuromodulation R, 2017).

44 Ellen Saxby und Eugene G. Peniston, „Alpha-Theta Brainwave Neurofeedback Training: An Effective Treatment for Male and Female Alcoholics with Depressive Symptoms", *Journal of Clinical Psychology* 51, Nr. 5 (1995): 685–93, https://doi.org/10.1002/1097-4679(199509)51:5<685::AID-JCLP2270510514>3.0.CO;2-K.

5.5 Es ist noch kein Meister vom Himmel gefallen

Wie bei so vielem gilt auch hier: Ihre Einstellung allgemein oder zu einzelnen Themen zu verändern, ist Übungssache. Sie werden es nicht immer schaffen. Feiern Sie die Momente, in denen es gelingt!

Zu unterschiedlichen Zeiten finden unterschiedliche Methoden Wirkung. Es gibt nur das Heute. Seien Sie dankbar und positiv über das, was Sie haben.

Zur Furcht
Furcht kann eine nützliche Emotion sein, genau wie Schmerz. Sie führt uns dazu, zu überlegen, ob unsere Handlungen klug sind, und zu reflektieren, ob es noch andere Wege gibt. Nicht mehr sinnvoll ist Furcht, wenn sie zu Lähmung führt. Wenn Sie nicht mehr vor die Tür gehen, weil Sie Angst haben, Sie könnten Ihrem Ex begegnen. Wenn Sie nicht mehr ins Schwimmbad gehen, weil Sie sich zu dick fühlen.

Furcht ist immer in der Zukunft. In Ihrem Jetzt sind Sie sicher. Das Schlimme ist noch nicht passiert oder nicht wieder passiert. Jeder Tag ist neu, jede Situation ist neu, wenn Sie dem Tag oder der Situation neu entgegentreten.

6   SCHLAF IST DIE BESTE MEDIZIN

Schlafen ist einer der besten Energiespeicher für uns und ein weiterer Vorteil hat: Er ist kostenlos. Doch was, wenn es nicht funktioniert mit der nächtlichen Erholung? Das kann ganz schön kräftezehrend sein. Daher ist es wichtig, zu wissen, was guter Schlaf ist, wie viel wir davon brauchen, wie wir ihn fördern und warum er für unser tägliches Lernprogramm positiv ist. Ich habe darum das aus meiner Sicht das Wesentliche niedergeschrieben.

6.1   Von Lerchen und Eulen

Der deutsche Psychiater Emil Kraepelin kreierte nicht nur die menschliche Leistungsuhr in seiner Forschungsschrift „Hygiene der Arbeit" (siehe Kapitel 13), sondern beobachtete als Nebenprodukt seiner Forschung gemeinsam mit seinem Mitarbeiter Otto Graf, dass es zwei Schlaftypen bei den Menschen gibt: die einen, die gerne früh aufstehen, bezeichnete er als Lerchen und jene, die lieber abends lange aufbleiben, bezeichneten Kraepelin und Graf als Eulen. Diese Definition hat sich zwar im Grossen und Ganzen bis heute gehalten, wurde aber von einer Gruppe und Wissenschaftlern auf Basis einer Online-Umfrage unter 1.305 Teilnehmern, die sie auf „ScienceDirect" veröffentlichten, modifiziert (*Quelle: https://www.sciencedirect.com/science/article/ abs/pii/S0191886919303071#!*). Die Forscher kamen aufgrund der Beobachtung zum Schluss, dass es eine Gruppe gibt, die es zusätzlich zu den Morgen- oder Abendtypen gibt. Das ist das Ergebnis einer Beurteilung der Studienteilnehmer, die aufzeichneten, wie schläfrig sie sich zu verschiedenen Zeiten fühlen. Es zeigte sich, dass neben den Morgen- und Abendtypen ein weiterer Typus (genannt „Nachmittag" und „Napper") existiert.

Das ist nach Ansicht der Forscher ein Personenkreis, der um die Mittagszeit – zusätzlich zur Nachtruhe – einen kleinen Schlummer einlegt. Doch wer das tut, muss eine Regel beachten. Das Nickerchen sollte kurz gehalten werden. Dauert es länger, gleitet das Hirn in die Tiefschlafphase. Das stört den nächtlichen Schlafrhythmus. Wohl dem, der die Gelegenheit zur Mittagsruhe hat. Wie Sie das machen, erklärt die Seite *https://www.einfachgesund-schlafen.com/gesund-schlafen/anleitung-zum-richtigen-powernapping.*

Das „Nickerchen" kann die Konzentrations-, Leistungs- und Reaktionsfähigkeit steigern, erklären Forscher. Die oben genannte Ratgeberseite verweist auf ein nicht näher genanntes Experiment der Harvard Universität: „Dabei wurden Versuchspersonen aufgefordert, sich eine Liste mit Wörtern zu merken. Genau die Hälfte der Versuchspersonen bekam anschließend die Erlaubnis, ein 20-minütiges Power Napping zu machen. Die anderen mussten in der Zwischenzeit wach bleiben. Genau vier Stunden später wurden diese Tests wiederholt und die Überraschung war für das Forscherteam entsprechend groß: Das Power Napping hatte das Erinnerungsvermögen deutlich erhöht!"

6.2 Vom Wachen und Träumen

Doch das löst nicht die Frage, wovon mein Schlaf abhängt und was sich in meinem Inneren abspielt, während ich schlafe. Die Universität Basel hat sich dem Thema in der Publikation „Uni-Press" *(Quelle: https://www.unibe.ch/unibe/portal/content/e796/e800/e10902/e10903/e777363/leftcol777365/up_176_ger.pdf)* gewidmet und erklärt, dass „die genetische Veranlagung eines Menschen" seinen Chronotyp (also die Lerche für Frühaufsteher, die Eule für Nachtschwärmer oder der Napper, der den Mittagsschlaf pflegt) bestimmt. Darüber hinaus spielen das gerade vorherrschende Tageslicht, der Zeitpunkt der Mahlzeiten, die Fitness oder der Stresspegel sowohl im privaten als auch im beruflichen Umfeld eine Rolle, erklären die Basler Forscher. Auch die Zunahme an elektronischen Geräten scheint unseren Schlaf zu beeinflussen, mutmaßen die Experten. Also sollten Handys, TV-Geräte oder E-Reader besser vor dem Zubettgehen ausgeschaltet oder zumindest aus der Nähe verbannt werden. Der Zeitpunkt des Zubettgehens sollte möglichst zur gleichen Zeit erfolgen: „Je regelmäßiger der Schlaf-Wach-Rhythmus eingehalten und je konsequenter die Zeitgeber eingesetzt werden, desto eher wird sich ein erholsamer Schlaf und eine hohe Leistung tagsüber einstellen, zumindest so lange das ‚zirkadiane System‘ (Anm. d. Red.: ‚Tagesperiodische Schwankungen sind im menschlichen Organismus für die meisten psychologischen, physiologischen und biochemischen Funktionen nachgewiesen. Ihr Zusammenwirken wird als zirkadianes System verstanden. Dieses tagesrhythmische System ist nicht nur eine einfache Antwort auf den externen Tag-Nacht-Wechsel oder andere physikalische Umgebungsreize, sondern es basiert auf einer ‚inneren Uhr‘, zitiert aus Wirz-Justice A., Lund R. (1988): Das zirkadiane System. In: Hippius H., Rüther E., Schmauss M. (eds) Schlaf-Wach-Funktionen. Springer, Berlin, Heidelberg. *https://doi.org/10.1007/978-3-642-72923-2_2*) nicht durch eine Krankheit beeinträchtigt wird“, schreibt Prof. Dr. Johannes Mathis in der „UniPress“.

Und wenn Sie dann endlich eingeschlafen sind, schlafen Sie sich durch verschiedene Zyklen. Normalerweise durchlaufen die Menschen vier bis fünf Schlafzyklen von 70 bis 110 Minuten. Den Zyklus selbst kann man wiederum in Phasen aufteilen, die für unsere körperliche und mentale Erholung verantwortlich sind: „Einschlafphase, Leichtschlaf, Tiefschlaf“, sagen die Schlafforscher. Dann gleitet man 60 bis 90 Minuten nach dem Einschlafen in die REM-Schlafphase. Der Begriff REM leitet sich vom englischen ‚Rapid Eye Movement‘ (zu Deutsch: schnelle Augenbewegungen) ab.

6.2.1 Der Schlaf hat Rhythmus

Die Wissenschaft erklärt, was nach dem „Licht aus, Augen zu"
passiert. Ihre Hirnströme verlaufen in gleichmäßigen Kurven,
die Muskeln sind angespannt und Ihre Augen bewegen sich. Sie
sind jetzt nicht mehr wach, schlafen aber auch noch nicht. Ihre
Körperfunktionen fahren nun langsam runter. Sie atmen in einem regelmäßigen Rhythmus und der Körper entspannt sich.
Sie sind aber nach Definition der Wissenschaft erst dann eingeschlafen, wenn unser Gehirn so weit entspannt ist, dass Sie
Geräusche nicht mehr wahrnehmen. Das ist der sogenannte
Leichtschlaf. In dieser Zeit setzt sich die Muskelentspannung
fort, das Herz schlägt langsamer, Sie atmen weniger schnell.
Wenn Sie das Gefühl haben, in dieser Zeit zuckt Ihr Körper, haben Sie recht. Denn die Entspannung zwischen Gehirn und Muskulatur läuft nicht synchron. Das führt zu Muskelzuckungen.

Kapitel 3 in Ihrer Schlafchronik führt zur Reduzierung der Hirnströme, Ihre Augen flackern nicht mehr. Dann befinden Sie sich
im Tiefschlaf. Das bedeutet: Ihr Blutdruck sinkt, das Herz schlägt
noch langsamer und die Körpertemperatur sinkt. „Die Zyklen verändern sich im Laufe der Nacht: Der Tiefschlaf ist hauptsächlich
auf die ersten Zyklen beschränkt, während der REM-Schlaf in jedem Zyklus länger wird, um eine Dauer von bis zu einer Stunde zu
erreichen. Erwachsene verbringen rund drei Fünftel der Nacht im
Leichtschlaf, ein Fünftel im Tiefschlaf und ein weiteres Fünftel
im REM-Schlaf", erklären die Wissenschaftler aus der Schweiz.

Wohl dem, dessen Schlaf mustergültig abläuft. Schlechter Schlaf
wird zunehmend zum Problem. Laut „DAK-Gesundheitsre-
port" klagen in Deutschland die Menschen immer häufiger
über Schlafstörungen. „Für die Analyse wurden die Daten von
2,6 Millionen erwerbstätigen Versicherten durch das IGES Institut in Berlin ausgewertet. Außerdem wurden rund 5.200 erwerbstätige Frauen und Männer im Alter von 18 bis 65 Jahren
durch das Forsa-Institut repräsentativ befragt und zahlreiche

Experten eingebunden. Die Ergebnisse wurden mit einer DAK-Untersuchung aus dem Jahr 2010 verglichen", gibt die Krankenkasse zur Datenbasis an.

„Seit 2010 sind die Schlafstörungen bei Berufstätigen im Alter zwischen 35 und 65 Jahren um 66 Prozent angestiegen", heißt es in der Publikation aus dem Jahr 2017: „Deutschland schläft schlecht – ein unterschätztes Problem". Vor allem die Gruppe der Arbeitnehmer sind überproportional vertreten: Laut der Expertise schlafen 80 Prozent der Beschäftigten nicht so, wie sie sollten. „Hochgerechnet auf die Bevölkerung sind das etwa 34 Millionen Menschen. Unter der besonders schweren Schlafstörung Insomnie leidet immerhin jeder zehnte Arbeitnehmer. Seit 2010 gab es hier einen Anstieg von 60 Prozent."

Das ist nicht nur für die Betroffenen gesundheitsgefährdend, sondern auch eine schlechte Nachricht für die Wirtschaft: „Fast die Hälfte der Erwerbstätigen ist bei der Arbeit müde (43 Prozent). Etwa ein Drittel (31 Prozent) ist regelmäßig erschöpft. Im Vergleich zu 2010 schlucken heute fast doppelt so viele Erwerbstätige Schlafmittel." Das führt nicht nur zur verminderten Leistung der Beschäftigten, sondern auch zu hohen Risiken eines Arbeitsunfalls bzw. gesundheitlichen Ausfalls der Arbeitskraft. (Quelle: https://www.dak.de/dak/bundesthemen/muedes-deutschland-schlafstoerungen-steigen-deutlich-an-2108960.html#/)

Die DAK-Analyse konstatiert darüber hinaus, dass sich dieser Trend bei den Krankmeldungen auswirkt. „Die Fehltage aufgrund von Schlafstörungen stiegen um rund 70 Prozent auf jetzt 3,86 Tage je 100 Versicherte." Dann fallen die Arbeitnehmer knapp elf Tage aus. Doch das ist die kleinere Gruppe. Die meisten Betroffenen wenden sich nicht an einen Mediziner. „Lediglich 4,8 Prozent der Erwerbstätigen waren im vergangenen Jahr deswegen in den Praxen. Selbst Erwerbstätige mit der schweren Schlafstörung Insomnie gehen meist nicht zum Arzt: 70 Prozent von ihnen lassen sich nicht behandeln."

Die Mehrheit greift lieber zum Schlafmittel ohne Rücksprache mit einem Mediziner. „Jeder Zweite von ihnen kauft Schlafmittel ohne Rezept in der Apotheke oder Drogerie."[45] Das birgt Suchtgefahren, da die Einnahme meist länger dauert.

6.3 Klima und Mond lassen uns wachsam sein

Der Klimawandel könnte das Phänomen des schlechten Schlafes weiter verstärken. Denn der menschliche Schlaf ist stark temperaturabhängig. Könnte die durch Klimawandel ausgelöste Zunahme der nächtlichen Temperaturen den Schlaf in Zukunft stören? Nick Obradovich und ein Team von Forschern von der Harvard University in Cambridge untersuchten, wie sich höhere nächtliche Grade auf unseren Schlaf auswirkt und was das im Zuge des Klimawandels für die Zukunft bedeutet. „Wir führen die erste Untersuchung des Zusammenhangs zwischen klimatischen Anomalien, Berichten über unzureichenden Schlaf und prognostizierten Klimaveränderungen durch", schreibt Obradovich auf „advances.sciencemag.org". Anhand der Daten von 765.000 US-Umfrageteilnehmern aus den Jahren 2002 bis 2011, gekoppelt mit nächtlichen Temperaturdaten, zeigte, dass sich durch nächtliche Temperaturanstiege die Berichte der Studienteilnehmer über Nächte mit wenig Schlaf verstärken. Forschung tut hier not. Zu wenig Schlaf erhöht die Anfälligkeit für Krankheiten und chronische Erkrankungen und schadet den psychologischen und kognitiven Funktionen, heißt es im Abstract zur Studie. „Sowohl die Körpertemperatur als auch die Umgebungstemperatur beeinflussen das Schlafmuster signifikant", meinen die Wissenschaftler.

---

45 https://www.dak.de/dak/bundesthemen/muedes-deutschland-schlafstoerungen-steigen-deutlich-an-2108960.html#/

Doch ausreichender Schlaf spielt eine entscheidende Rolle bei der Erhaltung und Wiederherstellung des menschlichen Körpers. Auf physiologischer Ebene kann der Schlafverlust die neuronale Konsolidierung neuer Erkenntnisse. Aus neuropsychiatrischer Sicht ist akuter Schlafentzug mit schlechterer Stimmung verbunden: „Darüber hinaus schadet eingeschränkter Schlaf der kognitiven Leistungsfähigkeit durch eine Verringerung des Gedächtnisses, der Aufmerksamkeit und der Verarbeitungsgeschwindigkeit."[46]

Von den Faktoren, die unseren Schlaf beeinflussen, spielt also die Temperatur eine wesentliche Rolle. Normale Schlaf-Wach-Zyklen werden durch zirkadiane Rhythmen bestimmt – automatische biologische Prozesse, die einer 24-Stunden-Uhr folgen – und die Thermoregulation ist eine kritische Determinante sowohl für das Einschlafen als auch für das Durchschlafen. Während sich der Körper auf den Schlaf vorbereitet, erleichtert die Erweiterung der Blutgefäße in der Haut den Wärmeverlust und erzeugt ein wichtiges Signal für den Schlafbeginn: eine Senkung der Körperkerntemperatur. Dieser Senkung geht eine Verstärkung der Temperatur an distalen Stellen voraus. Das Verhältnis von distaler zu proximaler Hauttemperatur ist in hohem Maße prädiktiv für den Schlafbeginn. Sobald die „Körperkerntemperatur sinkt, um den Schlafbeginn herbeizuführen, bleibt sie während der ganzen Nacht niedrig und steigt kurz vor dem Erwachen wieder an. Durch Beeinflussung der zirkadianen Thermoregulation können die Umgebungstemperaturen die normale Physiologie des Schlafs unterbrechen. Frühere laborgestützte Studien haben herausgefunden, dass die Exposition gegenüber erhöhten Temperaturen die Wärmeabgabe des Körperkerns verhindern kann und dass schlechter Schlaf mit einer erhöhten Körperkerntemperatur einhergeht", erklärt der Wissenschaftler (Quelle: https://advances.sciencemag.org/content/3/5/e1601555).

---

46 https://fis.uni-bamberg.de/bitstream/uniba/66/2/Dokument_1.pdf

Das Ergebnis basiert auf der Erkenntnis, dass die historischen Daten zeigen, dass die beobachteten Nachttemperaturen im letzten Jahrhundert schneller gestiegen sind als die Wärmegrade am Tag. Sie rechneten die prognostizierten Daten bis 2099 hoch. Die Erkenntnisse lassen darauf schließen, dass sich die Folgen des Klimawandels auf den Schlaf zwar regional unterschiedlich zeigen, aber dass ein Zusammenhang bestehen könnte.

Auch der Mondzyklus wird häufig für schlechten Schlaf verantwortlich gemacht. Doch die Wissenschaft ist sich hier uneins. Wir aber fühlen es und eine Quelle, die Ebbe und Flut bestimmt, muss einen Einfluss haben. Eine Schweizer Studie präsentiert auf *https://www.cell.com/current-biology/fulltext/ S0960-9822(13)00754-9* gibt den Befürwortern des Mondeinflusses auf den Schlaf Rückendeckung. Das Forscherteam schreibt, dass „subjektive und objektive Schlafmaße je nach Mondphase variieren und somit sich der Mondkreislauf beim Menschen widerspiegeln können. Um Störfaktoren wie erhöhtes Licht in der Nacht oder mögliche Wahrnehmungsverzerrungen hinsichtlich eines Einflusses des Mondes auf den Schlaf auszuschließen, analysierten wir retrospektiv die Schlafstruktur, die elektro-enzephalografische Aktivität während des Schlafes. Darüber hinaus wurde der Melatonin- und Cortisolspiegel im Labor untersucht. Zu keinem Zeitpunkt während und nach dem Experiment waren Freiwillige oder Forscher über die herrschende Mondphase informiert. Wir fanden heraus, dass gegen Vollmond die Delta-Aktivität des Elektroenzephalogramms (EEG) während des NREM-Schlafes, ein Indikator für Tiefschlaf, um 30 % abnahm und die Zeit bis zum Einschlafen um 5 Minuten zunahm. Die EEG-bewertete Gesamtschlafdauer wurde um 20 Minuten reduziert. Diese Veränderungen waren mit einer Abnahme der subjektiven Schlafqualität und einer Abnahme des endogenen Melatonin-Spiegels verbunden. Dies ist der erste zuverlässige Beweis dafür, dass ein Mondrhythmus die Schlafstruktur beim Menschen modulieren kann, wenn er unter den stark kontrollierten Bedingungen eines zirkadianen Laborstudienprotokolls ohne Zeitangaben gemessen wird", schreiben die Forscher als Fazit nach Auswertung der Daten der 31 Teilnehmer, die über sechs Wochen aufgezeichnet wurden.

6.4 Lernen im Schlaf

Kinder schlafen mehr. Welches Pensum gesund ist, definieren die Wissenschaftler Oskar G. Jenni, Ivo Iglowstein, C. Benz und Remo H. Largo in den sogenannten Perzentilenkurven.[1] Anmerkung: In der Praxis werden zur Beurteilung von Größe und Gewicht Perzentilenkurven verwendet, die auf den Werten großer Vergleichskollektive beruhen.

Ausreichender Schlaf bei Säuglingen und Kindern ist besonders wichtig, da sich der Schlafrhythmus erst entwickeln muss. Man muss zudem wissen, dass die Schlafphasen noch nicht so klar ablaufen wie bei Erwachsenen. Darum wacht ein Kind häufiger auf oder leidet an Schlafstörungsmerkmalen wie Albträume, Schlafwandeln, Bettnässen oder – wie Erwachsene auch – an Zähneknirschen. Das ist Ausdruck von Stress. Wichtig bei Kindern ist die Einschlafphase. „Denn in dieser treten Hirnströme in jenem Frequenzbereich auf, in dem das Hirn erworbenes Wissen im Gedächtnis abspeichert, wie eine Langzeitstudie von Salzburger Schlafforschern zeigt", schreibt derstandard.at.[2]

Als junger Mensch hat man mitunter an das Märchen geglaubt, wenn man sich die Prüfungsfragen unters Kopfkissen legt, hat man am nächsten Morgen die Antworten parat. Das stimmt selbstverständlich so nicht. Aber dass wir im Schlaf lernen, trifft zu.

Wie ist das zu verstehen? Sind Sie wach, nimmt Ihr Gehirn ständig Informationen auf, speichert diese aber zunächst nur für eine befristete Dauer ab. Schläft man aber nach dem zuvor Gelernten, arbeitet das Gehirn in der Ruhephase die Informationen weiter auf und legt sie wie auf unserer „Festplatte" ab, wo sie entweder verstauben oder von uns irgendwann abgerufen werden. Die Wissenschaft bezeichnet das als Konsolidierung. Und da unser Gehirn ein intelligentes Wesen ist, kann man das noch verstärken, zeigen Studien wie jene von der Ruhr-Universität Bochum und der Rheinischen Friedrich-Wilhelms-Universität Bonn.

An der Studie der beiden Universitäten wurden zwölf prä-operative Epilepsiepatienten, bei denen im Rahmen der Operationsvorbereitung Elektroden zur intrakraniellen Elektroenzephalografie (iEEG) eingesetzt worden waren, eine Reihe von Bildern gezeigt, die sie sich merken sollten. Nach einem Mittagsschlaf wurde abgefragt, was sie noch wussten und was nicht. Laut gleichzeitig stattfindender iEEG-Messungen wurde die Hirnaktivität während des Anschauens der Bilder sowohl beim Mittagsschlaf als auch beim Betrachten verglichen. Fazit war, dass sich im Hirn dieselben Aktivitätsmuster beim Anschauen und beim Schlaf zeigten. Das geschieht allerdings sowohl bei Bildern, an die sich die Probanden später erinnern konnten, als auch bei jenen, die vergessen werden.

Die Studienteilnehmer konnten sich allerdings nur dann an die Motive erinnern, wenn sie die Bilder intensiv betrachtet hatten: Die Gamma-Oszillation (Anm. d. Red.: Das Oszillieren von Neuronen-Verbänden kann entweder durch einen Stimulus wie eine visuelle Wahrnehmung ausgelöst werden) konnte als oberflächliche Verarbeitung während der ersten halben Sekunde nach dem Anschauen des Bildes stattfinden oder als tiefe Verarbeitung danach. „Zweitens musste zeitgleich zur tiefen Gamma-Oszillation eines Bildes auch der Hippocampus des Probanden aktiv werden. Es musste eine schnelle Aktivitätsschwankung als ‚Ripple' bezeichnet, stattfinden. Diese Kombination von Welleneffekt und Aktivitätsmuster wurde nur während bestimmter Schlafphasen beobachtet, nicht während die Probanden wach waren", schreiben Dr. Hui Zhang und Prof. Dr. Nikolai Axmacher aus der Bochumer Abteilung für Neuropsychologie und Dr. Jürgen Fell von der Bonner Klinik für Epileptologie *(Quelle: Ausgabe 9 der Zeitschrift „Nature Communications)*.

Der Anreiz, das Wissen langfristig zu verankern, kann aber auch gestärkt werden, wenn man dem Hirn während des Schlafs Gerüche oder akustische Reize zuführt, die im Zusammenhang mit den zuvor kurzfristig gespeicherten Informationen stehen. Dadurch motiviert man das Gehirn zum Wiederholen der aufgenommenen Kenntnisse. Das hat zur Folge, dass das Gelernte verstärkt und in den bestehenden Wissensschatz eingebettet wurde. „Dadurch konnten sich die Versuchsteilnehmer am nächsten Morgen besser erinnern, was sie tags zuvor gelernt hatten. Doch könnte man nicht noch einen Schritt weiter gehen? Wenn ein Wiederabspielen des Gelernten im schlafenden Gehirn das Erinnern verbessert, müsste dann nicht auch ein erstmaliges Abspielen – und damit initiales Lernen – von ganz neuen Informationen im Schlaf gelingen? Dieser Frage gehen wir an der Universität Bern nach", schreiben die Forscher in der UniPress-Ausgabe mit Themenschwerpunkt Schlaf und berichten von ihren Forschungen. „Beispielsweise wurde schlafenden Versuchsteilnehmenden in einer Studie wiederholt ein Ton gefolgt von einem üblen Geruch präsentiert. Nach dem Erwachen reagierten die Probanden mit einer flacheren Atmung, wann immer sie den Ton erneut hörten. Eine Studie zu Raucherentwöhnung konnte sogar zeigen, dass Raucher den Zigarettenkonsum reduzierten, nachdem ihnen im Schlaf wiederholt der geliebte Zigarettengeruch gefolgt von fauligem Gestank präsentiert wurde. Klänge und Düfte vermögen also unser schlafendes Gehirn zu erreichen und können miteinander verknüpft werden. Doch können wir auch komplexere Informationen und Zusammenhänge lernen im Schlaf? Ist gar das Lernen von Wortübersetzungen einer Fremdsprache möglich?"

Um das herauszufinden, muss man wissen, dass es in unserem Hirn zwei Zustände gibt: den Zustand des aktiven ‚Up-state', in welchem eine Grosszahl der Gehirnzellen gleichzeitig aktiv sind, und dem stillen ‚Down-state‘, in welchem viele Teile des Gehirns gleichzeitig inaktiv sind. Die beiden Zustände „wechseln sich ungefähr alle halbe Sekunde ab. Auch Worte werden im Schlaf aufgenommen", schreiben die Wissenschaftler. „Wir untersuchen, ob das schlafende Gehirn in den aktiven Zuständen, den Up-states, in der Lage ist, neue Informationen aufzunehmen. In einer ersten Studie konnten wir zeigen, dass Wortübersetzungen im Schlaf unbewusst aufgenommen und abgespeichert werden können. Nachdem Versuchspersonen in einem Mittagsschlaf Wortpaare wie zum Beispiel ‚Tofer = Schlüssel‘ oder ‚Guga = Elefant‘ gehört hatten, konnten sie nach dem Aufwachen korrekt angeben, ob die im Schlaf gehörten Fremdwörter ein großes (Guga) oder kleines (Tofer) Objekt bezeichnen", beschreiben die Autoren. „Eine genaue Betrachtung der im Schlaf aufgezeichneten elektrischen Ströme des Gehirns zeigte, dass Wortpaare, die im ‚Up-state‘ präsentiert worden waren, viel besser erinnert wurden" als in der nicht aktiven Phase. Zudem konnte nachgewiesen werden, dass beim „unbewussten Schlaflernen" dieselben Hirnstrukturen beteiligt waren wie beim Wachlernen, heiß es. „Diese Strukturen ermöglichen die Gedächtnisbildung also unabhängig vom herrschenden Bewusstseinszustand (unbewusst im Schlaf, bewusst bei Wachheit).

Zahlreiche Studien deuten in eine ähnliche Richtung. Die nächtliche Ruhephase hilft dem Gehirn, das Kurzzeitgedächtnis zu sortieren und das Erlernte in das Langzeitgedächtnis zu packen. Dass die Unterschiede so groß ausfallen, ist aber erstaunlich.

Von einer dieser Studien der Universitäten York und Birmingham berichtete das deutsche Nachrichtenmagazin „Der Spiegel". Sie forschten über den Gedächtnis-Boost durch Lernen im Schlaf und zeichneten die Hirnaktivitäten der Studienteilnehmer auf.

„Bernhard Staresina von der University Birmingham und seine Kollegen hatten 46 Probanden jeweils 100 Kombinationen aus Bildern und Adjektiven gezeigt, welche sich die Studienteilnehmer merken sollten. Zum Beispiel wurde ein Apfel mit dem Adjektiv ‚lebendig' verknüpft – und eine Wüstenlandschaft'", schreibt das Magazin. Danach machten 27 Testpersonen ein kurzes Schläfchen. Dabei schauten die Forscher in ihr Hirn. Erreichten die Teilnehmer dann Phasen des sogenannten Non-REM-Schlafs wurden ihnen 50 der 100 zu lernenden Adjektiven, also nur die Hälfte, vorgelesen. Die 19 Probanden der nicht schlafenden Kontrollgruppe spielten währenddessen ein Computerspiel.

Danach wurden die Probanden abgefragt. Sie ahnen es, die Gruppe der „Schläfer" hatte eine Trefferquote von rund 80 Prozent, so der Artikel, während die Spielgruppe gerade mal auf 65 Prozent kam.

Zu viel Schlaf ist aber auch nicht gut. Denn wenn wir am Wochenende zu lange schlafen, leiden wir an einer Müdigkeit und körperliche Erschöpfung, die eher mit einem Trainingsmangel oder mit einer ungenügenden Anpassung des Kreislaufs erklärt wird.

Also wie viel Schlaf ist gesund? Das untersuchte die Studie PURE (Prospective Urban Rural Epidemiology), an der 117.000 Teilnehmer beteiligt waren, durchgeführt von einem Forscherteam um Dr. Chuangshi Wang von der McMaster Universität in Hamilton, Kanada. Die Probanden zeichneten anhand eines standardisierten Fragebogens Schlafgewohnheiten, Lebensstil sowie bekannte Erkrankungen bei Teilnehmern aus 21 Ländern, darunter vier Industrien, zwölf Schwellen- und fünf Entwicklungsländer auf, berichtet.[47]

Die Teilnehmer protokollierten, wann sie sich schlafen legen und wann sie aufstanden. Ebenso notierten sie, ob sie zwischen-

---

47 https://www.aerztezeitung.de/Medizin/Wer-sechs-bis-acht-Stunden-pro-Nacht-schlaeft-lebt-am-laengsten-232317.html

durch ein kurzes Schläfchen halten. „Zum Studienbeginn waren die Teilnehmer im Schnitt 50 Jahre alt. Rund 43 Prozent schliefen insgesamt sechs bis acht Stunden täglich, 26 Prozent gönnten sich acht bis neun Stunden Schlaf, nur 9,5 Prozent gaben an, sechs oder weniger Stunden zu schlafen. Neun bis zehn Stunden benötigten 14 Prozent, noch mehr Schlaf 7,5 Prozent", berichtet die „Ärztezeitung".

Ein Ergebnis der Aufzeichnungen: War der Teilnehmer ein Langschläfer, war er nicht so agil, neigte zu Depressionen und konsumierte gerne Alkohol oder rauchte. Die Protagonisten, die wenig Schlaf abbekamen, neigten zu Übergewicht oder waren anfällig für Diabetes. Darüber hinaus lebte diese Gruppe überwiegend im urbanen Umfeld. Die Gruppe der „Normalschläfer", also sechs bis acht Stunden, zeigte am wenigsten gesundheitsgefährdende Risiken. Ein kultureller Einfluss als unterschiedliche Ergebnisse in unterschiedlichen Ländern konnte nicht festgestellt werden.

Das war jetzt eine Menge Theorie. Damit Sie das Gelesene für sich in Energie und Leistungsfähigkeit wandeln können, gehen Sie schlafen. Dazu habe ich Ihnen meine persönlichen Tipps für einen erholsamen Schlaf zusammengestellt:

6.5   Die Checkliste für guten Schlaf

Wenn Sie selbst davon betroffen sind, wachen Sie am Morgen wie gerädert auf. Das ist nicht erfreulich, vor allem, wenn der Tag Ihnen einiges abverlangt. Das kleine Nickerchen kann da helfen, aber nur, wenn Sie für eine begrenzte Zeit ruhen. Denn ansonsten sinkt der Druck auf den Körper, nachts durchzuschlafen. „Spontane und unbegrenzte Schläfchen" sind auf Dauer kontraproduktiv, indem sie zu einer Dekonditionierung und zu noch mehr Müdigkeit führen und eine Depression verstärken können.

Doch über den positiven Effekt streitet die Wissenschaft noch. So untersuchten Forscher vom Universitätsklinikum Lausanne, ob sich die Dauer und das wie oft des Mittagschlafes auf das Risiko für tödliche und nicht-tödliche kardiovaskuläre Erkrankungen wie Herzinfarkt, Schlaganfall oder Herzinsuffizienz auswirkt, berichtet die Assmann Stiftung auf Basis einer Studie.[1] *(Quelle: https://www.assmann-stiftung.de/ob-ein-mittagsschlaf-die-herzgesundheit-unterstuetzen-kann-334/und 1)* N. Häusler et al. (2019): Association of napping wich incident cardiovascular events in a prospective cohort study. In: Heart. Online-Vorveröffentlichung. Online unter *https://heart.bmj.com/content/early/ 2019/08/16/heartjnl-2019-314999.abstract?sid=c88dae9a-73bc-49d5-ab34-98b6d05f962b).*

„An der Studie nahmen 3.462 zufällig ausgewählte Einwohner von Lausanne im Alter zwischen 35 und 75 Jahren teil, deren Gesundheitszustand rund fünf Jahre lang überwacht wurde. In diesem Zeitfenster traten 155 tödliche und nicht-tödliche Herz- und Gefäßerkrankungen auf", heißt es im Betrag der Stiftung. Mittagsschlaf oder nicht war bei den Probanden eine Frage des Lebensstils. Doch die Ergebnisse der Studie sprechen für das Nickerchen. „Wer ein- bis zweimal in der Woche über Mittag zwischen fünf und 60 Minuten schlief, hatte ein um bis zu 48 % geringeres Risiko, einen Herzinfarkt, Schlaganfall und Herzversagen zu erleiden als andere, die über Mittag aktiv geblieben waren. Der gesundheitliche Vorteil blieb auch dann bestehen, wenn die Analysen um mögliche Beeinträchtigungen durch die obstruktive Schlafapnoe oder andere Lebensstilfaktoren wie Rauchen und Ernährung bereinigt wurden." Das galt aber nur für Menschen unter 65 Jahren. „Die Wissenschaftler vermuten, dass in dieser Gruppe gesundheitliche Probleme zu einer übermäßigen Tagesmüdigkeit führen, die durch den gelegentlichen Mittagsschlaf nicht kompensierbar war. Auch ein mehrfach wöchentliches Ruhen über die Mittagszeit verbesserte den Gesundheitszustand nicht."

Was aber kann man tun, um sich die notwendige Erholung in der Nacht zu sichern? Die Basler Schlafexperten raten einen regelmäßigen Schlaf-Wach-Rhythmus einzuhalten, denn der helfe, „tageszeitliche Rhythmen der Körperfunktionen optimal aufeinander abzustimmen". Also gehen Sie täglich möglichst um dieselbe Zeit zu Bett. Auch wenn Sie vielleicht noch nicht müde sind, wenn morgens um 07:00 Uhr der Wecker klingelt, sollten sie um 23:00 Uhr den Tag beenden. Wenn es geht, auch am Wochenende. Denn langes Schlafen erschwert das Reinkommen in den Wochentags-Rhythmus.

Wenn Sie dann aufgestanden sind, machen Sie Licht. Helligkeit signalisiert dem Körper, dass der Tag begonnen hat und er wieder auf Hochtouren läuft. Dafür entwickelte man zwischenzeitlich spezielle Lampen, die unseren Schlaf-Wach-Rhythmus unterstützen.

Wenn es zu Störungen des Schlaf-Wach-Rhythmus oder auch circadianen Rhythmus kommt, machen Sie das Licht an. Schlaftrunkenheit oder morgendliche Erschöpfung lässt sich durch eine Tageslichtlampe verbessern. Sie vertreibt die gedrückte Stimmung und die Antriebslosigkeit in Folge schlechten Schlafens. Sie verfügen über Lichtstärken von 2.500 bis 10.000 Lux.

Ein Grund für schlechten Schlaf kann auch eine Verspannung durch das zu lange Sitzen am Schreibtisch sein. Um diese zu lösen, ist eine Rotlichtlampe hilfreich, aber nur, wenn man sie richtig anwendet. Also bitte genau die Bedienungsanweisungen beachten. Das Prinzip der Rotlichtlampe ist die Hauterwärmung. Dadurch wird die Durchblutung angeregt und die Verspannungen lösen sich.

Frische Luft und körperliche Aktivität sind ebenfalls hilfreich für den erholsamen Schlaf, genauso wie das richtige Essen (bitte nicht kurz vor dem Schlafengehen). Hören Sie auch mindestens eine Stunde vor dem Zubettgehen mit dem Arbeiten auf. Stimmen Sie Ihren Körper auf die Schlafphase ein. Wenn nicht, sind die Versuche, im noch „überdrehten Arbeitsmodus" zur Ruhe zu kommen, von Misserfolg geprägt. Trinken Sie möglichst ab Mittag keinen Kaffee mehr (mein persönlicher Zeitpunkt liegt bei 14:00 Uhr), denn auch Koffein tut nichts für den Schlaf, genauso wenig wie übermässiger Alkoholgenuss. Und weg mit dem Handy oder flimmernden Fernseh- oder Laptop-Bildschirmen. Das Gehirn erfasst das Flimmern der Displays noch, auch wenn Sie schon eingeschlafen sind und die Geräte noch laufen. Achten Sie auf die Temperatur im Schlafraum! Bitte nicht zu warm und nicht zu kalt. Das Universitätsspital in Bern rät zu einer Zimmerwärme von 16 bis 18 Grad Celsius.

Eine duftige Bettwäsche (möglichst noch aus Naturfasern) kann ebenfalls zum wohligen Schlaf beitragen. Es gibt zwischenzeitlich sogenannte Kopfkissensprays, die mit entsprechenden natürlichen Düften angemischt sind. Was wirklich runterfährt, ist Lavendel. Darum greife ich auch zum guten alten Bügelwasser mit Lavendelduft. Und wenn ich absolut nicht einschlafen kann, massiere ich meine Fußsohlen mit Lavendelöl.

Was lernen wir aus dem Kapitel? Nehmen Sie schlechten Schlaf nicht auf die leichte Schulter! Versuchen Sie erst selbst, durch Umstellen der Gewohnheiten (also kein Handy am Bett und nicht bis zum zu Schlafen gehen arbeiten, kein schweres Essen vor dem Einschlafen etc.) wieder auszuschlafen, oder wenden Sie sich an Ihren Arzt. Vielleicht ist auch eine Psychotherapie sinnvoll? Egal, was Sie machen, Hauptsache, Sie handeln. Denn ein ausgeschlafener Mensch leistet mehr und gerne.

7 DER EINFLUSS VON KÖRPERARBEIT UND BEWEGUNG: ONE, TWO, THREE, LET GO! – VON JOACHIM SCHULTZ

Unter Körperarbeit fasse ich alle Formen, die vom Körper ausgehend, uns Menschen helfen können, uns in unserer Gesamtheit als vollumfängliche Wesen mit Körper, Geist und Seele zu erfahren. In diesem Kapitel möchte ich zwei besonders herausstellen: eine aktive und eine passive Form. Die beiden sind beispielgebend für andere Möglichkeiten, sich auf die Reise zu begeben, und sind nur gewählt, weil ich als Praktizierender der beiden Methoden mit Überzeugung und Herzblut von ihnen berichten kann.

Weitere Methoden können genauso zum Ziel führen wie die hier dargestellten.

In einem Buch von Will Johnson habe ich folgenden kurzen Abschnitt gefunden, der das Thema Körperarbeit für meine Begriffe sehr anschaulich zusammenfasst:

„Das Ziel jeder Therapie ist, die strukturellen, einstellungsbezogenen und emotional-energetischen Blockaden aufzuspüren und dann aufzulösen, die uns davon abhalten, mit unserem Weg in Kontakt zu kommen. Das Ziel jeder Übungsroutine ist es, dafür zu sorgen, dass wir unseren Weg nicht wieder aus den Augen verlieren. Ohne irgendeine Form von therapeutischer Intervention finden wir möglicherweise niemals unseren Weg. Ohne irgendeine Form von fortwährender Übungsroutine könnten unsere Bemühungen niemals Früchte tragen.

Mit ihren vielen verschiedenen Ansätzen versuchen alle Formen der somatischen (auf den Körper bezogen) Arbeit uns in Verbindung mit unserem sogenannten Weg zur Entfaltung zu bringen.

Die Meldungen, die wir von aufrechtem Stand, Gleichgewicht und Loslassen empfangen, werden auf unserem Weg in ein zunehmend unbekanntes Gefilde zu unseren Wegweisern. Gelassenheit, geboren aus der umfassenden Erkenntnis der zyklischen Natur dieses Prozesses, schenkt uns den Blickwinkel, der notwendig ist, um sicherzustellen, dass wir uns weiterhin in die richtige Richtung bewegen."[48]

„One, two, three, let go! Nach fast 60 Jahren Unterrichten ist das die eine Anleitung, die mir geblieben ist", formulierte Mary Bowen, Schülerin von Joseph Pilates im Jahr 2015 bei einem Workshop, an dem ich teilnahm, etwas überspitzt ihre langjährige Unterrichtserfahrung. Sie war 84 und tourte die Welt und unterhielt drei Pilatesstudios in den USA, zwischen denen sie in einem alten Kombi mit drei Katzen hin und her pendelte. Ein Freigeist, das mit Sicherheit. Und wie alle anderen Schüler*innen von Joseph Pilates und ihn eingeschlossen, gesegnet mit Resilienz und Gesundheit.

Mary Bowen (90 zum Zeitpunkt des Schreibens) sowie Lolita San Miguel (86 zum Zeitpunkt des Schreibens) unterrichten noch. Die anderen sind alle im Alter zwischen 86 und 91 ver-

---

48 The goal of therapy is to reveal and then dissolve the structural, attitudinal, and emotional-energetic blockages that keep us from contacting the path. The goal of practice is to ensure that once having contacted the path, we do not lose it. Without some form of therapeutic intervention, we may never be able to find our way onto the path in the first place. Without some form of ongoing practice, our efforts may never bear fruit. With their many different techniques for the common goal of rekindling an awareness of the body, all the different forms of somatic work attempt to bring us into contact with what we have called the path of unfolding. The messages of verticality, balance, and surrender become our personal guides as we proceed on our way into progressively unfamiliar territory. Equanimity-born out of a thorough understanding of the cyclical nature of this process-gives us the perspective that is necessary to ensure that we continue moving in the right direction. (Will Johnson Balance of Body, Balance of mind, übers. Joachim Schultz)

storbenen und haben bis kurz vor ihrem Tod unterrichtet und Joseph Pilates Erkenntnisse geholfen, in die Welt zu tragen.

Joseph Pilates hat vielleicht nicht den Jungbrunnen entdeckt, aber doch vielleicht so etwas wie ein lebensverlängerndes Elixier. Nicht umsonst nannte er seine Schriften „Your Health" (Deine Gesundheit) und „Return to Life" (Kehre ins Leben zurück).

„Eins, zwei, drei, lass los" also. Mary Bowen präsentierte uns in ihrem Workshop daraufhin, wie sie ihre Wirbelsäule loslässt. Loslässt wohlgemerkt, nicht dehnt. Es gehörte zu einem der Dinge, die mir bewusst machten, dass ich mich mit dieser Körperarbeit auf dem richtigen Weg befinden muss. Es war eine beeindruckende Erfahrung, und das Loslassen meiner Wirbelsäule ist etwas, auf das ich mich nach wie vor freuen kann. Denn als wir Teilnehmenden unter Marys Anleitung versuchten, es ihr nachzutun, konnte es niemand von uns.

Daraufhin sagte Mary mit einem Augenzwinkern: „Don't worry, it'll come. You are all still far too young. You need your backbone. I discovered it when I was 65 and didn't need my backbone anymore."

Frei übersetzt: „Macht euch keine Sorgen, das kommt schon noch. Ihr seid alle noch viel zu jung, ihr braucht euer Rückgrat noch. Ich habe das mit 65 entdeckt, da brauchte ich meins nicht mehr."

Seitdem habe ich gelernt, viel loszulassen, aber mein Körper findet nach wie vor, dass er mein Rückgrat noch braucht, und das ist auch gut so.

Warum loslassen? Und was und wo halten wir denn fest? Und wie beeinflusst unser Körper unsere Seele und unseren Geist? Und sind wir dann selbst an allem schuld?

Bevor ich Sie in diesem Kapitel auf eine Reise in und um Ihren Körper herum mitnehme und etwas mehr ausholen möchte, bevor wir Joseph Pilates wieder begegnen und ich Ihnen eine weitere Pionierin der Körperarbeit, Ida Rolf, vorstellen werde, möchte ich die Schuldfrage klären:

Nein, Sie sind nicht schuld an Ihren Beschwerden. Alle Bedingungen, die dazu geführt haben, dass es Ihnen mal nicht so gut geht, haben auch mit Anpassungen zu tun, die Ihr Körper laufend vornimmt. Die in Ihrer Vergangenheit liegenden Anpassungen haben aber stattgefunden, ohne dass Sie bewusst Einfluss genommen haben. Durch Körperarbeit können Sie lernen, teilweise bewusst mitzugestalten, und damit helfen, sich mehr und mehr zu befreien.

Sie können lernen, sich zu helfen, aber ich kann Sie von jeder Schuld freisprechen. Genauso wie Sie auch nichts „falsch" machen. Es gibt günstigere und ungünstigere Wege, sich zu verhalten und für den Körper, sich anzupassen. Die Anpassungen, die jetzt gerade Ihr Leben beeinflussen und bestimmen, hatten alle mal einen guten Grund und waren zu dem Zeitpunkt richtig und wichtig, um das Überleben zu sichern. Dass Sie jetzt vielleicht dazu führen, dass Sie Schmerzen haben oder sich unwohl fühlen, ist eine verspätete Folge, die zum Beginn zu vernachlässigen war.

Sie können beginnen, sich anders zu verhalten, und werden andere Anpassungen bekommen, aber auch in diesem Fall gibt es immer unterhalb des Radars unseres Bewusstseins ablaufende Prozesse, die zu nach außen hin nicht so günstig aussehenden Verhaltensmustern führen. Das ist völlig in Ordnung so. Wir sind alle auf unserem Weg, und der gestaltet sich so, wie Sie ihn am besten gestalten können. Sie können davon ausgehen, dass Sie zu jedem Zeitpunkt stets Ihr Bestes tun.

Ein guter Start für Ihren Weg in die Entfaltung wäre, sich Ihren Körper zum Freund zu machen. Wenn Sie mit ihm kämpfen, gewinnt er sowieso. Loslassen heißt, aufhören zu kämpfen, dazu später mehr.

Die Aussage „*Mens sana in corpore san*", oder abgewandelt „*anima sana in corpore sano*" (lat. ein gesunder Geist in einem gesunden Körper bzw. eine gesunde Seele in einem gesunden Körper) ist in dieser verkürzten Form wahrscheinlich den meisten von Ihnen bekannt, zur Genüge vermarktet (z. B. der Firmenname ASICS) und eigentlich ein Missverständnis. Er ist sogar problematisch, da es im Umkehrschluss immer eine Schuldzuweisung für Gebrechen, Behinderung oder Krankheiten physischer oder mentaler Natur Tür und Tor öffnet. Wie schon erwähnt, schuld ist niemand an seinen körperlichen und geistigen Gegebenheiten. Das möchte ich noch einmal betonen.

Laut Wikipedia ist die Redewendung „*Mens sana in corpore sano*" ein verkürztes Zitat aus den Satiren des römischen Dichters Juvenal. Wörtlich heißt es in Satire 10, 356:

> *[...] orandum est ut sit mens sana in corpore sano.*

> *„Beten sollte man darum, dass ein gesunder Geist*
> *in einem gesunden Körper sei."*

Juvenal kritisierte als Satiriker diejenigen seiner römischen Mitbürger, die sich mit törichten Gebeten und Fürbitten an die Götter wandten. Beten, meint er, solle man allenfalls um körperliche und geistige Gesundheit. *Mens sana in corpore sano* ist also bei Juvenal im Zusammenhang mit dem Sinn und Inhalt von Fürbitten und Gebeten zu verstehen. Der Satz bedeutet bei Juvenal nicht, dass **nur** in einem gesunden Körper ein gesunder Geist stecken könne. (Hervorgehoben vom Autor)

Es ist also nicht gemeint, dass wir einen direkten Zusammenhang herstellen und nur in einem gesunden Körper ein gesunder
Geist herrscht, sondern dass man dankbar sein sollte, wenn man
beides hat und beides wünschens- und erstrebenswert ist, das
eine aber nicht zwangsläufig Bedingung für das andere darstellt.

Nichtsdestotrotz beeinflussen sich Körper, Geist und Seele und
ich kann über Körperarbeit und Bewegung Einfluss nehmen auf
meine mentale Gesundheit, so wie ich über mentale Prozesse
(z. B. durch Gedankenführung und Meditation) meinen Körper
beeinflussen kann.

Im Deutschen habe ich nicht nur eine Haltung, ich nehme auch
eine ein, wenn ich Stellung zu etwas beziehe oder eine Meinung
vertrete. Wir haben also eine Körperhaltung und eine Geisteshaltung.

Wenn sich die eine verändert, verändert sich auch die andere,
das eine ist ohne das andere unmöglich. Meine Geisteshaltung
wird meine Körperhaltung prägen und eine Veränderung meiner Körperhaltung wird eine Veränderung in meinen Einstellungen nach sich ziehen.

Schon in unserer Sprache ist das Zusammenspiel zwischen Körper und Geist also vorhanden. Wie gerade erwähnt, beziehen
wir Stellung, also stellen wir uns zu etwas. Wir vertreten eine
Meinung, wir begreifen etwas, wir verstehen etwas.

Das Wort Verstehen zum Beispiel kommt etymologisch von „rings
um etwas stehen, etwas umstehen, etwas in der Gewalt haben,
beherrschen", oder „erfassen, ergreifen, ertappen, merken, meinen, empfinden, fühlen; begreifen, einsehen, erkennen". *(Quelle: Wiktionary)*

**Von diesen Herkunftswörtern haben wiederum viele mit
dem Körper zu tun.**

Es ist erwiesen, dass in unserer Entwicklung körperliche und
geistige Prozesse miteinander verknüpft sind. Ein Baby begreift
buchstäblich seine Umwelt, bevor es sie sich in den Mund steckt.
Auch unsere Zunge hat viele Sinneszellen des Tastsinns, wir
können also unsere Welt und die Form von Dingen durchaus
mit der Zunge erkennen.

Unser logisches Denken wird durch die Fähigkeit, den Körper im
Raum zu kontrollieren, gefördert. Es gibt Untersuchungen, die
zeigen, dass Kinder, die im Grundschulalter weniger und eingeschränkter bewegen, im Sozialverhalten und ihren kognitiven Leistungen eingeschränkt sind (z. B. *https://edoc.ub.uni-muenchen.de/
16598/1/Krause-Sauerwein_Stephanie.pdf*).

Bewegung bleibt auch bis ins hohe Alter notwendig. Die Zellen und Neurotransmitter in unserem Hirn werden zum Beispiel durch regelmässige Bewegung angeregt (z. B. *https://www.
psychologytoday.com/us/blog/what-body-knows/201511/exercise-
movement-and-the-brain*). Sie hilft uns nach neueren Erkennt-
nissen sogar, neue Synapsen zu bilden, wo früher angenommen
wurde, dass wir mit einer festen Anzahl Hirnzellen auf die Welt
kommen und es nur neue Verknüpfungen, aber keine neuen Zellen gibt. Sie haben sicher schon von der Plastizität des Hirns gehört. Bewegung fördert diese Plastizität.

Sie ist also ein wichtiger Faktor, um zum Beispiel Demenzpro-
phylaxe zu betreiben.

Ihnen ist vielleicht auch bewusst, dass Bewegung erwiesener-
maen zu größerer mentaler Ausgeglichenheit führt.

Sie hilft uns, mutig zu sein, Freundschaften zu pflegen, uns vermehrt auf Positives zu konzentrieren und noch einiges mehr (z. B. *https://greatergood.berkeley.edu/article/item/five_surprising_ ways_exercise_changes_your_brain*).

Allgemein bekannt ist, dass regelmässige Bewegung den Blutdruck senkt, den Cholesterinspiegel ausgleicht, das Herz stärkt und das Lungenvolumen vergrößert.

Nicht so sehr bekannt ist vielleicht, dass neuere Forschungen zeigen, dass ebenso unser Binom, also unsere Darmbakterien, von Bewegung profitieren. Auch von Entspannungstechniken wie Meditation und Yoga und da gehört dann wieder Pilates in das Repertoire. Und der Darm selbst wird immer träger, je weniger Sie sich bewegen, Verstopfung ist oft eine Folge von einem Leben auf der Couch.

Man kann also feststellen, dass wir ein System sind, das Bewegung braucht, um widerstandsfähig der Welt gegenübertreten zu können, egal, womit wir konfrontiert sind.

So weit, so schön.

Unglücklicherweise sind wir aber auch gleichzeitig ein von der Evolution zum Energiesparen entwickeltes System, das sich vor allem fortpflanzen soll.

Wie ich seit Jahren in meinen Workshops sage, ist unser Körper am liebsten faul. Wenn wir uns nicht bewegen müssen, dann lassen wir es gerne bleiben, schliesslich wollen und sollen wir Energie sparen, um uns effektiv fortzupflanzen. Warum sollten Sie sich also unnötig bewegen?

Zudem sucht unser System immer nach der effizientesten Möglichkeit, uns zu bewegen. Unser Körper ist ein wahres Wunder an Effizienz.

Oder um mit James Earls, einem meiner Mentoren, zu sprechen: „If you want to burn calories and loose weight through walking or running, you have to have a bad technique." („Wenn du durch Gehen oder Joggen Kalorien verbrennen und abnehmen möchtest, brauchst du eine schlechte Technik.")

In diesem Kapitel geht es nicht um das Abnehmen. Man könnte darüber ein weiteres Buch schreiben, aber es ist vielleicht interessant, zu erkennen, dass die Evolution uns zum „Couch Potato" prädestiniert hat. Also haben Sie Mitgefühl mit sich und Ihren Mitmenschen, die den Hintern nicht hochbekommen, um sich zu bewegen, und werden Sie nicht zum Exorzisten für sich selbst oder andere.

Die Wortschöpfung Exorzist ist eindrücklich, aber nicht von mir. Sie stammt von Daniel Liebermann. Aus seinem sehr lesenswerten Buch „Exercised" werde ich im Folgenden noch ein paarmal zitieren.

Warum wollen wir Menschen uns vor allem ausruhen und Energie sparen?

Wir sind generell auch in der „Ruhe" auf eine hohe Kalorienzufuhr angewiesen. Da ist zunächst unser Gehirn, das allein etwa ein Viertel der Kalorien am Tag vertilgt, die wir in Ruhe verbrauchen. Dann ist da unser Herz, unsere Muskeln, unser Immunsystem, und was sich sonst noch so bewegt, wenn wir „in Ruhe" sind. Dieser tägliche Bedarf wird Grundumsatz genannt. Der durchschnittliche Grundumsatz eines erwachsenen, gesunden Menschen liegt bei 1.200 und 1.800 kcal pro Tag.[49]

Solange wir leben, sind wir in Bewegung. Kompletter Stillstand heisst Tod. Teilweiser Stillstand im Körper ist ein schlechtes Zeichen, wenn es irgendwo nicht mehr fliesst oder bewegt, ist unser Körper gefährdet und wird krank.

Wir brauchen also je nach Gewicht und Geschlecht schon, wenn wir nichts tun, +/- 1.200 kcal am Tag. Die mussten erst mal gejagt und gesammelt werden. Das Jagen und Sammeln kostete natürlich Energie und war notwendig. Es ist allerdings kaum verwunderlich, dass unsere Vorfahren, wenn sie nichts tun mussten, auch nichts taten. Herumsitzen und sich unterhalten, auf die Kinder aufpassen und Kleinigkeiten im Sitzen erledigen, damit verbringen zeitgenössische Jäger und Sammlerinnen (es ist meistens so aufgeteilt) den Grossteil ihrer Zeit. Das ist ja auch sinnvoll, wenn das Angebot an Kalorien tendenziell beschränkt ist und das eigentliche Ziel jedes Lebens die Fortpflanzung ist. Und es ist stark anzunehmen, dass die Menschen, die immer noch sehr ähnlich leben wie unsere prähistorischen Vorfahren, ein Abbild unserer frühen Geschichte sind.

Generell lässt sich also sagen, dass es völlig normal ist, lieber auf dem Sofa zu sitzen, nichts zu tun oder fernzusehen, als sich zu bewegen, wenn man nicht muss.

---

49 Formel zur Berechnung des Grundumsatzes Zur Berechnung des Grundumsatzes gibt es verschiedene Methoden. Als einfache Faustregel zur Berechnung des Grundumsatzes kann folgende Formel genommen werden: Männer: Grundumsatz = Körpergewicht in kg x 24 x 1,0 Frauen: Grundumsatz = Körpergewicht in kg x 24 x 0,9
(https://www.lebensmittellexikon.de/g0002570.php,
Copyright © lebensmittellexikon.de)

Hier sind wir also bei unserem inneren Konflikt angelangt. Wir wissen, dass wir uns eigentlich mehr bewegen sollten, dass wir uns in jeglicher Hinsicht einen Gefallen tun würden. Der innere Schweinehund, sozusagen unser Energiesparmodus, ist uns aber seit unsere Vorfahren Einzeller waren vererbt worden.

Was tun? Daniel Lieberman gibt in seinem Buch „Exercised" den Tipp, Bewegung so zu gestalten, dass sie notwendig ist und Spass macht.

Diesen Gedanken habe auch ich seit Jahren an meine Kund*innen weiterzugeben versucht. Vor allem den Gedanken, dass es Spass machen sollte.

Zumindest ist Bewegung oder Sport etwas, was wir in unserer Freizeit tun, und da steht die Frage der Eigenmotivation im Vordergrund.

Eine gute Nachricht gibt es allerdings. Wenn Sie sich erst einmal daran gewöhnt haben, sich regelmässig zu bewegen, dann fordern Ihr Körper, Ihr Geist und Ihre Seele Bewegung auch ein. Dann entsteht tatsächlich auf allen diesen drei Ebenen das Bedürfnis danach, sich zu bewegen. Wenn Sie dann ein paar Tage zu wenig für Ihren körperlichen Ausgleich getan haben, meldet sich der Körper deutlich mit dem Wunsch nach Bewegung. **Versprochen!**

Der Weg dahin ist unterschiedlich lang und mit sehr persönlichen Fallen und Hindernissen gepflastert. Wirklich einfach ist es selten und es hat durchaus oft mit Selbstüberwindung zu tun. Logisch, wenn Sie doch eigentlich „nur hier sitzen wollen" (frei nach Loriot)

Es hilft sicher nicht, wenn Ihnen die Sportskanonen in Ihrem Umfeld (die Exorzisten) permanent sagen, wie gut doch Sport ist und wie wohl sie sich fühlen, und all das so, dass Sie vor lauter schlechtem Gewissen und Ärger lieber die Schokolade hervorholen, sich auf dem Sofa in eine Decke hüllen, vor den Fernseher verkrümeln und niemanden sehen möchten.

Was hilft also, sich auf den Weg zu machen? Spass hatten wir erwähnt.

Vernunft kann für manche Charaktere ein Motivator sein. Wenn Sie zu den sehr disziplinierten Menschen zählen, die, wenn sie wissen, was für Sie gut ist, es deshalb tun, fangen Sie einfach an. Genügend Gründe haben Sie in den vorangegangenen Zeilen schon gefunden. Sie können also aufstehen, das Buch aus der Hand legen und anfangen, etwas zu tun. Danach können Sie dann weiterlesen und wahrscheinlich sind Sie sogar aufnahmebereiter als vorher.

Also einmal eine Runde um den Block. Los geht's!

Sie sitzen noch und lesen weiter? Also sind Sie ein anderer Typ Mensch. Das ist in Ordnung, es gibt noch weitere Strategien, die Sie zur Motivation anzapfen könnten:

Eitelkeit ist ein großer Motivator für viele Menschen, sich zu bewegen. Die meisten Formen von Bewegung haben positive Effekte auf unser Aussehen. Straffere Haut, mehr Muskeltonus, möglicherweise weniger Pfunde, weniger Sorgenfalten, um ein paar Beispiele zu nennen.

Angst kann ein Motivator sein. Zum Beispiel die Angst vor Herzinfarkt, Alzheimer, Schlaganfall oder Diabetes. Es ist sicher eine Motivation, aber Angst steht einem befreiten Bewegen und einem Körper, der in Einheit mit einem freien Geist lebt, doch schlussendlich eher im Weg. Dazu kommen wir dann später. Wenn Sie aber aus Angst anfangen, kann es sein, dass Ihre Reise Sie zu einem Loslassen Ihrer Ängste führt.

Ein schlechtes Gewissen, die kleine Schwester der Angst, kann auch motivieren. Wenn Sie sich vornehmen, sich mit einem Trainingspartner oder einer Trainingspartnerin zu bewegen, dann ist es Ihnen vielleicht unangenehm, Verabredungen abzusagen, nur weil Ihnen nicht danach ist.

Das gerade genannte Beispiel arbeitet damit, sich selbst unter Druck zu setzen. Trainingspartner oder Trainingsgruppen können einen ebenso mitziehen und erhöhen möglicherweise den Spassfaktor oder wenigstens ist geteiltes Leid besser zu ertragen.

Sie sehen also, Spass ist gar nicht unbedingt der einzige motivierende Anreiz, den wir nutzen können, um anzufangen, uns zu bewegen. Es ist aber der Faktor, der uns am besten garantiert, durchzuhalten, sollten wir ihn aktivieren können.

An dieser Stelle sei erwähnt, dass Tanzen ganz viele wichtige Prozesse körperlicher und geistiger Natur auslöst. Die oben erwähnten zeitgenössischen Volksstämme, die noch „ursprünglich" leben, tanzen in der Regel einmal die Woche bis spät in die Nacht.

Da Tanzen so vielen Spass macht, wird es oft als Bewegung und grundsätzliches menschliches Bedürfnis nicht ernst genommen. Für viele Menschen ist es sicher eine der schönsten, wenn nicht die schönste Form, sich regelmäßig zu bewegen. Wenn Sie tanzen mögen, tun Sie es so viel und wann und wo immer sie wollen und können. Warum ist es eigentlich so, dass das, was uns leichtfällt oder Spass macht, in der Regel keinen Wert für uns hat?

Vergessen Sie das „No Pain, no Gain"-Mantra, wenn es Sie nicht motiviert. Es gibt so viele andere Möglichkeiten, sich zu bewegen. Tanzen muss kein Ballett, keine Tanzstunde oder etwas in dieser Hinsicht sein, das kann auch in der Disco stattfinden, vielleicht einfach mit nicht zu viel Alkohol im Spiel. Nach Hause zu torkeln, ist dann dem positiven Effekt doch eher abträglich.

Für mich persönlich ist ein großer motivierender Faktor für Bewegung, dass ich unser körperliches Geschehen unglaublich faszinierend finde. Ich kann Stunden damit zubringen, meinen Körper und den meiner Kundinnen und Kunden in Bewegung zu erforschen und mich mit meiner ganzen Aufmerksamkeit auf ihn einzulassen. Je mehr ich das mache, desto grösser werden meine Begeisterung und meine Ehrfurcht vor unserem körperlichen System. Es kann unglaublich spannend sein, sich zu erforschen, und für mich entsteht daraus der Spass an Bewegung.

Das war nicht immer so. Ich habe mich zunächst bewegt und Sport gemacht, weil es einfach dazugehörte. Und weil der Orthopäde meiner Familie fand, mit meiner Skoliose und Bindegewebsschwäche sollte ich doch besser Sport machen. Und als gutes und folgsames Kind (zum Revoluzzer habe ich nicht wirklich getaugt) habe ich halt Sport gemacht.

Hat in der Regel auch Spass gemacht, ich war da doch recht motiviert, glücklicherweise lag es in meiner Natur, zu rennen und zu springen, so sehr, dass es mein Umfeld immer eher nervös gemacht hat, mich nur anzuschauen. Nur Krankengymnastik war so gar nichts für mich als 12-Jährige, der zur selben Zeit viermal die Woche mindestens Sport machte. Da habe ich mich unglaublich gelangweilt und das wurde dann auch schnell abgebrochen.

Später war es eine Mischung aus Eitelkeit und Unsicherheit, die mich in die Fitnesscenter trieb. Dann habe ich angefangen, aus Angst und schlechtem Gewissen zu trainieren, bis ich schliesslich die Bewegungsformen für mich entdeckt habe, die mich von ganz allein dazu bringen, weiter machen zu wollen.

Das war eine lange, intensive Reise, mental wie physisch, und sie findet immer noch statt, aber seit einigen Jahren ist sie sehr spannend und weckt meine Neugier immer wieder aufs Neue. Das ist meine Definition für mich von Spass an Bewegung.

Eine emotionale Achterbahn ist meine Reise immer noch, das wird wohl auch so bleiben und das ist auch gut so. Sonst wäre es ja langweilig, und wenn ich eine tief sitzende Angst habe, dann ist das jene vor der Langeweile oder langweilig zu sein.

Mein Weg ist nicht exemplarisch. Es ist ein möglicher Weg und zugegeben ein recht einfacher. Ich habe mit vielen Menschen gearbeitet, denen Bewegung schon in der Jugend ausgetrieben wurde. Durch Sportlehrer oder Mitmenschen. Hätte ich nur meinen Schwimmlehrer gehabt, dann hätte ich wohl auch nie wieder Sport getrieben. Der hat sich über mein mangelndes Können immer mokiert und mich vor versammelter Mannschaft schlechtgemacht, kein Wunder, das Schwimmen in Schwimmbädern, das Letzte ist, was mir einfällt, wenn ich mich bewegen möchte, auch wenn ich den Vorgang des Schwimmens mittlerweile sehr spannend finde. Gebranntes Kind und so.

Es ist völlig unerheblich, aus welchen Gründen Sie sich schlussendlich entschließen, Ihre Reise in Ihre Körper anzutreten. Ich nutze bei allen meinen Kundinnen und Kunden ihre Eingangsmotivation so lange wie möglich. Mein Ziel ist es in jedem Fall, Bewegungshunger und Faszination an Bewegung zu wecken. Oft gelingt es mir, meine Kundinnen oder meinen Kunden nach und nach anzustecken. Das Erforschen dessen, was ihre Körper alles leisten und können, wird dann immer mehr zur Hauptmotivation.

Die Faszination an unserem System Körper, an seinen Wechselwirkungen auf unsere Seele und unseren Geist ist für meine Begriffe der beste Motivator, um über Jahre hinaus dabei zu bleiben, den Körper zu pflegen, auf ihn zu hören, mit ihm zusammen zu arbeiten und sich von ihm durch die Welt tragen zu lassen. Wenn man sie wecken kann, wird ein manchmal beschwerlicher Weg immer genügend Schub erhalten.

Ganz wichtig dabei ist, dass Sie zu einer Akzeptanz finden, die zu gleichen Teilen aus grossem Mitgefühl und großer Ehrlichkeit Ihnen selbst gegenüber besteht. Nur wenn Sie Ihrem Istzustand, dem Punkt, von dem Sie Ihre Reise in Ihren Körper starten, klar, aber ohne Fatalismus ins Auge schauen können, werden Sie sich wirklich verändern können und nicht nur Ausbesserungen oder Schönheitskorrekturen am System vornehmen.

Etwas hart, aber sehr stimmig ist der folgende Satz, der nur im Englischen so schön funktioniert: „If you want to get real change, you have to get real first." („Wenn Sie echte Veränderungen wollen, müssen Sie erst ehrlich mit sich sein.")

Wenn diese Ehrlichkeit fehlt, sind wir meist damit beschäftigt, gegen unseren Körper zu kämpfen, da das Bild, das wir uns von wünschen, und das Bild, das unser Körper von uns hat, sehr oft nicht deckungsgleich sind.

Mit unserem Körper zu kämpfen, ist generell eine ungünstige Idee.

Zunächst einmal belegt das Überwachungssystem unseres Körpers ca. 95 % unserer Hirnmasse, die wir nicht kontrollieren können. Es findet also in unserem sogenannten Unbewussten unterhalb unseres Radars statt.

Außerdem sagt unser Körper immer Ja. Es gibt also gar keinen Grund, mit ihm zu kämpfen. Ihre derzeitige Ausprägung, so hart diese Nachricht klingen mag, ist eine bestmögliche Anpassung auf Herausforderungen, denen der Körper in der Vergangenheit ausgesetzt war oder immer noch ist. Ganz zu Beginn habe ich diesen Gedanken schon formuliert. Und ich möchte hier noch einmal darauf hinweisen, dass dies keine Schuldzuweisung ist, denn für die geschehenen Anpassungen war und ist Ihr automatisches System verantwortlich.

Die Anpassung unseres Körpers geschieht auf Veranlassung unseres Gehirns, nachdem es unser inneres und äusseres Umfeld analysiert hat. Dabei spielt es keine große Rolle, ob Sie konkrete Dinge über die Sinnesorgane wahrnehmen oder sich Dinge vorstellen. Alles wird durch ihr Hirn in ihre Wirklichkeit umgewandelt und dann wird darauf reagiert.

Wir sind also ein adaptives System, das auf Einflüsse in Sekundenschnelle reagiert. Wir ziehen uns bei Gefahr zusammen, wir rennen weg, kämpfen oder verfallen in Schockstarre. Wir sind offen für Neues, wenn wir uns sicher fühlen, und unser Körper heilt und regeneriert in diesem sicheren Zustand.

In meiner Arbeit benutze ich zwei Methoden, um die Selbstregulations-, die Heilungs- und die Regenerationskräfte unseres Körpers nutzbar zu machen und meinen Kundinnen oder Kunden das Wunder ihres Körpers näherzubringen.

Dabei geht es nicht darum, vor Hochachtung zu erstarren, sondern mit Neugier, mit Faszination und mit Freude, den Körper spielerisch in seinen Möglichkeiten kennenzulernen, zu erfahren und auszuprobieren.

Ja, Sie hören richtig, je kindlicher Sie lernen, wieder an Bewegung heranzugehen, desto größer der Erfolg und umso einfacher die Veränderung. Denn nur Kinder bewegen sich im Spiel freiwillig und verbrauchen „unnötig" Energie. Bis zu dem Punkt, an dem sie einmal zu oft gehört haben, „jetzt nicht", „sitz still", „sei ruhig", „halt dich gerade" etc. pp.

Und im Spiel kann man herausfordern. Der Unterschied zwischen Spiel und Kampf liegt ausschliesslich in der Grundhaltung. Biochemisch sind wir in genau demselben System, das uns kämpfen oder fliehen lässt. Die Aggressionshormone sind freigesetzt.

In meiner Arbeit jedoch geht es nur mittelbar um die direkte Herausforderung. Ich fordere meine Kunden vor allem mental und schule den Körper so, dass er möglichst vielen Herausforderungen gewachsen ist. Widerstandsfähigkeit und Resilienz ist das Ziel.

Kraft ist nur ein Teilelement davon. Zähigkeit, Anpassungsfähigkeit, Elastizität, Ausdauer und Gelassenheit sind andere Aspekte der Resilienz, vervollständigen das Bild von ihr, sind aber noch nicht die Gesamtheit, die unter diesem Begriff verstanden werden sollte.

Die Bewegungsmethode, die ich benutze, um meinen Kunden und Kundinnen ihren Körper näherzubringen und Resilienz zu schaffen, wurde von Joseph Pilates entwickelt und von ihm Contrology genannt.

Sie kennen sie wahrscheinlich unter dem Begriff Pilates.

Was Pilates ist, wird unterschiedlich interpretiert und hat sich vor allem durch die Verbreitung von Pilates-Kursen in Fitnesscentern vom Grundgedanken oft weit entfernt.

Gerade die Kurse in Fitnesscentern haben für mich persönlich nicht mehr viel mit der ursprünglichen Idee zu tun.

Joseph Pilates ging es kurz gesagt um ganzkörperliche Gesundheit, ganzkörperliche Bewegung und Atmung. In meiner persönlichen Auslegung mache ich aus Atmung dann auch Ganzkörperatmung. Für Ganzkörpergesundheit und Ganzkörperbewegung ist es unerlässlich, dass der Atem frei durch den ganzen Körper fließen kann.

Joseph Pilates forderte ein absolutes Mass an Aufmerksamkeit. Um die zu lenken und seinen Kunden und Kundinnen den Körper erfahrbar zu machen, entwickelte Joseph Pilates verschiedene Trainingsgeräte. Diese Geräte ermöglichen es, Abläufe in unserem Körper zu schulen, die ohne die Geräte schwerer fallen würden. Ohne sie haben wir nur uns den Boden und die Schwerkraft.

Im Gegensatz zu Krafttrainingsgeräten sind die Geräte im Pilates also dazu angelegt, Bewegung zu vereinfachen, zu erklären und mit Aufmerksamkeit erfahrbar zu machen. Die Übungen auf dem Boden sind folgerichtig die „Königsklasse".

Pilates selber nutzte die Mattenübungen, die einem genauen Ablauf folgen und von ihm in einem Selbsthilfebuch mit dem Titel „Return to Life" mit Erklärungen veröffentlicht wurden, um mit Freunden in Gruppen ein bisschen Spass zu haben. Für seine Schüler und Schülerinnen nutzte er sie als Heimprogramm.

Neuen Kunden, die zu ihm ins Training kamen, stellte er aber die Bedingung, dass sie drei- bis viermal die Woche für einige Monate ein Einzeltraining mit ihm absolvierten. Dort lernten sie anhand der Übungen auf den Geräten, wie es auf dem Boden ohne Hilfe funktioniert, sodass die Bodenübungen als Heimprogramm nutzbar wurden.

Nur so konnte er das garantieren, was in unserer Pilates-Gemeinschaft als Mantra weitergegeben wird und als Aussage direkt Joseph Pilates zugeschrieben wird: „In 10 sessions you'll feel the difference, in 20 sessions you'll see the difference, and in 30 sessions you'll have a whole new body."

Frei übersetzt: „Nach 10 Sitzungen fühlst du den Unterschied, nach 20 Sitzungen siehst du den Unterschied, nach 30 Sitzungen hast du einen neuen Körper."

In meiner Praxis erziele ich diese Wirkung bei jedem Kunden und jeder Kundin, wenn sie sich auf die Einzeltrainings einlassen und selbstständig mit dem Heimprogramm weiter üben. In meine Klassen kommt niemand, der oder die nicht mindestens ein paar Monate mit den Geräten Erfahrungen mit dem eigenen Körper gemacht hat und dadurch ein tieferes Verständnis für das körperliches Geschehen erworben hat.

Die Pilates-Bodenübungen sind für Sie, liebe Leserin und Leser, nur von Nutzen, wenn Sie den Körper unter qualifizierter Anleitung und an den Geräten schon so gut kennengelernt haben, dass Sie von den Übungen auf dem Boden weiter profitieren können.

Ohne diese Vorarbeit birgt auch die Pilates-Methode gewisse Risiken. Damit diese minimiert sind, wird das originale Repertoire leider oft weitestgehend reduziert. In vielen angebotenen Klassen – gerade in Fitnesscentern –, die mit dem Begriff Pilates werben, kommen häufig nur sehr wenige ursprüngliche Pilates-Übungen vor.

Das originale Repertoire ist aber immer noch das, was so durchdacht ist, dass es schon gute Gründe braucht, es zu verändern.

Wenn Sie nach dem Lesen dieses Kapitels Lust bekommen haben, den Bewegungsideen Joseph Pilates auf die Spur zu kommen und nachzufolgen, kann ich nur empfehlen, ein wenig Geld in die Hand zu nehmen und sich einige Stunden Einzeltraining zu leisten. Wenn Sie danach in einer Gruppe weitermachen möchten, vielleicht um den Spassfaktor zu erhöhen und die Motivation aufrechtzuerhalten, nehmen Sie die Gruppenstunden bei einem qualifizierten Trainer bzw. einer Trainerin, der bzw. die in einem Pilatesstudio arbeitet oder sich zumindest gut mit allen Geräten auskennt und sie sinnvoll und mit dem ursprünglichen Repertoire einzusetzen weiss.

Allerdings stellen die Übungen auf der Matte für viele Menschen heutzutage den Start in die Pilates-Methode, sowohl im eigenen Erleben am Körper als auch in der Ausbildung zum Pilates-Trainer oder Trainerin dar. Jemand, der oder die nur die Matte kennt, wird die Tiefe und das unglaubliche Potenzial der Methode bestimmt nicht erkennen und erlebt haben.

Pilates kann tatsächlich wirken wie eine Meditation in Bewegung. Aufmerksamkeit und Atmung als Fokus für den ganzen Körper, das sind bei den meisten Meditationstechniken die Grundelemente.

Während Sie eine Pilates-Übung ausführen, versuchen Sie, so genau Sie können, Ihre Aufmerksamkeit auf das Geschehen in Ihrem Körper zu lenken. Dabei geben Sie ihm Anweisungen, die Sie versuchen, 100 % einzuhalten, um zu erfahren, wie der ganze Körper sich auf die eine Bedingung einstellt, die Sie von ihm möchten. Es kann nur eine Bedingung sein. Unser Körper mit seinen 95 % Gehirnmasse kann viele Dinge in unserem Körper gleichzeitig überwachen, aber wir mit Zugang zu 5 % rationaler Möglichkeiten haben vielleicht die Chance, einen Gedanken bis zum Ende der Übung zu behalten und zu fokussieren. Womit wir schon wieder bei Meditation sind. Auch in den meisten Meditationstechniken versuchen wir, uns auf eine Sache, zum Beispiel unsere Atmung zu konzentrieren und uns nicht ablenken zu lassen. Wenn Sie schon Erfahrung damit haben, dann wissen Sie, wie schwer einem das am Anfang fallen kann. Es gibt folgende Anekdote von Joseph Pilates:

Beim Unterrichten einer Übung fragt Joseph Pilates seine Schülerin: „Was meine ich damit, wenn ich dir sage: Lass deine Füße genau so stehen, wie sie stehen?" Die Schülerin versucht sich mit mehreren Erklärungen, erkennt aber nicht, was Joseph Pilates meint. Schließlich sagt er: „Ich meine: Lass.deine.Füsse. genau.so.stehen.wie.sie.stehen."

Mit anderen Worten: Stelle eine einzige Bedingung, aber sieh zu, dass du dich nicht davon ablenken lässt. Diese eine Bedingung wird den ganzen Rest der Bewegung verändern.

Ich benutze meinen Kunden und Kundinnen gegenüber oft folgende Metapher, um zu erklären, wie wir am effizientesten unseren Körper bewegen: Stellen Sie sich vor, Ihr Körper ist ein Taxi. Ihr unbewusstes Gehirn ist Ihr Fahrer bzw. Ihre Fahrerin. Sie sind der Passagier, der hinten sitzt und sich zurücklehnen kann, nachdem Sie gesagt haben, wo es hingehen soll. Denn das ist wichtig. Ihr Fahrer bzw. Fahrerin wird nicht viel damit anfangen können, wenn Sie zu ihm oder ihr sagen: Ich möchte bitte nicht zum Flughafen, und an den Hauptbahnhof muss ich auch nicht.

Es kann dann natürlich sein, dass der Fahrer oder die Fahrerin einen Umweg macht, weil er oder sie die Stadt noch nicht so genau kennt, und da können Sie dann immer wieder Ihre Anweisungen so verfeinern, dass Sie ihm vorgeben, welchen Weg er nehmen soll. Schlussendlich tun Sie nichts weiter als die Anweisung so genau wie möglich zu gestalten. Sollten Sie aber plötzlich von hinten die Handbremse ziehen oder die Tür öffnen oder sonst etwas Ungeschicktes tun, stören Sie den Ablauf der Fahrt.

Und genauso verhält es sich mit unserem Körper. Unser Körper sucht immer nach der einfachsten Möglichkeit. Joseph Pilates soll gesagt haben: „So viel wie nötig, so wenig wie möglich", wenn er seine Übungen angeleitet hat.

Von Albert Einstein stammt ein ähnlicher Satz: „Alles sollte so einfach wie möglich sein, nur nicht einfacher."

Dieser Gedankengang gefällt unserem Körper, denn wie Sie erfahren haben, spart er gerne Energie, sucht nach höchster Effizienz und ist am liebsten faul. Wenn unser Körper mehr macht, als er muss, dann liegt es in der Regel daran, dass wir einen flüssigen Ablauf stören.

Generell hilft es beim Training, egal welcher Art, also nicht zu fragen: Was mache ich falsch?, sondern: Wo bin ich im Weg bzw. wo störe ich?

Falsch gibt es nicht. Ihr Körper sagt immer ja und passt sich an. Wenn Sie also die Fragen anders stellen, passt er sich auch daran an. Sie können sich an ungünstige Bewegungsmuster und Haltungsmuster gewöhnt haben. Sie mögen beizeiten zu Schmerzen führen, aber Ihr Körper hat sie ursprünglich auf Ihr unbewusstes Kommando hineingenommen und sich an sich angepasst.

Pilates kann also helfen, ungünstige Bewegungsmuster aufzuspüren, bewusst zu machen und durch einfachere zu ersetzen. Es fördert dabei das Zusammenspiel von Körper, Geist und Seele. Sie lernen zu erkennen, dass eine Zusammenarbeit mit dem Körper Ihnen zu seelischer Ausgeglichenheit und erhöhter Energie verhelfen. Denn wenn Ihre zwei intelligenten Systeme in harmonische Kommunikation eintreten und aus dem Kampf herauskommen, bleibt mehr Kraft und Energie für das Leben. Und da Sie lernen, dem Körper zu vertrauen, erhöht sich das Gefühl von innerer Sicherheit.

Das Thema der inneren Sicherheit, der Gelassenheit, der Möglichkeit, Herausforderungen gerade ins Auge zu sehen und dabei Anspannungen loszulassen, spielt stark in das Pilates-Training herein.

Mit dieser Methode können körperliche Angstreaktionen minimiert oder aufgelöst werden. Viele der Pilates-Übungen und das gesamte Umfeld des Pilates-Studios kann helfen, zu erfahren, wie der Körper auf Angst reagiert. Eine neue Kundin oder ein neuer Kunde fragt sehr oft beim Eintritt in ein Pilates-Studio mit der Äußerung: „Was sind denn das für Foltergeräte?" Wenn diese Aussage auch im Spaß passiert, so spiegelt sich darin doch Unsicherheit.

Manche Geräte mehr und manche weniger können dieses Gefühl von Verunsicherung verstärken. Dadurch wird es möglich, zu erfahren, wie der Körper reagiert, wenn er sich nicht sicher fühlt. Es wird erfahrbar, wie sich die Muskeln zusammenziehen, wenn uns unser System schützen möchte. Wie wir fest werden und beginnen, zu erstarren. Wie wir Schweißanfälle bekommen und unser Herz anfängt, schneller zu schlagen.

Alle diese Reaktionen werden im Pilates-Studio spürbar, und gleichzeitig lernen Sie, Sicherheit zu gewinnen, dass das Loslassen dieser Spannungen zu mehr Sicherheit führt. Da das Pilates-Studio aber ein Spielplatz dieser Emotionen werden kann und Ihre Reaktionen wie im Labor unter dem Mikroskop erfahrbar werden, können Sie dann im Alltag nach einiger Zeit oft erkennen, dass der Körper Angstsignale sendet, obwohl Sie rational noch gar nicht Angst erfahren.

Das gibt Ihnen die Möglichkeit, frühzeitig zu hinterfragen, ob Ihr Körper denn recht hat mit seiner Reaktion. Wenn Sie einen Fehlalarm feststellen, dann haben Sie gelernt, den Körper zu beruhigen, Verkrampfungen zu lösen und einen direkten Zugang gefunden, um mit Ängsten umzugehen, wenn Sie entstehen und bevor Sie unbewusste chronische Verkrampfungszustände auslösen.

Sie lassen los, weil Sie es im Pilates-Studio gelernt haben, loszulassen und übermässige Spannungen aufzulösen. Sozusagen loslassen in die Sicherheit.

„One, two, three, let go", lautet laut Mary Bowen die wichtigste Anleitung für das Trainieren mit der Pilates-Methode. Hier haben Sie die Erklärung, warum.

Bewegen und Erleben finden nach und nach immer mehr im Zustand der Sicherheit statt und wirkliche Gefahrensituationen werden adäquat gehandhabt, da nicht jede Situation eine Gefahr darstellt.

Im Laufe der Zeit werden Sie sich mehr und mehr aus einem sicheren, gelösten Zentrum heraus bewegen und in der Welt agieren und Ihre Systeme Körper, Geist und Seele kommen in gemeinsame Schwingung und in Fluss. Und das frühzeitige Erkennen von Störungen führt zu der Möglichkeit, sich immer neu ausbalancieren zu können. Wenn Ihr Körper gelernt hat, Sie so effizient wie möglich durch die Welt zu tragen, weil Sie in eine Zusammenarbeit mit ihm gekommen sind, dann bleibt überschüssige Energie, um allen Ihren alltäglichen Herausforderungen gegenüber zu bestehen.

Es besteht also die Möglichkeit, Spass und Interesse an Bewegung zu gewinnen und auf die Reise in den eigenen Körper zu gehen.

Wie bereits erwähnt, sind wir ja ohnehin die ganze Zeit in Bewegung, selbst wenn wir uns als ruhig empfinden. Und diese innere Bewegung zu erfahren, in sie einzutauchen und potenzielle Blockaden und festgehaltene Muster zu lösen, hilft die andere Methode, mit der ich meine Kunden und Kundinnen betreue.

Dr. Ida Rolf, die Entwicklerin dieser Methode, hat sie „Strukturelle Integration" genannt und ab den 50er-Jahren des letzten Jahrhunderts ihre Erfahrungen damit gesammelt, um dann ab den 60er-Jahren ihr Wissen und vor allem ihre Kunst an Schüler und vereinzelt auch Schülerinnen weiterzugeben.

Als Praktizierende sind wir uns einig, dass diese Art eine Form der Kunst darstellt, neben einer sehr effizienten und methodischen Manipulationstechnik.

Ihnen ist vielleicht schon einmal der Name Rolfing untergekommen? Dieser Name wurde von einigen Schülern von Dr. Ida Rolf der Methode gegeben, da strukturelle Integration als zu sperrig empfunden wurde, um erfolgreich zu vermarkten zu sein. Zu Dr. Rolfs Lebzeiten spaltete sich aber schon eine zweite Schule, die „Guild for structural Integrators" vom Rolf Institute ab.

Um Ihnen das Konzept der strukturellen Integration zu erläutern, ist es unerlässlich, Ihnen einen wichtigen physiologischen Bestandteil unserer Anatomie näherzubringen, der vor allem in den letzten zwanzig Jahren immer mehr Beachtung erlangt hat.

Ich spreche von dem faszialen Bindegewebe.

Man könnte sagen, Dr. Ida Rolf ist eine Mutter der faszialen Therapieformen. Wie Pilates in der Bewegungslehre und zusammen mit anderen Vorreitern dieser Zeit (Moshe Feldenkrais (Feldenkrais-Methode, Frederick Matthias Alexander (Alexander-Technik) begann Ida Rolf, sich mit bis dahin weitgehend unerforschten oder wieder in Vergessenheit geratenen Bereichen unserer Anatomie und unserer Bewegungsmöglichkeiten zu beschäftigen. Sie war Doktorin der Biochemie, nahm Yoga-Stunden mit Pierre Bernard in New York in den 20er-Jahren des 20. Jahrhunderts und studierte später Atomphysik in Zürich, aber auch gleichzeitig Homöopathie in Genf.

Sie erkannte mit als Erste die Wichtigkeit unseres faszialen Bindegewebes für unsere Körperhaltung und effizientes und gesundes physisches Verhalten und Erleben.

Das ist die Definition des **Fascia Nomenclature Committee (FNS) of the Fascia Research Society**:

» Eine Faszie ist eine Hülle, eine Schicht oder eine andere sezierbare Ansammlung von Bindegewebe, die sich unter der Haut bildet, um Muskeln und andere innere Organe zu befestigen, einzuschließen und zu trennen.
» Das Fasziensystem besteht aus dem dreidimensionalen Kontinuum von weichem, kollagenhaltigem, lockerem und dichtem, faserigem Bindegewebe, das den Körper durchdringt. Es enthält Elemente wie Fettgewebe, Adventitiae und neurovaskuläre Hüllen, Aponeurosen, tiefe und oberflächliche Faszien, Epineurium, Gelenkkapseln, Bänder, Membranen,

Meningen, myofasziale Expansionen, Periost, Retinacula, Septa, Sehnen, viszerale Faszien und alle intramuskulären und intermuskulären Bindegewebe einschließlich Endo-/Peri-/Ppimysium. Das Fasziensystem umgibt, verwebt und durchdringt alle Organe, Muskeln, Knochen und Nervenfasern, verleiht dem Körper eine funktionelle Struktur und bietet eine Umgebung, in der alle Körpersysteme auf integrierte Weise arbeiten können. (Übersetzung J Schultz, Original siehe Anhang) [50]

Faszien sind somit uns komplett auf allen Ebenen durchdringende Strukturen. Das Gewebe enthält 4- bis 6-mal mehr Nervenzellen als das Nervensystem und stellt damit das größte Sinnesorgan des Körpers dar, noch vor der Haut.

Das fasziale System kommuniziert direkt mit unserem Gehirn und allen Organen und beeinflusst unser gesamtes physisches und mentales Erleben. Unaufgelöste emotionale Zustände und Erlebnisse werden im faszialen Bindegewebe ein- und abgeschlossen und wieder erlebt und erfahren, wenn das entsprechende Gewebe angesprochen wird. Dies führt zu einem Loslassen der emotionalen Stauungen in dem Moment, in dem das Gewebe bereit ist, loszulassen und nachzugeben.

---

50 **A fascia** is a sheath, a sheet, or any other dissectible aggregations of connective tissue that forms beneath the skin to attach, enclose, and separate muscles and other internal organs.
The fascial system consists of the three-dimensional continuum of soft, collagen containing, loose and dense fibrous connective tissues that permeate the body. It incorporates elements such as adipose tissue, adventitiae and neurovascular sheaths, aponeuroses, deep and superficial fasciae, epineurium, joint capsules, ligaments, membranes, meninges, myofascial expansions, periostea, retinacula, septa, tendons, visceral fasciae, and all the intramuscular and intermuscular connective tissues including endo-/peri-/epimysium. The fascial system surrounds, interweaves between, and interpenetrates all organs, muscles, bones, and nerve fibers, endowing the body with a functional structure, and providing an environment that enables all body systems to operate in an integrated manner.

In meiner Art, die Pilates-Methode anzuwenden, ist der fasziale Aspekt ein ganz wichtiger. Schon Pilates muss erkannt haben, wie erfolgreich seine Art, zu trainieren, beim Lösen von emotionalen Schwierigkeiten war, auch wenn er nicht explizit das fasziale System erwähnt hat. In der tiefen Erforschung seiner Methode wird mir immer klarer, dass er fasziale Aspekte trainiert und gelöst hat. Man könnte sich auf den Standpunkt stellen, dass Joseph Pilates der Vater des Faszientrainings war, so wie Ida Rolf die Mutter der manuellen faszialen Behandlung.

Ein weiterer Aspekt, der im Vordergrund der strukturellen Integration steht, ist der Einfluss der Schwerkraft auf unseren Körper. Erklärtes Ziel ist, erfolgreich in der Welt zu stehen und zu gehen, indem wir die Schwerkraft von unserem Feind zu unserem Freund machen.

Während einer Serie von aufeinander aufbauenden Behandlungen wird Ihr Körper durch die strukturelle Integration immer dichter zu einem ausgeglichenen Zustand geführt. Gewebe, das festhält, wird gelöst und Gewebe, das keine Information bekommt und deshalb nicht mitarbeitet, wird wieder eingebunden und hat die Chance, mitzuhelfen.

Dadurch erhält Ihr Körper die Möglichkeit, sich in die Schwerkraft zu stellen und seine „Linie" zu finden. Die Linie in der strukturellen Integration ist ein Konzept, kein physischer Ort. Wenn Sie Ihre Linie finden, ist die Empfindung ganz eindeutig. Sie erfahren, dass Sie buchstäblich in die Schwerkraft wachsen und von allein durch Ihre Linie aufrecht gehalten werden, nicht durch Anstrengung oder einen hohen Kraftaufwand. Sie erlernen dadurch, dass alle Ihre Bewegungen einfacher werden, da Sie sich mit der Schwerkraft und nicht gegen Sie bewegen. Sie lernen, sie als Kraft zu erkennen, die immer auf Sie wirkt und die Sie sich nutzbar machen können. Es gibt keinen Grund mehr, gegen sie anzukämpfen, und so bewegen Sie sich einfach und wie von äußeren Kräften geschoben und gezogen, denen Sie nur nachgeben müssen, um sich durch die Welt tragen zu lassen. Sie lernen also wieder, nicht zu stören und mitzugehen.

One two three, let go

Es ist vielleicht noch spannend, zu erwähnen, dass jede Zelle in Ihre Körper sich immer und zu jeder Zeit auf die Schwerkraft ausrichtet. Nicht nur das Gleichgewichtsorgan im Ohr reagiert auf Schwerkraft, jede Zelle im Körper richtet sich aus und bekommt einen unterschiedlichen Tonus in der Zellhülle, zur Schwerkraft hin etwas mehr als von ihr weg.

Die Trillionen von Zellen, aus denen Sie bestehen, richten sich also zu jedem Zeitpunkt alle individuell in die Schwerkraft aus. Sie erleichtern ihnen ihren Job, wenn Sie das auch in Ihrer Gesamtheit tun.

Weitere Ziele der strukturellen Integration sind, die Atmung und das Becken zu befreien sowie für Durchlässigkeit im ganzen Körper zu sorgen. Dies führt zu dem Erlebnis der Atmung in unserem ganzen Körper. Sie können dann wahrnehmen, dass die Atmung, wenn Sie sie frei durch Ihren Körper fließen lassen, alle Ihre Gelenke von den Fingern bis zu den Zehen bewegt. Ganzkörperatmung wird so für Sie erfahrbar und nutzbar, sollten Sie mit Atemtechniken experimentieren wollen oder eine Meditationsform wählen, die eine Ausrichtung auf Ihre Atmung erfordert.

Eine Serie struktureller Integrationsbehandlungen führt zu einer befreiten ausgeglichenen Körperhaltung.

Wobei Körperhaltung an sich schon ein ungünstiges Wort ist. Denn wie mittlerweile klar sein sollte, wir halten unseren Körper eigentlich möglichst nicht aufrecht. Wir erlauben ihm, aufrecht zu sein, oder besser noch, wir finden uns aufgerichtet durch die Schwerkraft. Halten ist Kampf, sich aufgerichtet zu erfahren, ist etwas ganz anderes. So aufrecht durch die Welt zu gehen, führt, wie Sie sich vorstellen können, auch zu mentaler und seelischer Veränderung. Ein elastisches Rückgrat ist lebendiger als ein starres, festgehaltenes. Mary Bowen meinte, sie bräuchte kein Rückgrat mehr. Das habe ich mir immer so erklärt, dass sie es nicht mehr nötig hat, sich auf etwas zu versteifen, sondern elastisch und nachgiebig ist. Je älter ich werde und je mehr ich mich mit dieser Art, mit meinem Körper zu arbeiten, auseinandersetze, desto nachvollziehbarer finde ich diesen Gedanken. Ich bin überzeugt, dass es nicht mehr sehr lange dauern wird, bis ich erfahre, wie ich meine Wirbelsäule loslassen kann.

In ihrem Buch zur strukturellen Integration schreibt Dr. Rolf, dass in vielen Kulturen das Kreuzbein als Sitz unserer Seele angesehen wird.

In den vergangenen Jahren sind immer mehr Forscher der Faszien-Welt darauf gekommen, das fasziale Gewebe als Sitz unserer Seele zu betrachten.

Mit der strukturellen Integration nimmt man also auf jeden Fall auf seinen Seelenzustand Einfluss.

Man manipuliert die Faszien so, dass ein möglichst freies Becken und Kreuzbein am Ende der Serie vorhanden sind, man seine „Linie" gefunden hat, um ausbalanciert in der Welt zu stehen.

Zusammenfassend möchte ich noch einmal wiederholen, dass ich über strukturelle Integration und Pilates nur so ausführlich geschrieben habe, um Beispiele für das Potenzial aufzuzeigen, das Körperarbeit im Allgemeinen hat. Es gibt viele verschiedene Methoden und Wege. Ihr eigener wird sich von jedem anderen Weg unterschieden. Ich möchte noch einmal hervorheben, dass vor allem das Anfangen, sich auf den Weg machen, zählt.

In welcher Form ist individuell unterschiedlich und eigentlich egal. Wenn Sie beim Versuchen und Ausprobieren erkennen, dass etwas nicht für Sie bestimmt ist, ist das eine Erfahrung, von der Sie für die Zukunft lernen und damit wichtig sowie richtig. Beginnen Sie irgendwo mit etwas, was Ihnen leichtfällt und womöglich Spaß macht. Ihr Körper wird sie von ganz allein weiterführen, wenn Sie ihm erlauben, Sie bei der Hand zu nehmen oder zu tragen.

8 CHEMIE

Unser „Ich" besteht meiner Ansicht nach aus drei Teilen. Jeder Einzelne beeinflusst jeden anderen. Nun möchte ich hier direkt auf den Körper und die Körperchemie eingehen, ebenso darauf, wie sie unsere Willensstärke, unser Wohlbefinden, unsere Auffassungsgabe und Denkgeschwindigkeit beeinflussen.

Wie jeder biologische Mechanismus basieren wir auf chemischen Reaktionen. In den Mitochondrien wird aus Nahrungsmitteln Energie produziert, mit der der Körper angetrieben wird. Wir bauen aus Nahrungsmitteln Grundstoffe des Körpers wie Blut, Muskeln und Nervenzellen. Wir erzeugen durch chemische Reaktionen auch elektrische Energie. Diese sorgen als Nervenimpulse dafür, dass wir uns bewegen oder dafür, dass wir denken können.[51]

Die Frage stellt sich, welche Nahrungsmittel oder welche ihrer Inhaltsstoffe uns zuträglich sind, die ein gesundes und optimales Funktionieren des Körpers wie auch des Gehirns fördern und welche nicht.

Tatsächlich ist jede geistige Handlung – also jede Form des Denkens –, jedes geistige Produkt – also unsere Gedanken, Emotionen, Ziele, Absichten und Handlungspläne – das Ergebnis

---

51 John T. Moore und Richard Langley, *Biochemie für Dummies*, übers. von Tina Blasche und Susanne Katharina Hemschemeier, 3. Edition (Wiley-VCH, 2019); Jonathan Clayden, Nick Greeves, und Stuart Warren, *Organische Chemie*, übers. von Friedhelm Glauner, Kerstin Mühle, und Karin von der Saal, 2. Aufl. 2013, 2., korr. Nachdruck 2017, Korr. Nachdruck 2017 Edition (Berlin Heidelberg: Springer Spektrum, 2013).

physiologischer Aktivität in unserem Gehirn (das wiederum immer mit der biologischen Aktivität im Rest unseres Körpers verbunden ist).[52]

Denken Sie bitte daran, dass kein Stoff lediglich eine Wirkung hat und dass es wie bei Medikamenten um die richtige Dosierung sowie um Wechselwirkungen geht.

8.1 Anzeichen nach Aussen für das Funktionieren der inneren Chemie

8.1.1 Die Haut

Unsere Haut spiegelt die Auswirkungen von chemischen Prozessen im Körper sehr gut wider. In direktem Kontakt mit der Umwelt (ebenso wie der Magen-Darm-Trakt, wie unsere Lungen) ist die Haut Teil der ersten Verteidigungslinie des Körpers.[53] Zeigt sich ein Pickel, haben Sie trockene Haut oder spröde Nägel und Haare, sind dies Anzeichen einer Entzündung – also eines biologischen Abwehrmanövers. Nehmen Sie das ernst, denn schlechte Haut, Haare und Nägel zeigen nicht nur Ihnen, sondern auch den Mitmenschen, dass Ihre Ressourcen-Lage nicht für eine ideale Leistungsfähigkeit spricht, sondern von ande-

52 Julian D. Ford u.a., „5 – Neurobiology of Traumatic Stress Disorders and Their Impact on Physical Health", in *Posttraumatic Stress Disorder (Second Edition)*, hg. von Julian D. Ford u.a. (San Diego: Academic Press, 2015), 183–232, https://doi.org/10.1016/B978-0-12-801288-8.00005-4.

53 John T. Moore und Richard Langley, *Biochemie für Dummies*, übers. von Tina Blasche und Susanne Katharina Hemschemeier, 3. Edition (Wiley-VCH, 2019); Jonathan Clayden, Nick Greeves, und Stuart Warren, *Organische Chemie*, übers. von Friedhelm Glauner, Kerstin Mühle, und Karin von der Saal, 2. Aufl. 2013, 2., korr. Nachdruck 2017, Korr. Nachdruck 2017 Edition (Berlin Heidelberg: Springer Spektrum, 2013).

ren Prozessen in Anspruch genommen ist. Es gibt ausreichend Beispiele für Krankheiten, die sich mittels Hauterscheinungen diagnostizieren lassen.[54]

Menschen reagieren auf Krankheit oder mangelnde Ausstrahlung, an mangelnder Kraft und Vitalität unterbewusst mit Vorsicht oder Ablehnung, manchmal mit Mitleid, doch nie mit der Annahme voller Leistungsfähigkeit sowie Belastbarkeit. Sie jedoch wollen, dass Sie gut wirken, damit positive Reaktionen hervorrufen.

8.1.2   Entzündungen aller Art

Auch andere Inflammationsprozesse (Entzündungsprozesse) sind ein Anzeichen dafür, dass Ihre innere Chemie nicht stimmt, ob diese nun chronisch sind – wie Gicht oder Allergien – oder einmalig. Es gibt Forscher, die behaupten, dass Autismus oder Diabetes ebenfalls auf andauernde unterschwellige Entzündungsprozesse beruhen und durch eine Verbesserung der Körperchemie beseitigt oder gemildert werden können.

Krankheitssymptome wie Bauchschmerzen, Konzentrationsschwächen, Migräne, Müdigkeit und vieles mehr können ebenfalls Anzeichen für diese Imbalance sein. Die gute Nachricht ist, dass es nicht nur psychisch ist, dass Sie sich eben nicht mal kurz beruhigen oder nicht so aufregen sollten. Das geht gar nicht, wenn die Chemie nicht mitspielt. Wie genau wollen Sie verhindern, dass sich Salz in Wasser auflöst oder der Alkohol

---

54 https://deutsch.medscape.com/features/diashow/49000542#page=1 Zeichen auf der Haut: So können sich 10 ungewöhnliche systemische Erkrankungen bemerkbar machen, *Lars Grimm*, MD, MHS | 14. January 2016

verdampft, wenn er mit Luft zusammenkommt? Da müssen Sie schon etwas anderes anstellen, damit so etwas funktioniert, als es einfach nur mit Willenskraft zu erzwingen.

8.2 Wie geht das mit dem Zusammenhang Ernährung, Wohlbefinden und Willenskraft?

Sie nehmen Nahrung durch den Verdauungstrakt auf. Dort wird sie in kleine Moleküle aufgespalten. Über die Schleimhäute im Verdauungstrakt werden die Nährstoffe ins Blut aufgenommen. Das Blut transportiert diese dann zum Gehirn, wo die Nährstoffe die Blut-Hirn-Schranke (BHS) durchdringen müssen, wie zuvor die Schranke zwischen dem Verdauungstrakt und dem Blut.

Nahrung beeinflusst die Gehirnchemie und -funktion,[55] obwohl das Gehirn selbst nicht durchblutet ist.

Die Blut-Hirn-Schranke (BHS) erleichtert den Transport einiger wasserlöslicher Moleküle (z. B. Glukose, viele Aminosäuren), schliesst andere Moleküle aus und ermöglicht die Diffusion fettlöslicher Moleküle.

Glukose ist das Hauptenergiesubstrat des Gehirns; während des Hungers werden Ketonkörper verwendet. Aminosäuren werden in Proteine und funktionell wichtige kleine Moleküle (z. B. Neurotransmitter) eingebaut. Fettsäuren werden in Membranlipide umgewandelt.

---

55 J. D. Fernstrom und M. H. Fenstrom, „Brain and Nervous System: Biology, Metabolism, and Nutritional Requirements", in *Encyclopedia of Human Nutrition (Third Edition)*, hg. von Benjamin Caballero (Waltham: Academic Press, 2013), 200–206, https://doi.org/10.1016/B978-0-12-375083-9.00030-1.

Zunächst möchte ich aufzeigen, wie Ihre Gehirnchemie (der Wille und die Willenskraft) funktioniert und wie das wiederum mit Ihrem Essverhalten sowie Ihrer mentalen und emotionalen Vitalität zusammenhängt.

8.2.1 Gehirnchemie

Jeden Tag erfahren Forscher mehr über die Chemikalien, mit denen die Nervenzellen im menschlichen Gehirn miteinander kommunizieren. Alle Gefühle und Emotionen, die Menschen erleben, werden durch komplexe chemische Veränderungen im Gehirn erzeugt. Sind die für diesen Prozess notwendigen Stoffe nicht oder nur ungenügend oder gar zu viel vorhanden, hat das Auswirkungen auf die Emotionen und Gedanken.

Wenn das Gehirn dem Körper sagt, dass er etwas tun soll – also tanzen, lachen, weinen, schreiben, tippen oder laufen –, setzt dies ebenfalls einen chemischen Prozess in Gang. Diese „chemischen Kommunikatoren" oder Neurotransmitter sind die „Worte", aus denen sich die Sprache des Gehirns und des gesamten Nervensystems zusammensetzt. Neurotransmitter steuern Glück, Traurigkeit, Aufregung, Euphorie und sogar Angst sind Emotionen. Wenn von einer Art von Neurotransmittern zu wenig oder zu viel vorhanden ist, kann dies zu sogenannten „schwachen Nerven" führen.

Damit das Gehirn richtig funktioniert, ist es auf Neurotransmitter angewiesen. Die Gehirnchemie kann die psychische und physische Gesundheit eines Menschen beeinträchtigten, wenn von einer oder mehrere dieser Stoffe über einen längeren Zeitraum zu viel oder zu wenig vorhanden sind. Es gibt bisher circa 100 bekannte Neurotransmitter.

Die wichtigsten Neurotransmitter sind:

1. Dopamin: Das ist die Chemikalie im Gehirn, die mit den Lust- und Belohnungszentren des Gehirns in Verbindung gebracht wird. Hohe Dopaminmengen führen zu Gefühlen der Freude oder Euphorie.

2. Serotonin: Das ist die Chemikalie, die mit Ruhe und Schlaf assoziiert wird. Es wird aber auch mit Ihren Stimmungen, sexueller Erregung und sogar Hunger in Verbindung gebracht.

3. Glutamat: Das ist nicht das, was wir mit dem Maggi ins Essen machen. Glutamat wird mit Lernen, Gedächtnis und Gefühlen der Aufregung in Verbindung gebracht.

4. Noradrenalin, das sowohl als Neurotransmitter als auch als Hormon funktioniert. Noradrenalin ist eine auf Stress reagierende Chemikalie, die die „Kampf- oder Fluchtreaktion" auslöst, wenn wir uns gestresst fühlen. Niedrige Konzentrationen von Noradrenalin können zu ADHS und Depressionen führen.

5. Gamma-Aminobuttersäure ist der wichtigste Neurotransmitter, der die Neuronen des Gehirns an ihrer Wirkung hindert, also bremst, denn es braucht nicht nur ein Gaspedal, sondern auch die Bremse.

6. Dopamin erzeugt ein Gefühl der Aufregung, wenn Sie eine Belohnung erwarten. Tiere müssen ständig nach Futter suchen, um zu überleben, und Dopamin gibt Ihnen ein gutes Gefühl, wenn Sie sich Futter nähern. Das freudige Gefühl wird mit jedem Anzeichen dafür, dass eine Belohnung naht, ausgelöst.

7. Serotonin erzeugt ein ruhiges, gutes Gefühl, wenn Sie einen sozialen Vorteil erlangen. Die natürliche Auslese hat uns ein Gehirn beschert, das sich ständig mit anderen vergleicht und uns mit einem guten Gefühl belohnt, wenn wir obenauf sind. Leider ist Serotonin schnell wieder verstoffwechselt, sodass das gute Gefühl nie lange anhält.

8. Oxytocin schafft das gute Gefühl bei sozialen Kontakten. Das schöne Gefühl der Sicherheit wird durch Vertrauen und Berührung ausgelöst: Sie gehören im Naturzustand zusammen, denn wenn Sie sich berühren können, ist man nahe genug, um zu verletzen. Das Gehirn trifft sorgfältige Entscheidungen darüber, wann es vertraut, anstatt ständig Oxytocin freizusetzen.
9. Endorphin wird durch körperliche Schmerzen ausgelöst. Es maskiert Schmerzen mit einem euphorischen Gefühl, das einem verletzten Körper die Chance gibt, um sein Leben zu rennen. Das Endorphin vergeht schnell.
10. Cortisol ist der Notfallalarm des Körpers. Er wird durch Schmerzen und die Erwartung von Schmerzen sowie durch Stress ausgelöst. Das schlechte Gefühl von Cortisol motiviert den Körper, unmittelbar zu handeln. Neuronen verbinden sich, wenn Cortisol fließt, und verdrahten ein Gehirn so, dass es sich schneller einschaltet, wenn etwas im Zusammenhang mit früheren „Schmerzen" festgestellt wird. Chemisch bedeutete das leider, dass wir durch Schmerz schnell lernen. Es entsteht vor allem in unserer hektischen Welt ein Kreislauf von zunehmend mehr Cortisol und immer schnellerem Stress.

Der Mensch wird mit Milliarden von Neuronen geboren, aber nur mit sehr wenigen Verbindungen zwischen ihnen. Wir bauen unser neuronales Netzwerk auf, indem wir mit der Welt interagieren. Vor dem achten Lebensjahr und während der Pubertät ist Myelin im Überfluss vorhanden. Daher bildet die Erfahrung in diesen Jahren die neuronalen Superhighways, mit denen Sie auf die Welt reagieren.

8.2.2   Chemie austricksen

Die Elektrizität im Gehirn fließt wie Wasser und findet den Weg des geringsten Widerstands. Jedes Gehirn verlässt sich auf die Bahnen, die aus seiner einzigartigen individuellen Erfahrung aufgebaut sind. Wie beim Wasser werden das Gehirn sowie die Nervenbahnen schneller, wenn der Kanal selbst keine Widerstände bietet. Bei den Nervenzellen ist dies der Fall, wenn diese mit einer intakten Myelin-Schicht ummantelt sind. Alles, was Sie mit den Neuronen tun, fühlt sich natürlich und einfach an. Es braucht viel Energie und Konzentration, um Elektrizität durch unmyelinisierte Neuronen (also Neuronen, die nicht mit einer Schutzschicht umgeben sind) sowie über unentwickelte Synapsen zu schicken.

Und genauso wie beim Wasser sind Wege, die sich das Wasser einmal gebahnt hat, schneller und einfacher. Wenn man einen neuen neuronalen Pfad wiederholt aktiviert, entstehen Synapsen und die Elektrizität beginnt, zu fließen. Aber man muss sie oft aktivieren, sonst verschwindet der neue Pfad. Die harte Arbeit ist verloren, denn es wird auf den Weg des geringsten Widerstandes ausgewichen, auch wenn der dorthin führt, wo wir nicht hinwollen.

Sie können einen neuronalen Schaltkreis aufbauen, wenn Sie ein neues Verhaltens- oder Denkmuster 45 Tage lang unfehlbar wiederholen. In dieser Zeit fühlt sich das Neue falsch an, selbst wenn man weiß, dass es richtig ist.

Sie können einen neuen Dopamin-Kreislauf aufbauen, indem Sie sich jeden Tag ein kleines Ziel setzen und Schritte unternehmen, um es zu erreichen. Sie werden Ihr Gehirn trainieren, Schritt für Schritt zu erwarten, dass Sie Ihr Ziel erreichen, anstatt zu erwarten, dass Sie versagen.

Sie können einen neuen Serotonin-Kreislauf aufbauen, indem Sie sich auf den Wert dessen, was Sie haben, konzentrieren, anstatt auf die Mängel zu achten. Sie können Ihr Gehirn trainieren. Sich mit dem, was Sie haben, gut zu fühlen statt mit dem, was Ihnen fehlt, Schmerz zu empfinden.

Sie können einen neuen Oxytocin-Kreislauf aufbauen, indem Sie anderen oft in winzigen Schritten vertrauen. Sie werden das Gehirn trainieren, sichere Gelegenheiten zu finden, denen Sie vertrauen können, und Sie werden lernen, auf Ihre Fähigkeit zu vertrauen, diese zu wählen.

Sie können keinen Endorphin-Kreislauf aufbauen, weil es immer mehr Schmerzen braucht, um ihn auszulösen, und das überflutet Sie mit Cortisol. Sie müssen an die Sache anders herangehen. Aber Lachen löst ein wenig Endorphin aus, weil es die Eingeweide rüttelt. Sie können 45 Tage lang jeden Tag in Ihrem Leben Platz für das Lachen schaffen. Es braucht ein richtiges Bauchlachen, also geben Sie sich die Erlaubnis, Dinge zu finden, die Sie für lustig halten, anstatt die Zeit damit zu vergeuden, was andere für lustig halten.

Das beste Gefühl von allen ist für das Säugetiergehirn die Befreiung vom Cortisol. Alles, was ein bedrohtes Gefühl lindert, ist daher gut. Erinnern Sie sich an Ihr Stofftier aus der Kinderzeit? Nehmen Sie es in Stresszeiten mit ins Büro. Verbinden Sie Ruhe mit dem Geruch von Tee? Trinken Sie eine Tasse davon.

Antidepressiva und andere Medikamente können die chemischen Ungleichgewichte in Ihren Gehirnen bis zu einem gewissen Grad korrigieren. Diese wirken jedoch bei einigen Menschen nicht und sind in der Dosierung schwer zu greifen. Dazu mehr unten.

8.2.3 Der Einfluss des Mikrobioms

Das eben erwähnte Vorkommen von ausreichenden Baustoffen im Gehirn für die jeweiligen Neurotransmitter oder der Neurotransmitter selbst sollte jetzt deutlich geworden sein. Es gibt aber noch einen weiteren Zusammenhang zwischen der Ernährung und dem Verdauungstrakt, der nicht ganz so direkt auf die Baustoffe, sondern wieder über eine Nervenverbindung läuft.

Wahrscheinlich haben Sie irgendwann im Leben die Verbindung zwischen Ihrem Gehirn und Ihrem Darm bemerkt. Wenn Sie sich schon einmal unwohl gefühlt haben, als Sie in eine unangenehme Situation gerieten oder eine Lebensentscheidung aufgrund eines „Bauchgefühls" trafen, wissen Sie, dass unser Körper manchmal schneller reagiert als unser Verstand. Die meisten von uns haben dasselbe Phänomen auch schon umgekehrt erlebt, nämlich dass unser Geisteszustand unser Verdauungssystem beeinträchtigt hat – wie die Bauchschmerzen vor einer schwierigen Prüfung. Doch während der Dialog zwischen Geist und Darm seit Jahrhunderten anerkannt ist, beginnen Wissenschaftler heute erst zu verstehen, wie mächtig diese Verbindung ist und wie sie zustande kommt.[56]

---

56 „The Mind-Gut Connection: How the Hidden Conversation Within Our Bodies Impacts Our Mood, Our Choices, and Our Overall Health von Emeran Mayer. Bücher | Orell Füssli", zugegriffen 20. Oktober 2020, https://www.orellfuessli.ch/shop/home/rubrikartikel/ID41781694. html?ProvID=10917751&ProvID=10917735&gclid=EAIaIQobChMI uq7kv77D7AIVQeR3Ch1nPQszEAAYASAAEgIsyvD_BwE&gclsrc=aw.ds.

Das Verdauungssystem enthält so viele Nervenzellen, wie in der Wirbelsäule verborgen sind: 50 bis 100 Millionen. Ebenfalls in unserem Verdauungssystem befindet sich ein Grossteil unserer Immunabwehr, was dann wieder mit dem verbleibenden körperlichen Wohlbefinden zu tun hat.[57]

Die Darmschleimhaut besitzt eine riesige Anzahl spezialisierter Zellen, die bis zu 20 verschiedene Arten von Hormonen enthalten, die bei Bedarf in die Blutbahn abgegeben werden können. Hormone sind Botenstoffe. Wenn Sie all diese (endokrinen) Zellen zu einer Masse verklumpen könnten, wäre diese grösser als alle Ihre anderen endokrinen Organe – Keimdrüsen, Schilddrüse, Hypophyse und Nebennieren – in Kombination. Auch das für das Gehirn so wichtige Serotonin wird zum großen Teil im Verdauungssystem gespeichert.

Der Darm ist mit dem Gehirn über ein dickes Nervenkabel, den Vagus-Nerv, verbunden, der Informationen in beide Richtungen leitet. Auch der Blutkreislauf wird zwischen Hirn, Herz und Darm genutzt. Viele der Darmsignale, die das Gehirn erreichen, erzeugen nicht nur Darmempfindungen wie das Völlegefühl, Übelkeit und Unwohlsein sowie Wohlbefinden, sondern lösen zudem Reaktionen des Gehirns aus, die es an den Darm zurücksendet und so deutliche Darmreaktionen auslöst.

---

57 „The Mind-Gut Connection: How the Hidden Conversation Within Our Bodies Impacts Our Mood, Our Choices, and Our Overall Health von Emeran Mayer. Bücher | Orell Füssli", 17.

Das Gehirn vergisst diese Gefühle nicht. Bauchgefühle werden durch die Synapsen und die Häufigkeit der Nutzung der jeweiligen Wege gespeichert. Wissenschaftler führen mittlerweile einige degenerative Nervenkrankheiten auf die Darmflora zurück und vertreten die Ansicht, dass diese sowie unsere Essgewohnheiten diese Krankheiten verursachen oder heilen oder zumindest beeinflussen können.[58]

Bei der Entscheidungsfindung kann auf diese automatisch erzeugten Bahnen zugegriffen werden. Was wir in unserem Darm wahrnehmen, wirkt sich nicht nur auf die Entscheidungen aus, die wir darüber treffen, was wir essen und trinken. Sie wirkt sich auch auf die Menschen aus, mit denen wir Zeit verbringen, und auf die Art und Weise, wie wir kritische Informationen als Arbeitnehmer, Partner, Eltern, Freund und Führungskraft bewerten.[59]

Besonders interessant waren meiner Meinung nach auch die Mäusestudien. Wer hätte jemals geglaubt, dass das einfache Übertragen von Kotkügelchen mit Darmmikroben von einer „extrovertierten" Maus die „introvertierte" Maus zu einer „geselligeren Maus" machen würde? Oder dass ein ähnliches Experiment, bei dem Stuhl und seine Mikroben von einer fettleibigen Maus mit unersättlichem Appetit transplantiert werden, eine magere Maus in ein überfressendes Tier verwandeln wür-

---

58 Ulrich Strunz, *Wunder der Heilung: Neue Wege zur Gesundheit – Erkenntnisse und Erfahrungen* (Heyne Verlag, 2014); Ulrich Strunz, *Neue Wunder der Heilung: Krebs, Rheuma, Migräne, Asthma … – Patienten berichten, wie sie schwere Krankheiten besiegt haben – 57 Heilungsgeschichten und ihre Hintergründe*, Originalausgabe Edition (Heyne Verlag, 2019); David Perlmutter, *Scheißschlau: Wie eine gesunde Darmflora unser Hirn fit hält*, übers. von Imke Brodersen (Mosaik, 2016); „The Mind-Gut Connection: How the Hidden Conversation Within Our Bodies Impacts Our Mood, Our Choices, and Our Overall Health von Emeran Mayer. Bücher | Orell Füssli".
59 "The Mind-Gut Connection: How the Hidden Conversation Within Our Bodies Impacts Our Mood, Our Choices, and Our Overall Health von Emeran Mayer. Bücher | Orell Füssli", 19.

de? Oder dass die Einnahme eines probiotisch angereicherten Joghurts über vier Wochen bei gesunden Menschenweibchen die Reaktion ihres Gehirns auf negative emotionale Reize verringern könnte?

Menschen, die sich vorwiegend von tierischen Produkten ernähren, zeigten eine erhöhte Anzahl von Mikroorganismen auf, die gegenüber Gallensäuren tolerant sind (Gallensäuren werden benötigt, um Fett im Dünndarm zu absorbieren). Sie wiesen geringere Mengen an Bakterien auf, die komplexe Zuckermoleküle, die in Pflanzen enthalten sind, verstoffwechseln.[60] Wenn Sie sich jetzt freuen, dass Sie damit weniger Fett aufnehmen und somit weniger Kalorien, muss ich Sie leider enttäuschen. Das mag zwar so sein, aber das Hirn braucht zur optimalen Funktion dringend Fette.

Dies zeigt, wie sehr unser Verdauungssystem uns in unseren Emotionen und Handlungen beeinflusst und umgekehrt. Ganz einfach gesprochen funktioniert das so: Das limbische System (das ist das Kleinhirn mit Konsorten) wird aktiviert, wenn wir wütend, verängstigt, sexuell erregt oder verletzt sind oder auch bei Hunger und Durst. Es sendet Signale an den Verdauungstrakt, um sich von Inhalten zu befreien. Diese könnten sonst die für die Handlung erforderliche Energie entziehen, weshalb Sie vor der großen Präsentation vielleicht auf die Toilette müssen. Unser Herz-Kreislauf-System leitet sauerstoffreiches Blut aus dem Darm zu den Muskeln um, verlangsamt die Verdauung und bereitet uns auf den Kampf (oder die Flucht) vor. Diese automatischen Reaktionen sollen Zeit sparen, damit wir nicht mehr nachdenken müssen und möglichst nicht vom Tiger gefressen werden.

---

60 „The Mind-Gut Connection: How the Hidden Conversation Within Our Bodies Impacts Our Mood, Our Choices, and Our Overall Health von Emeran Mayer. Bücher | Orell Füssli", 212.

Das Gleiche gilt jedoch für andere Arten von Reizen oder Stress. Ihr Gehirn nimmt viele körperliche Ereignisse als belastend wahr, darunter Infektionen, Operationen, Unfälle, Lebensmittelvergiftungen, Schlafdefizite, Versuche, mit dem Rauchen aufzuhören, oder sogar etwas so Natürliches wie die Menstruation einer Frau.

Diese Automatismen werden durch Hormone ausgelöst (wie schon oben beschrieben). Endorphine wirken im Körper als Schmerzmittel und fördern das Wohlbefinden; Dopamin löst Lust und Motivation aus; das Bindungshormon Oxytocin weckt Gefühle des Vertrauens und der Anziehung. Die Wirkungen können oft über Stunden andauern, auch wenn das eigentliche Ereignis bereits vorbei ist.

8.2.4   Mikro- und Makronährstoffe

Dass ein Zusammenhang zwischen Ernährung und Wohlergehen existiert, ist mittlerweile unumstritten.[61] Was Sie essen und trinken, ändert Ihr Mikrobiom und damit Ihre automatischen Reaktionen und in der Folge Ihr Wohlbefinden. Diese Wirkung stellt sich schon kurzfristig ein.[62]

Die molekularen Mechanismen, die der Struktur und Funktion des Gehirns zugrunde liegen, werden während des gesamten Lebenszyklus durch die Nahrung beeinflusst, was tief- greifende Auswirkungen auf Gesundheit und Krankheit hat. Die Reakti-

---

61 Roger A. H. Adan u. a., „Nutritional Psychiatry: Towards Improving Mental Health by What You Eat", *European Neuropsychopharmacology: The Journal of the European College of Neuropsychopharmacology* 29, Nr. 12 (2019): 1321–32, https://doi.org/10.1016/j.euroneuro.2019.10.011.

62 „The Mind-Gut Connection: How the Hidden Conversation Within Our Bodies Impacts Our Mood, Our Choices, and Our Overall Health von Emeran Mayer. Bücher | Orell Füssli".

onen auf die Ernährung werden wiederum durch individuelle Unterschiede in mehreren Zielgenen beeinflusst. Ein optimaler Energiestatus einschliesslich körperlicher Aktivität spielt eine positive Rolle für die psychische Gesundheit. Im Gegensatz dazu ist ein suboptimaler Energiestatus, einschließlich Unter- und Überernährung, bei vielen Störungen der mentalen Gesundheit und Neurologie impliziert. Jüngste Forschungsergebnisse zeigen, dass viele Hirnstörungen aus einem ausgeklügelten Netzwerk von Interaktionen zwischen zahlreichen Umwelt- und genetischen Faktoren resultieren. Zukünftige Fortschritte im Verständnis der komplexen Wechselwirkungen zwischen Ernährung, Genen und dem Gehirn dürften dazu beitragen, diese zu senken und die Lebensqualität zu verbessern.[63]

Wie jedes andere Organ wird das Gehirn aus Substanzen hergestellt, die in der Nahrung enthalten sind (manchmal ausschließlich für Vitamine, Mineralien, essenzielle Aminosäuren und essenzielle Fettsäuren, inklusive mehrfach ungesättigter Omega-3-Fettsäuren). Lange Zeit war es jedoch nicht vollständig akzeptiert, dass Nahrung einen Einfluss auf die Gehirnstruktur und damit auf die Funktion des Gehirns einschließlich der kognitiven und intellektuellen haben kann.

Hier ein paar Beispiele

Vitamin B1 moduliert die kognitive Leistung, insbesondere bei älteren Menschen. Vitamin B9 erhält das Gehirn während seiner Entwicklung und für das Gedächtnis während des Alterns. Vitamin B6 dürfte bei der Behandlung prämenstrueller Depressionen von Nutzen sein. Die Vitamine B6 und B12 sind unter anderem direkt an der Synthese einiger Neuro-

---

63 M. J. Dauncey, „Recent Advances in Nutrition, Genes and Brain Health", *The Proceedings of the Nutrition Society* 71, Nr. 4 (November 2012): 581–91, https://doi.org/10.1017/S0029665112000237.

transmitter beteiligt. Vitamin B12 verzögert das Auftreten von Demenz und Blutanomalien), vorausgesetzt, es wird in einem genauen klinischen Zeitfenster vor dem Auftreten der ersten Symptome verabreicht. Eine Supplementation mit Cobalamin verbessert die verstandesmäßigen Funktionen bei älteren Menschen. Jugendliche, die einen grenzwertigen Vitamin B12-Spiegel aufweisen, entwickeln Anzeichen kognitiver Veränderungen. Im Gehirn enthalten die Nervenenden die höchsten Konzentrationen von Vitamin C im menschlichen Körper (nach den Nebennieren). Vitamin D (oder einige seiner Analoga) könnte für die Prävention verschiedener Aspekte von neurodegenerativen oder neuroimmunen Krankheiten von Interesse sein. Vitamin K ist an der Biochemie des Nervengewebes beteiligt. Eisen ist notwendig, um die Sauerstoffversorgung zu gewährleisten und Energie im Hirnparenchym (über die Zytochromoxidase) sowie für die Synthese von Neurotransmittern und Myelin zu produzieren; Eisenmangel wird bei Kindern mit Aufmerksamkeitsdefizit-/Hyperaktivitätsstörung gefunden. Eisenmangelanämie ist vor allem bei Frauen weitverbreitet und geht z. B. mit Apathie, Depressionen sowie schneller Ermüdung bei körperlicher Betätigung einher. Magnesium spielt in allen bedeutenden Stoffwechselvorgängen eine essenzielle Rolle: u. a. bei der Oxidationsreduktion und bei der Ionenregulation. Zink ist unter anderem an der Geschmackswahrnehmung beteiligt. Eine unausgeglichene Homöostase des Kupferstoffwechsels (aufgrund von Ernährungsmängeln) könnte mit der Alzheimerkrankheit in Verbindung gebracht werden. Das vom Schilddrüsenhormon bereitgestellte Jod sorgt für den Energiestoffwechsel der Gehirnzellen. Bei vielen Funktionsweisen sind Mangan, Kupfer und Zink an enzymatischen Mechanismen mit dabei, die vor freien Radikalen toxischen Derivaten von Sauerstoff schützen. Kinder und Jugendliche mit einem schlechten Ernährungszustand sind Veränderungen der geistigen und Verhaltensfunktionen ausgesetzt, die durch diätetische Massnahmen korrigiert werden können, jedoch nur bis zu einem gewissen Grad.

In der Tat können Nährstoffzusammensetzung und Mahlzeitenmuster entweder sofortige oder langfristige, positive oder negative Auswirkungen haben.[64]

Unter den mehrfach ungesättigten Omega-3-Fettsäuren lieferte ALA (Alpha-Linolensäure) den ersten kohärenten multidisziplinären experimentellen Nachweis der Wirkung der Ernährung (einer ihrer wichtigsten Makronährstoffe) auf die Struktur, die Biochemie, die Physiologie und damit die Funktion des Gehirns. Tatsächlich ist DHA (Docosahexaensäure) für die neuronale Funktion absolut notwendig. Es wurde bereits gezeigt, dass ein ALA-Säuremangel den Verlauf der Gehirnentwicklung verändert und die Zusammensetzung der Gehirnzellmembranen, Neuronen, Oligodendrozyten und Astrozyten sowie Myelin, Nervenendigungen (Synaptosomen) und Mitochondrien stört. Das führt zu neurosensorischen und Verhaltensstörungen. Omega-3-Fettsäuren in der Nahrung sind an der Prävention einiger neuropsychiatrischer Störungen, insbesondere Depressionen, sowie an Demenz einschließlich der Alzheimerkrankheit und vaskulärer Demenz, beteiligt. Der ernährungsbedingte Mangel (und veränderte Leberstoffwechsel) kann die Erneuerung von Membranen verhindern und damit die Alterung beschleunigen; doch eindeutig geklärt ist noch nicht alles.[65]

---

64 J. M. Bourre, „Effects of Nutrients (in Food) on the Structure and Function of the Nervous System: Update on Dietary Requirements for Brain. Part 1: Micronutrients, *The Journal of Nutrition, Health & Aging* 10, Nr. 5 (Oktober 2006): 377–85.

65 J. M. Bourre, „Effects of Nutrients (in Food) on the Structure and Function of the Nervous System: Update on Dietary Requirements for Brain. Part 2: Macronutrients, *The Journal of Nutrition, Health & Aging* 10, Nr. 5 (Oktober 2006): 386–99.

Eine wachsende Zahl von Studien deutet auf die Möglichkeit hin, dass die regelmässige Einnahme gewisser Nährstoffe dazu beitragen kann, das Auftreten von Stimmungsstörungen und suizidalem Verhalten bei gefährdeten Personen zu verhindern oder die therapeutische Wirkung verfügbarer Antidepressiva deutlich zu verstärken.[66]

8.2.5 Fette Stimmung – oder: Was essen?

Eine ungünstige Ernährung kann demnach langfristig schwerwiegende Konsequenzen auf unsere Gehirngesundheit haben.[67] Allerdings gibt es auch eine viel kurzfristigere Folge der unvorteilhaften Ernährung auf unser Wohlbefinden. Fettarme Ernährung kann negative Auswirkungen auf die Stimmung haben. Es hat sich auch gezeigt, dass Omega-3-Fettsäuren den Gebrauch von Chemikalien wie Serotonin und Dopamin im Gehirn beschleunigen. Wenn die Spiegel beider Chemikalien erhöht werden, beginnen Depressionen und Müdigkeit abzunehmen.[68]

Eine kleine Anzahl von Studien an Tieren und gesunden Menschen hat mögliche Mechanismen für diese stress-reduzierende Wirkung von fett- und zuckerhaltigen Lebensmitteln identifiziert. Zum Beispiel hatten mehrere Labors aufgezeigt, dass

---

66 Jing Du u.a., „The Role of Nutrients in Protecting Mitochondrial Function and Neurotransmitter Signaling: Implications for the Treatment of Depression, PTSD, and Suicidal Behaviors", *Critical Reviews in Food Science and Nutrition* 56, Nr. 15 (17. November 2016): 2560–78, https://doi.org/10.1080/10408398.2013.876960.

67 „The Mind-Gut Connection: How the Hidden Conversation Within Our Bodies Impacts Our Mood, Our Choices, and Our Overall Health von Emeran Mayer. Bücher | Orell Füssli", 219.

68 "The Mind-Gut Connection: How the Hidden Conversation Within Our Bodies Impacts Our Mood, Our Choices, and Our Overall Health von Emeran Mayer. Bücher | Orell Füssli".

chronisch gestresste Ratten eine Herunterregulierung ihres Stresssystems zeigten, wenn sie fetthaltige oder zuckerhaltige Getränke zu sich nehmen durften, im Vergleich zu denen, denen keine solche „Komfortnahrung" verabreicht wurde. Ähnlich verhält es sich, wenn erwachsene Ratten, die schon früh in ihrem Leben Widrigkeiten erlebt hatten (das stressige mütterliche Trennungsparadigma nach ihrer Geburt), eine sehr schmackhafte, fettreiche Nahrung zu sich nehmen durften. Dann kehrte dieses Fressmuster tatsächlich die Hochregulation ihres Stressreaktionssystems um und reduzierte angst- und depressionsähnliches Verhalten. Angeregt durch die Ergebnisse dieser Mäusestudien untersuchten mehrere Forscher, ob menschliche Versuchspersonen ähnliche positive Effekte durch das Essen von Komfortnahrung erfahren, wenn sie gestresst oder in einem negativen emotionalen Zustand sind.[69]

Die Regulierung des Zuckerhaushaltes verbessert die Qualität und die Dauer der intellektuellen Leistung, und sei es bloss, weil das Gehirn in Ruhe mehr als 50 Prozent der Nahrungskohlenhydrate verbraucht, von denen etwa 80 Prozent nur für Energiezwecke verwendet werden. Als Beispiel sei erwähnt, dass bei Säuglingen, Erwachsenen und älteren Menschen sowie bei Diabetes eine schlechtere Blutzuckereinstellung mit geringeren Leistungen z. B. bei Gedächtnistests verbunden ist. In allen Altersgruppen und insbesondere bei älteren Menschen scheinen einige kognitive Funktionen empfindlich auf kurzfristige Schwankungen der Glukoseverfügbarkeit zu reagieren.[70] Früher hat man den Kindern dann Traubenzucker verpasst.

---

69 „The Mind-Gut Connection: How the Hidden Conversation Within Our Bodies Impacts Our Mood, Our Choices, and Our Overall Health von Emeran Mayer. Bücher | Orell Füssli", 231.

70 J. M. Bourre, „Effects of Nutrients (in Food) on the Structure and Function of the Nervous System: Update on Dietary Requirements for Brain. Part 2 : Macronutrients", *The Journal of Nutrition, Health & Aging* 10, Nr. 5 (Oktober 2006): 386–99.

Die Art der Aminosäurezusammensetzung von Nahrungsproteinen trägt zur Gehirnfunktion bei; dabei ist Tryptophan besonders wichtig. Tatsächlich sind einige unverzichtbare Aminosäuren, die in Nahrungsproteinen vorhanden sind, an der Herstellung von Neurotransmittern (und Neuromodulatoren) beteiligt.

8.3   Gluten und andere Intoleranzen

Wenn Sie durch ein Lebensmittelgeschäft schlendern, werden Sie glutenfreie Brote, Nudeln, Getreide und sogar glutenfreie Erfrischungsgetränke oder Wein sehen. In den vergangenen zehn Jahren ist die sogenannte glutenfreie Ernährung in der Popularität sprunghaft angestiegen. Einer kürzlich durchgeführten Umfrage zufolge konsumieren heute bis zu einem Drittel aller erwachsenen Amerikaner glutenfreie Produkte.

Gluten ist eine Mischung aus Proteinen, die 12 bis 14 Prozent des Proteingehalts von Weizen ausmacht. Es kommt in geringerem Masse auch in Gerste und Roggen sowie in Produkten aus diesen Getreidesorten vor.

Wenn Sie eine echte und vor allem diagnostizierte Glutenallergie (gemeint ist Zölliakie) oder Glutenintoleranz haben (was sich an den Symptomen zeigt), achten Sie bitte darauf, dass Sie kein Gluten essen. Aber was ist mit denen, die dies nicht haben? Da scheiden sich die Geister. Dr. Strunz und Dr. Perlmutter sind der Ansicht, dass man auf keinen Fall Gluten essen sollte.[71] Andere wie Dr. Mayer sagen, es gäbe keine gute wissenschaftliche Begründung für diese Meinung.[72]

---

71 Strunz, *Neue Wunder der Heilung; Strunz, Wunder der Heilung*; Perlmutter, *Scheißschlau.*
72 „The Mind-Gut Connection: How the Hidden Conversation Within Our Bodies Impacts Our Mood, Our Choices, and Our Overall Health von Emeran Mayer. Bücher | Orell Füssli", 247.

Das Gleiche gilt für alle Nahrungsmittelintoleranzen oder Allergien. Bevor Sie aber einen Haufen Geld aus dem Fenster werfen, um sich mit meist chemisch behandelten Nahrungsmitteln Ersatz zu beschaffen, tun Sie zwei Dinge. Lassen Sie sich untersuchen und wenn der Test negativ ausfällt, testen Sie sich selbst, indem Sie eine gewisse Zeit das Lebensmittel weglassen und recht viel davon essen/trinken (nicht überfressen, denn bei „zuviel", dann kann die Reaktion einfach auf die Menge zurückzuführen sein) und auf den eigenen Körper hören. Geht es Ihnen besser? Schlechter? Stimmung anders? Hautreaktionen?

Achten Sie auf Ihre eigene innere Körperweisheit!

8.4 Ernährung und Ernährungszusätze aus der Dose

Ich persönlich bin kein Fan von Nahrungsmittelergänzung. Dennoch sehe ich ein, dass es gelegentlich mal sein muss. Dies ist insbesondere dann der Fall, wenn Fehlzustände aufgedeckt werden. Mit Fehlzuständen aufdecken meine ich zunächst, dass ein regelmässiges Blutbild beim Orthomolekularmediziner zeigen kann, wie es um die innere Chemie steht. Diese Blutbilder sind schon ab dem ersten Mal informativ, da sie Übermass und Mangel, aber auch z. B. Schwermetallvergiftungen anzeigen können. Dies ist unabhängig davon, ob Ihr Körper, die grossartige Maschine, solche Imbalance abfedern kann oder eben nicht. An dem ersten Blutbild erkennen Sie dies schon. Machen Sie dann regelmässig Blutuntersuchungen, können Sie feststellen, was Ihnen chronisch fehlt und dies einfach durch entsprechende Nahrungsmittel ausgleichen oder eben qualitativ hochwertige Ergänzungsmittel nehmen.

Aber zurück zum ersten Blutbild. Dabei wird Ihnen ein kompetenter Arzt die richtigen Stöffchen im Rahmen einer meist sechswöchigen Kur zusammenstellen. Danach sind aber Sie gefragt, denn Sie müssen nun beantworten, ob Sie sich besser fühlen oder nicht. Wenn nein, macht man die Kur meist ein bisschen länger – bis man sich besser fühlt. Ist das aber nach 12 Wochen noch nicht der Fall, würde ich raten, dass Sie entweder nochmals ein Blutbild machen lassen oder etwas anders versuchen. Sie haben oben gesehen, wofür man verschiedene Mikro- und Makronährstoffe braucht.

Es gibt wunderbare Selbsthilfebücher, die Ihnen Symptome aufzeigen und Sie suchen sich dann die Substanzen selbst heraus. Was man meistens nicht mit in Betracht zieht, ist, dass viele Stoffe miteinander reagieren und weitere Wirkungen – die wir vielleicht nicht wollen – haben. Auch die richtige Dosierung ist in Eigenregie oft heikel.

Wenn Sie viel Erfahrung mit Ihrem Körper gemacht haben und seine Schwächen kennen, können Sie auch mal selbst in die Apotheke gehen.

Wie aber schon gesagt, es ist eine gute Idee, erst einmal zu versuchen, mit der Ernährung zu spielen. Selen ist zum Beispiel in Paranüssen enthalten. Der Tagesbedarf einer üblichen Person ist mit zwei Paranüssen am Tag schon gedeckt. Das macht kaum etwas in der Kalorienbilanz aus, noch ist das besonders teuer. Es heisst auch nicht, dass Sie jetzt eine Tüte Paranüsse am Tag essen sollten. Achten Sie einfach darauf. Sie müssen auch nicht bei Adam und Eva anfangen zu recherchieren. Es gibt wunderbare Bücher zu Mikronährstoffen, z. B. das der Firma Burgerstein.[73]

---

73 Uli P. Burgerstein, Hugo Schurgast, und Michael B. Zimmermann, *Handbuch Nährstoffe: Vorbeugen und heilen durch ausgewogene Ernährung: Alles über Vitamine, Mineralstoffe und Spurenelemente: Vorbeugen und heilen … Vitamine, Mineralstoffe und Spurenelemente* (Stuttgart: TRIAS, 2018).

Für eine therapeutisch auf bestimmte Krankheitsbilder abgestimmte Ernährung gibt es auch Fachbücher der Orthomolekularmedizin.[74]

Ich möchte hier jedoch meine Lieblinge einmal aufführen.

Als Beispiel nehme ich mich selbst. Ich weiss aus langer Erfahrung, dass mein Körper Magnesium, Q10 und Vitamin D wie ein Wilder verarbeitet und ich auch bei z. B. einer Supplementierung von 1000 mg Magnesium und 120 mg Q10 (beides hohe Werte) meine Speicher in diesen Substanzen einfach nicht voll bekomme. Daher nehme ich durchgehend Magnesium und Q10 sowie Vitamin D – ja ebenfalls im Sommer.

Gamma-Aminobuttersäure, auch als GABA bezeichnet, ist eines der am häufigsten vorkommenden Signalmoleküle im Nervensystem, wo sie den emotionalen Teil unseres Gehirns, das limbische System, in Schach hält. Viele der Medikamente gegen Angstzustände wie Valium, Xanax und Klonopin, zielen auf dasselbe Signalsystem ab und imitieren die Wirkung von GABA.

8.5 Medikamente

Medikamente sind wichtig, manchmal überlebenswichtig und mitunter einfach eine Hilfe. Ich selbst habe über Jahre hinweg Antidepressiva eingenommen. Ohne diese hätte ich es wohl nicht geschafft. Mich mit den anderen hier beschriebenen Mitteln aus meinem eigenen Kopf zu befreien, war ein Weg, der länger als

---

74 Uwe Gröber, *Orthomolekulare Medizin: Ein Leitfaden für Apotheker und Ärzte*, 3., unveränderte Auflage 2008 Edition (Stuttgart: Wissenschaftliche Verlagsgesellschaft, 2002); Volker Schmiedel, *Nährstofftherapie: Orthomolekulare Medizin in Prävention, Diagnostik und Therapie: Orthomolekulare Medizin in Prvention, Diagnostik und Therapie*, 4. Edition (Thieme, 2019).

zwei Wochen gedauert hat. Das ist ungefähr die Zeit, die benötigt wird, damit diese Arzneien anschlagen. Ich bin aber nicht dafür, Medikamente sorglos oder dauerhaft zu verwenden, wenn es andere Möglichkeiten gibt. Sie belasten immer Ihr System, sind nie ohne Nebenwirkungen und die Gesellschaft. Sie kosten Geld, das besser eingesetzt werden kann.

Ob Sie persönlich jetzt oder später ohne Medikamente auskommen können, kann ich nicht sagen. Aber vielleicht schaffen Sie es, die Dosis zu reduzieren? Oder ein leichteres Präparat zu nutzen? Die Wissenschaft hat sich intensiv mit Nebenwirkungen von Medikamenten beschäftigt und die Beipackzettel der Arzneimittel allein sind furchteinflössend. Hier möchte ich jedoch insbesondere auf das Buch von Gröber und Kisters hinweisen, dass in verständlicher Sprache deutlich macht, dass alleine die Einnahme bestimmter Arzneimittel schon den Nährstoffbedarf von unterschiedlichen Nährstoffen erhöht.[75] Aber auch andere wie Rebecca White haben zu diesem Thema schon Studien veröffentlicht.[76] Wird dies nicht ausgeglichen, ergibt sich eine Mangelerscheinung, die das Körpersystem und damit die Leistungsfähigkeit und das Wohlbefinden beeinflusst.

---

75 Uwe Gröber und Klaus Kisters, *Arzneimittel als Mikronährstoff-Räuber: Was Ihr Arzt und Apotheker Ihnen sagen sollten*, 2., aktualisierte Auflage 2017 Edition (Stuttgart: Wissenschaftliche Verlagsgesellschaft, 2017).
76 Rebecca White, „Drugs and nutrition: How side effects can influence nutritional intake", *The Proceedings of the Nutrition Society* 69 (1. November 2010): 558–64, https://doi.org/10.1017/S0029665110001989; P. P. Lamy, „Effects of Diet and Nutrition on Drug Therapy", *Journal of the American Geriatrics Society* 30, Nr. 11 Suppl (November 1982): S99–112, https://doi.org/10.1111/j.1532-5415.1982.tb01364.x.

8.6 Sport als Chemie

Die Covid-19-Pandemie hat uns viel Erstaunliches beschert. Unter anderem brachte sie Theorien und Nachweise zum Effekt von geringerer körperlicher Aktivität auf das Wohlbefinden und das Gehirn.

Die Corona-Krise ist eine außerordentliche globale Notlage, die zur Durchführung beispielloser Maßnahmen geführt hat, um die Ausbreitung der Infektion einzudämmen. Auf internationaler Ebene setzen Regierungen Reiseverbote, Quarantäne, Isolierung und soziale Distanzierung durch, die zu einer längeren Verweildauer zu Hause führen. Dies hat zu einer Verringerung der körperlichen Aktivität und Veränderungen der Nahrungsaufnahme geführt, die das Potenzial haben, die Sarkopenie, eine Verschlechterung der Muskelmasse und -funktion (wahrscheinlicher bei älteren Menschen) sowie eine Zunahme des Körperfetts zu beschleunigen. Diese Änderungen in der Körperzusammensetzung sind mit einer Reihe von chronischen, lebensstilabhängigen Krankheiten, wie Herz-Kreislauf-Erkrankungen, Diabetes, Osteoporose, Gebrechlichkeit, kognitiver Rückgang und Depressionen, verbunden.[77]

Die aktuellen kanadischen Richtlinien für physische Aktivität empfehlen 150 Minuten mäßig bis kräftige körperliche Aktivität pro Woche in Schritten von 10 Minuten oder mehr ab einem Alter von 18 Lebensjahren. Studien zeigen, dass körperliche Betätigung ähnliche modulierende Wirkungen wie Antidepressiva hat, indem sie die Empfindlichkeit gegenüber Noradrenalin, Serotonin und neurotrophen Faktoren erhöht, die Aktivität der HPA-Achse reguliert und Entzündungsmarker verringert[10]. Tat-

---

77 Richard Kirwan u. a., „Sarcopenia during COVID-19 Lockdown Restrictions: Long-Term Health Effects of Short-Term Muscle Loss", GeroScience, 1. Oktober 2020, https://doi.org/10.1007/s11357-020-00272-3.

sächlich führte eine Studie mit 7.197 Chirurgen, die sich an die empfohlenen Übungsleitlinien hielten, im Vergleich zu den Kontrollen zu niedrigeren Burn-out-Werten und einer verbesserten Messung der beruflichen Lebensqualität.[78]

Eine kürzlich veröffentlichte Studie analysierte 32.392 europäische Erwachsene mittleren und höheren Alters aus 14 europäischen Ländern über einen Zeitraum von vier Jahren. Für die vorliegende Analyse wurden Teilnehmer berücksichtigt, die auf der EURO-D 12-Punkte-Skala der Depressionssymptome antworteten und über die Intensität und Häufigkeit der physischen Aktivität berichteten. Sowohl bei Männern als auch bei Frauen war die Teilnahme am mäßigen oder kräftigen Sport im Jahr 2011 mit einer geringeren Anzahl von Depressionen in dem Zeitraum 2011 bis 2015 verbunden. Es ergab sich, dass das Ausmaß sportlicher oder physischer Betätigung umgekehrt proportional zum Vorhandensein von Depressionsgefühlen war. Mäßig bis starke Bewegung mindestens einmal pro Woche steht sowohl bei Männern als auch bei Frauen in negativem Zusammenhang mit Depressionen, i. e. mehr Bewegung machte weniger Depressionen.[16,17,18,19] Einige Autoren halten Sport für vergleichbar mit medizinischen antidepressiven Behandlungen. Die Wirkungen von Sport ähneln jenen von Medikamenten und Psychotherapie bei leichter bis mittelschwerer Depression[21]. In dieser Übersicht wurde auch festgestellt, dass Sport eine wertvolle Ergänzung zu den klinischen Standardansätzen für schwere Depressionen sein könnte[21].

---

78 Tetyana Maniuk u. a., „Beyond Survival: Practical Wellness Tips during the 2019 Coronavirus Disease Pandemic", *CJEM* 22, Nr. 5 (2020): 579–83, https://doi.org/10.1017/cem.2020.433.

Die Charakteristika des Sports wie Häufigkeit und Intensität sind jedoch von den Studien lediglich unzureichend berücksichtigt.[79]

Bewegung kann bei regelmäßiger Durchführung einen tief greifenden Einfluss auf den Dopaminspiegel im Hirn haben. Die Lust- und Belohnungszentren des Gehirns werden durch anstrengende Übungen stimuliert, und die Auswirkungen können für die psychische Gesundheit erstaunlich sein.

8.7 Ätherische Öle als Hilfsmittel?
Von Liesel Sayferth

https://www.pharmawiki.ch/wiki/index.php?wiki=Aetherische_Oele

„Ätherische Öle sind lipophile und in der Regel flüssige Stoffgemische mit einem intensiven Geruch." Sie sind leicht flüchtig, verdunsten rasch, sind fettlöslich, kaum wasserlöslich, hochwirksam und hoch konzentriert. Daher werden sie in der Regel auch verdünnt angewendet. Der Begriff „ätherisch" ist das abgeleitete Adjektiv von „Äther" „strahlender, blauer Himmel. In der Dichtersprache wird es häufig im Sinne von „himmlisch", „engelhaft" oder auch „elfenhaft" verwendet. Aufgrund ihrer komplexen Chemie werden die ätherischen Öle der Phytotherapie zugeordnet, also den pflanzlichen Arzneimitteln."

Ätherische Öle werden mithilfe der Sonnenenergie in den Öldrüsen der Pflanzen gebildet und aufbewahrt. Diese entwickeln sich an unterschiedlichen Stellen der Pflanze. Für die Gewin-

---

79 Adilson Marques u. a., „Cross-Sectional and Prospective Relationship between Physical Activity and Depression Symptoms", *Scientific Reports* 10, Nr. 1 (30. September 2020): 16114, https://doi.org/10.1038/s41598-020-72987-4.

nung der Öle werden Blüten, Blätter, Kraut, Fruchtschalen, Samen, Nadeln, Holz, Wachs, Schoten, Rinde, Beeren, Gras, Wurzeln oder Harz verwendet.

Warum produzieren Pflanzen ätherische Öle?

So unterschiedlich jede Pflanze auch sein mag, so haben sie doch einen individuellen, starken, charakteristischen Duft mit dem Ziel, Insekten zur Bestäubung anzulocken und damit den Fortbestand der Art zu sichern.

Die Düfte der Pflanzen dienen unter anderem auch zur Abwehr von Schädlingen, übermäßigem Tierfraß, krankmachenden Mikroorganismen und Konkurrenzpflanzen. Der Duft der Pflanze dient auch der Kommunikation untereinander. Bei großer Trockenheit ist sie in der Lage, die Wasserverdunstung stark zu reduzieren. Die ätherischen Öle dienen als pflanzeneigene Apotheke und stellen die Lebenskraft der Pflanze dar.

8.7.1 Gewinnung

Die am häufigsten angewendeten Methode der Gewinnung von ätherischen Ölen ist die Wasserdampfdestillation. Der heiße Wasserdampf entzieht der Pflanze alle flüchtigen Duftstoffe, verbindet sich mit ihnen, um anschließend durch ein Röhrensystem mit Kühlschlange geleitet und durch Kontakt mit dem kalten Wasser abgekühlt zu werden. Darauf folgt die Trennung des Wasseranteiles vom ätherischen Öl. Auf diese Weise entstehen folglich zwei Produkte. Das Hydrolat oder aber auch Blütenwasser genannt und das hocheffiziente ätherische Öl. Für 10 ml Lavendelöl benötigt man 1 kg Pflanzenmaterial. Für 10 ml Rosenöl benötigt man 40 bis 80 kg Rosenblüten.

Die Gewinnung durch Kaltpressung wird für Fruchtschalenöle angewendet. Bei Zitrusfrüchten befindet sich in den kleinen Poren der Schalen das ätherische Öl. Die Schalen werden zerkleinert, gepresst, zentrifugiert und letztendlich gefiltert. Um ein Liter Orangenöl zu erhalten, benötigt man 100 Fruchtschalenanteile.

Gewinnung durch Extraktion wird dann angewendet, wenn die Pflanzenteile nicht zur Destillation geeignet oder hitzeempfindlich sind. Für eine Extraktion kommen zwei Verfahren zur Anwendung. Für die Alkoholextraktion werden die Pflanzenteile mit Alkohol übergossen, anschließend destilliert, worauf im weiteren Verlauf der Alkohol wieder abgezogen wird. Substanzen, die nicht alkohollöslich sind, werden mit einem Lösungsmittel wie beispielsweise Hexan gelöst. Nach weiteren aufwendigen Verfahren erhält man dann als Produkt beispielsweise von den Blüten des Jasmins, das absolute Öl, das die fett- und wasserlöslichen Bestandteile der kostbaren Pflanze enthält. Der Duft ist sehr intensiv und kann als Parfüm verwendet werden.

Auf die Verfahren der Kohlendioxidextraktion und die älteste Methode der Enfleurage möchte ich an dieser Stelle nicht eingehen.

8.7.2 Haltbarkeit und Lagerung

Um die kostbaren ätherischen Öle fach- und sachgerecht zu lagern, die Haltbarkeit sowie das Wirkspektrum zu erhalten, dürfen keinerlei Beeinträchtigungen durch Luftsauerstoff, Sonnenlicht und erhöhte Temperaturen einwirken. Daher werden sie in kleinen, dunklen und fest zu verschließenden Gasflaschen an einem kühlen Ort aufbewahrt. Zitrusöle sind extrem empfindlich und haben eine Haltbarkeitsdauer bei optimalem Gebrauch und Lagerung bis zu durchschnittlich 24 Monaten. Destillierte Nadelhölzer und Gräseröle haben eine mittlere Haltbarkeit von zwei bis drei Jahren.

Hier ist ein dumpfer, schwerer Geruch ein Zeichen der Überalterung. Viele ätherische Öle haben eine lange Haltbarkeit von fünf bis zehn und einige wenige von bis zu 20 Jahren. Hierzu gehören zum Beispiel Holz- oder auch Gewürzöle.

8.7.3 Wirkung und Eigenschaften ätherischer Öle

Ätherische Öle sind Naturprodukte und die Inhaltsstoffe können aufgrund der unterschiedlichen Standorte, des Klimas und der Erntezeitpunkte nicht standardisiert werden. Da die chemische Zusammensetzung sehr komplex und variabel ist, kann sie an dieser Stelle nur kurz angesprochen werden.

Ca. 90 Prozent der Inhaltsstoffe sind Terpene. Monoterpene wirken antiseptisch, antiviral, bakterizid, immunstimulierend. Sie wirken seelisch stärkend, konzentrationsfördernd und vitalisierend. Sesquiterpene wirken antiphlogistisch, antiinflammatorisch, regenerierend auf die Haut, wirken beruhigend und psychisch stabilisierend. Weitere Inhaltsstoffe sind Estern, Alkohole, Phenole, Aldehyde, Ketone und organische Säuren. Die synergetische Wirkung der einzelnen Inhaltsstoffe in einer Pflanze ist für die komplexe Gesamtwirkung eines Öles verantwortlich.

Auf der körperlichen Ebene wirken sie antimikrobiell, entzündungshemmend, schleimlösend, Schleimhaut abschwellend, immunmodulierend, epithelisierend, granulationsfördernd, durchblutungssteigernd, verdauungsfördernd, harntreibend und/oder krampflösend.

Ätherische Ölanwendungen fördern das Wohlbefinden, stärken die Lebenskraft und die Gesundheit. Sie erhöhen die Abwehrmechanismen des Körpers und sind in der Lage, die Selbstheilungskräfte zu aktivieren. Ätherische Öle wirken harmonisierend auf unsere Seele und unseren Geist. Sie wirken stabilisieren bei depressiven Verstimmungen und psychischen Problemen.

Einige ätherische Öle regen an, andere beruhigen wieder, andere heben die Stimmung oder lösen Ängste auf. Ob im Beruf, in Prüfungssituationen, in der Partnerschaft oder auch „im ganz normalen Wahnsinn des Alltags". Für alle Situationen gibt es das passende ätherische Öl.

Dr. Dietrich Gümbel, Dr. der Naturwissenschaften, spricht unterschiedlichen Pflanzenteilen eine spezielle Wirkung auf den menschlichen Körper zu.

In seiner grundlegenden Publikation: „Ganzheitliche Therapie mit Heilkräuter-Essenzen", Heidelberg 1984 entwickelte er einen universellen Schlüssel für die ganzheitliche Anwendung von pflanzlich-ätherischen Ölen, genannt: HEILKRÄUTER-ESSENZ-THERAPIE. *https://sinnenwohl.de/ueber-mich*

Demnach entspricht der Kopfbereich des Menschen der Blütenregion einer Pflanze. Folglich haben ätherische Öle aus Blüten und Früchten einen nicht zu unterschätzenden Einfluss auf das menschliche Bewusstsein. Die für den Gasaustausch der Pflanze zuständigen Blätter und Stängel bringen ätherische Öle hervor, die einen Einfluss auf die inneren Organe des Oberkörpers haben. Hier besonders Lunge, Bronchien, Herz und Kreislauf. Entsprechend dem unteren Körperbereich finden Wurzelöle ihren Einsatz. Sie beeinflussen die Nahrungsaufnahme, die Fortpflanzung sowie die Standfestigkeit des Menschen.

Auch in der Aromapflege werden die ätherischen Öle in sogenannte Kopf-, Herz- und Basisnoten eingeteilt. Hier aber erfolgt die Einteilung nach ihrer Flüchtigkeit. Kopfnotenöle haben zumeist einen fruchtig-zitronigen und leicht blumigen Duft. Kopfnoten wie Bergamotte, Zitrone oder Limette, also hier Fruchtschalenöle werden bei Stress, Unruhe, Nervosität, Ängste oder auch bei einer depressiven Verstimmung gerne angewendet. Blütenöle wie Neroli, Rose, Ylang-Ylang oder Lavendel haben einen sehr positiven Einfluss auf der Gefühlsebene und werden in der Parfümerie der Herznote zugeordnet. Ylang-Ylang mit seinem exotisch blumig süßen Duft findet im Wellnessbereich ein breites Anwendungsgebiet. Der Lavendel ist ein Allrounder, ein fast Alleskönner unter den ätherischen Ölen. Das Öl wird seit Jahrtausenden genutzt Griechen, Römer, Perser verbrannten Lavendelzweige in Zeiten von Epidemien als Schutz vor Ansteckung und um eine Ausbreitung der Krankheit zu verhindern.

Lavendelöl wirkt auf körperlicher Ebene antibakteriell, antiviral, desinfizierend, antimykotisch, fiebersenkend, wundheilungsfördernd, insektenabwehrend, entzündungshemmend und schlaffördernd. An dieser Stelle könnte man die Liste noch weiter fortführen, was jedoch hier den Rahmen sprengen würde.

Holzharz und Wurzelöle wie Sandelholz, Himalaja-Zedernöl, Zimt oder auch Weihrauch zählen zu den Basisnotenölen. Sie sind erdend, stärken die körperliche Kraft und wirken entspannend. Der Duft der Basisnotenöle ist sehr lange anhaltend.

Ätherische Öle wirken ganzheitlich auf den Organismus ein: zum einen über die Haut und Schleimhaut auf der körperlichen Ebene und zum anderen über den Geruchsinn auf das vegetative und zentrale Nervensystem.

8.7.4 Anwendungsmöglichkeiten ätherischer Öle

Unsere Haut mit 1,5 bis 2,0 m² ist ein hoch spezialisiertes Sinnesorgan. Sie enthält Rezeptoren für Schmerz, Druck, Kälte, Wärme und ist somit das größte Resorptionsorgan des menschlichen Körpers. Sie besitzt ca. 640.000 Tastpunkte. Die freien Nervenenden können Schmerzreize aufnehmen und sind mit 170 pro qcm am häufigsten vertreten.

Ätherische Öle sind aufgrund ihres lipophilen, also fettlöslichen Charakters für eine Resorption über die Haut und Schleimhaut bestens geeignet, da die Hornschicht der Haut lipophob ist. Folglich sind Anwendungen wie Aromaölmassagen, aromatische Bäder, Einreibungen, Fußreflexzonenmassage, Teilkörpermassagen, Kopfmassagen, Wickel und Auflagen, Kompressen auch für die aromatische Hautpflege und Kosmetik bestens geeignet. Auf diese Weise gelangen die Inhaltsstoffe der ätherischen Öle innerhalb von 30 bis 60 Minuten ins Gewebe. Von hier aus werden die Stoffe weiter im Organismus verteilt und können dort ihre Wirkung entfalten.

Ätherische Öle haben eine rasche und intensivere Wirkung, wenn sie über die Schleimhaut vom Körper aufgenommen werden. Bei der Anwendung mittels einer Duftlampe, eines Duftsteins aus Keramik, Glas, Metall oder Alabaster, eines Raumsprays oder eines Diffusionsgerätes gelangen die wertvollen Helfer durch das Einatmen zur Lunge und so in den Blutkreislauf.

Der Weg der aromatischen Düfte geht über die 20 Millionen Geruchszellen der Nase, die als einziges Organ direkt mit dem Gehirn, dem limbischen System, eine Art Schaltzentrale verbunden ist. Sie besitzt 350 verschiedene Rezeptortypen, die willkürlich auf der gesamten Riechschleimhaut verteilt sind. Jedes dieser

Rezeptoren spricht nur auf ein ganz spezielles Duftmolekül an. So ist es nicht verwunderlich, dass die Duftmoleküle als Informationsträger unser vegetatives Nervensystem beeinflussen.

Die Wohnraumaromatisierung ist eine wunderbare, wohlriechende, gerade in Infektionszeiten Möglichkeit, die Luft zu reinigen und zu desinfizieren. Die meisten ätherischen Öle haben eine stark keimtötende Wirkung und sind deshalb besonders zur Vorbeugung gegen Ansteckung von Infektionen geeignet. Zitrone, Teebaum oder auch Lavendel sind geeignet zur Reinigung und Desinfektion der Raumluft. 3 bis 15 Tropfen eines ätherischen Öls oder einer Duftkombination in eine Duftlampe mit Wasser genügen bereits bei einer Raumgröße von 20 m². Für die Meditation eignen sich Düfte, die zentrieren. Hierzu zählen Weihrauch, Zeder, Jasmin oder auch die Rose.

Die Raumbeduftung mit Diffusionsgerät, welches elektrisch das ätherische Öl vernebelt, eignet sich zur Behandlung von Erkältungskrankheiten, aber auch zur Desinfektion von Räumen. Hier benötigt man zwei bis sechs Tropfen eines entsprechenden Öls. Bewährt haben sich Eukalyptus, Lavendel, Cajeput oder Ravintsara. Im Krankheitsfall wird das Gerät einige Male pro Tag für acht bis zehn Minuten eingeschaltet. Raumsprays eignen sich zur Vitalisierung der Raumluft, um beispielsweise Essensgerüche zu neutralisieren. Unterwegs sind sie eine große Hilfe. Hotelzimmer, fremde Autos, Büros etc. Man kann mit Raumsprays auch eine bestimmte gewünschte Stimmung schaffen.

Für ein Raumspray werden ätherische Öle in einem neutralen Alkohol von 45–75 % oder in Hydrolaten gemischt. Holzstäbchen für Glasflaschen sind eine sehr schöne und wirksame Methode, kleine Räume permanent zu behuften. Getrocknete Blütenblätter auf eine Zellette oder ein Vlies mit zehn Tropfen entsprechenden Duft auf eine Schale gegeben sind nicht nur ein Duftobjekt, sondern zudem ein angenehmer Anblick.

Zur Steigerung der körperlichen Abwehr, zur Linderung von Erkältungssymptomen oder auch zur Reinigung der Haut sind Inhalationen in welcher Form auch immer als Kopfdampfbad mittels eines Inhalators oder auch als Saunaaufguss hervorragend geeignet. Sie regen zudem unseren Stoffwechsel an, wirken entgiftend und entschlackend. Für eine Inhalation mit einem Liter heißem Wasser benötigt man circa ein bis drei Tropfen je nach Stärke des Öls.

Sehr wirkungsvoll erweisen sich Sitzbäder für Menschen mit Blasenentzündung oder Hämorriden. Hierzu lösen sie fünf bis sechs Tropfen ätherisches Öl in Honig und fügen sie es dem Wasser zu. Meiner Erfahrungen nach helfen bei einer Blasenentzündung Sandelholz oder Salbei. Zypresse oder Myrte, wenn die Hämorriden plagen.

Die wohltuende, entspannende und entkrampfende Wirkung feuchtwarmer Kompressen auf Bauch, Hals, Gesicht oder Brust haben Sie alle sicherlich schon erfahren dürfen. Für einen Wickel bzw. Kompresse benötigen Sie einen Liter heißes Wasser, einen Esslöffel Honig und vier Tropfen ätherisches Öl. Nachdem sie ein kleines Handtuch in die Lösung getaucht haben, wringen Sie es rasch aus, legen es auf das entsprechende Körperteil und decken es mit einem trockenen Handtuch ab.

Eine Wirkzeitverlängerung erreichen Sie, wenn Sie eine Wärmflasche zusätzlich auflegen. Wenn die Kompresse auf Körpertemperatur abgekühlt ist, sollte sie abgenommen werden.

Wer kennt das nicht: kalte Füsse, schwitzende Füße, pilzbefallene Füße, heiße brennende Füße. Warme Fußbäder mit einem Emulgator und sechs bis zehn Tropfen zum Beispiel Rosmarinöl wirken entkrampfend und erreichen über die Reflexbahnen viele Bereiche des Körpers. Kalte Fußbäder regen den Kreislauf an, erfrischen im Sommer bei schweren Füßen.

Mit einem Wellnesstag im eigenen Heim Kraft tanken tut nicht nur dem Körper, sondern auch der Seele gut. Mischen Sie dazu fünf bis zehn Tropfen eines ätherischen Öls mit einer pH neutralen Seifengrundlage oder einem anderen Emulgator und lassen sie sich ein wohlduftendes heißes Aromaölbad ein. Das heiße Wasser verstärkt die Wirkung der ätherischen Öle. So gelangen die wirkungsvollen Düfte rasch über die Haut und die Nase direkt in den Organismus. Meersalz, fette Sahne, Honig oder auch Badesalz sind mögliche Emulgatoren.

Eine Duftlampe und eine schöne Tasse Tee, begleitet von ruhiger Entspannungsmusik, lässt den Tag beruhigend und entspannend ausklingen. Mit einem duftenden, mit passendem Hydrolat besprühten Badetuch lässt sich das Entspannungsprogramm erweitern.

Ein selbst hergestelltes duftendes Badesalz ist immer eine ganz persönliche Geschenkidee für liebe Menschen. Dazu geben Sie in ein leeres Schraubglas etwa zehn Tropfen z. B türkisches Rosenöl zehn Prozent, und schwenken Sie das Glas so, dass alle Wände benetzt sind. Füllen Sie das Glas mit etwa 250 g z. B Himalaja Salz und schütteln Sie es gut durch. Danach geben Sie getrocknete Rosenblätter zur Verschönerung hinzu. Für ein Vollbad benötigen Sie zwei bis vier Esslöffel Badesalz.

Für ein besonderes individuelles Körper-, Massage- oder Gesichtsöl nehmen Sie 20 ml naturreines, kalt gepresstes oder besonders schonend gewonnenes Pflanzenöl. Diesem Basisöl fügen Sie nun drei bis vier Tropfen verschiedener Essenzen oder einer Aromaöl-Mischung aus dem Handel hinzu. Zu den klassischen Basisölen gehörten beispielsweise süßes Mandelöl, Kokosöl, Olivenöl, Sesamöl, Jojobaöl und Johanniskrautöl. Körperpflegeöl in die noch feuchte Haut eingerieben hinterlässt keinen Fettfilm auf der Haut. Zur Herstellung einer Körperlotion oder einer Creme verwendet man eine neutrale, naturkosmetisch hergestellte Lotion oder Creme ohne synthetische Konservierungsstoffe und fügt dieser seine Lieblingsdüfte hinzu.

Zur täglichen Körperpflege gehört die Mundpflege. Da der Mund- und Rachenraum die direkte Verbindung zum Körperinneren darstellt, gebührt ihm eine entsprechende Pflege. Der Speichel, von dem der Körper täglich 1,5 l zu unserem Schutz produziert dient als natürliches Antiseptikum und ist Teil unseres Abwehrsystems. Ein bis zwei Tropfen Salbeiöl in das Zahnputzwasser gegeben wirkt entzündungshemmend, antiseptisch und adstringierend gerade in Erkältungszeiten. Mundspülungen mit ätherischen Ölen dienen dem Aufbau einer gesunden Mundflora und unterstützen die physiologische Speichelsekretion.

Weiche duftende Wäsche zaubern Sie, indem Sie dem der Waschkammer zu gebendem Waschpulvermenge zehn Tropfen Lavendelöl hinzufügen.

8.7.5 Aromaküche

„Eure Nahrung sollen Heilmittel
und eure Heilmittel sollen Nahrung sein."
Hippokrates

Was wäre eine Nahrung ohne Duft? Kaffee, Kuchen, Bratapfel, Gemüsegerichte, Fleischgerichte, Süssspeisen alles ohne Duft? Würden wir dann genussvoll essen? Sicherlich nicht. Nicht nur unser Körper würde leiden unter Mangelzuständen, sondern auch unsere gesamte Befindlichkeit.

Den alten Spruch „Essen hält Leib und Seele zusammen" oder auch „Liebe geht durch den Magen" hatte meine Großmutter uns in Kindertagen schon mit auf den Weg gegeben. Selbst die Zubereitung der Speisen wird erst durch die Düfte zu einem wahren Erlebnis für die Sinne. Die Duftküche gehört in alle Kochdisziplinen egal ob in der asiatischen, mediterranen oder in der französischen Küche. Eine beliebte, einfache Methode, die Duftküche in den Alltag zu integrieren, ist die aromatisierte Schneidbrettmethode. Feuchten Sie ein Schneidbrett an und geben darauf einen bis fünf Tropfen ätherisches Öl, z. B. Basilikum-Öl.

Jetzt hacken, scheiden oder wiegen Sie Kräuter, Gemüse, Fleisch und/oder Fisch darauf und fertig ist die einfachste Form der Aromaküche inclusive der Desinfektion Ihres Schneidbrettes. Der strenge Geruch von Zwiebeln, Lauch oder Knoblauch kann mit 2 Tropfen Zitrusöl abgemildert werden. Sie mögen Sahne auf Ihrem Vanilleeis? Aber gerne doch. Geben Sie einfach in die zu schlagende Sahne ein Tröpfchen Vanille-Öl oder Tonka.

Sie haben keinen Vanillezucker zum Backen? Kein Problem. Benetzen Sie ein kleines Schraubglas mit einem bis drei Tropfen Vanille-Öl, füllen Sie die gewünschte Menge Zucker hinzu. Nach dem Mischen lassen Sie es noch bis zum Gebrauch eine Weile ruhen. Fertigen Sie sich Ihre ganz speziellen Würzölmischungen oder Einzelwürzöle selbst an. Hierzu benötigt man eine 50 ml Flasche aus braunem Glas und 50 ml z. B. Olivenöl und fügen Sie drei bis vier Tropfen z. B. Basilikum-Öl hinzu. Mischen und schütteln Sie das Ganze und lassen das Duftküchen-Öl etwa zehn Tage reifen. Eine weitere Methode der Aromaküche sind die Würzsalze. Hierzu eignet sich besonders Himalaja-Salz, Meersalz oder Fleur de Sel. Auch hier geben Sie in ein Schraubglas circa fünf Tropfen des gewünschten Öls.

Drehen Sie das verschraubte Glas so lange, bis Wände und Deckel benetzt sind. Danach geben sie 50 Gramm Salz in das Gefäss, mixen es und lassen es weitere zwei Wochen reifen. An dieser Stelle noch ein wichtiger Hinweis: „Weniger ist mehr!". Durch die hohe Konzentration von Pflanzenölen kann bereits ein Tropfen zu viel verhängnisvoll sein. Daher sollten Sie ätherische Öle nie direkt auf Speisen geben, sondern zunächst auf einen Löffel.

8.8 Zum Schluss

„Don't eat when you are stressed, angry, or sad",
Emeran Mayer, „The Mind-Gut Connection."

Die Einführung von gesunder Ernährung, Bewegungsprogrammen und Förderung der Schlafhygiene haben das Potenzial, eine der geeignetsten Interventionen zu werden, um das Wohlbefinden und die Leistungsfähigkeit auf Dauer zu steuern.[80]

Dabei ist in Bezug auf die Ernährung eines der allgemein anerkannten Kriterien für ein gesundes Darmmikrobiom Vielfalt und der Reichtum der in ihm vorhandenen Mikroben-Arten. Wie in den natürlichen Ökosystemen um uns herum bedeutet eine hohe Diversität des Mikrobioms Widerstandsfähigkeit und eine niedrige Diversität Anfälligkeit gegenüber Störungen. Weniger mikrobielle Arten bedeuten eine verminderte Fähigkeit, Störungen wie Infektionen (durch pathogene Bakterien, Viren oder die in unserem Darm lebenden Pathobionten), schlechte Ernährung oder Medikamente zu widerstehen. Im Klartext heisst das, dass eine einseitige Ernährung nicht förderlich ist. Jedoch ist auch das Wie der Nahrungsaufnahme (gestresst, im Stehen, weil Sie traurig sind) wichtig dafür, wie das Gehirn auf Ernährung reagiert und welche Nervenbahnen gestärkt werden. Möchten Sie Essen wirklich mit Stress verbinden und durch die von Dopamin dann die Verdauung von vornherein behindern, sodass Sie keine Nachricht vom Gehirn zur Ausschüttung von Sättigungshormonen bekommen?

---

80 Matteo Briguglio u. a., „Healthy Eating, Physical Activity, and Sleep Hygiene (HEPAS) as the Winning Triad for Sustaining Physical and Mental Health in Patients at Risk for or with Neuropsychiatric Disorders: Considerations for Clinical Practice", *Neuropsychiatric Disease and Treatment* 16 (2020): 55–70, https://doi.org/10.2147/NDT.S229206.

Mit der richtigen Ernährung schaffen Sie die physiologischen Grundlagen, um Nervenbahnen aufzubauen und bisherigen Automatismen besser entgegenstehen zu können. Denken Sie daran, dass Sie die Macht haben, neue Bahnen im Gehirn zu lancieren. Aber es erfordert mehr Ausdauer und Mut, als Sie erwarten, denn die alten Bahnen sind bereits gut entwickelt und mit Ihren Lust- und Schmerzzentren verbunden.

Erinnern Sie sich daran, dass Frustrationen nur Elektrizität sind, die auf dem Weg des geringsten Widerstands in Ihrem Gehirn fließt. Sie können die Aufregung um Dopamin anheizen, indem Sie einen Schritt in Richtung einer erwarteten Belohnung machen. Belohnen Sie sich also regelmäßig. Sie können das sichere Gefühl von Oxytocin genießen, indem Sie oft kleine Schritte in Richtung soziales Vertrauen gehen. Sie können die Wirkung von Serotonin stimulieren, wenn Sie sich auf das konzentrieren, was Sie haben, statt auf das, was fehlt. Lachen löst die Freude des Endorphins aus, also nehmen Sie sich Zeit in Ihrem Leben für das Lachen. Beenden Sie das, was Sie tun, wenn Ihr Cortisol sich einschaltet, denn es lässt alles, was Sie machen, düster aussehen. Nutzen Sie Ihre etablierten Bahnen aus der Kindheit, um die Ausschüttungen zu stoppen. Damit beruhigt das Gehirn Ihren Darm, der dann wieder die Signale aussenden kann, um dem Gehirn ein gutes Funktionieren zu ermöglichen.

Machen Sie regelmässig ein bisschen Sport, und heben Sie auf diese Weise Ihren Serotoninspiegel. Dadurch werden Sie physisch gesünder und die Laune hebt sich. Dadurch wird es einfach, das richtige Essen auszusuchen.

Es scheint ein Henne-Ei-Problem zu sein, aber ich sehe es als eine Henne- und Ei-Lösung. An manchen Tagen schmeckt das gesunde Essen besser und an anderen bereitet es Freude, einen lustigen Film anzusehen. Nehmen Sie immer das, was grade am besten für Sie passt, aber schrauben Sie weiter und geben Sie nicht auf.

9   VON ÄUSSERLICHKEITEN –
DAS HAT NICHTS MIT MODE ZU TUN

Die Frage „Was ziehe ich bloss heute an?" ist nicht profan und sollte nicht nur vom weiblichen Geschlecht gestellt werden. Kleidung dient nicht ausschliesslich zum Schutz vor Kälte oder Hitze, Kleidung ist ein Botschafter der eigenen Persönlichkeit. Dadurch kann ein Eindruck erweckt oder abgeschwächt werden, gegenüber sich selbst und anderen. Dieser Eindruck und Ausdruck wird in Sekundenschnelle aufgenommen und verarbeitet und muss – falls notwendig – durch mentalen Aufwand revidiert werden. Man kann sich dies zunutze machen. Auf der einen Seite ordnen wir aufgrund der Kleidung das Gegenüber ein (ist derjenige eher leger, weil er Jeans trägt? Legt das Gegenüber Wert auf sichtbare Labels, auf Qualität oder legt es keinen Wert auf das Äußerliche?). Auf der anderen Seite kann die Garderobe als hervorragendes strategisches Werkzeug eingesetzt werden (liebe Leserinnen, denken Sie mal an Ihre ersten Dates mit dem Angebeteten. Im Vorfeld überlegt man sich ganz genau, ob frau das tief ausgeschnittene rote Kleid oder das elegante sogenannte kleine Schwarze anzieht. Aber liebe Leser, haben Sie nicht auch länger als sonst über Ihr Outfit nachgedacht, wie Sie der Traumfrau gegenübertreten wollen?).

Wenn Sie also morgens oder am Abend zuvor vor dem Kleiderschrank stehen, überlegen Sie genau, was Sie am Tag zum Ausdruck bringen oder erreichen möchten. Wollen Sie einen soliden oder zuverlässigen Eindruck vermitteln? Dann greifen Sie zu gedeckten Farben und unaufdringlicher Garderobe. Wollen Sie auf der Betriebsfeier oder der Party auffallen? Signalfarben rücken Ihre Person in den Vordergrund. Oder wollen Sie eben nicht auffallen? Dann halten Sie sich mit der Garderobe zurück.

Sie können also täuschen und tarnen. Aus diesem Grund ist es auch sehr gefährlich, allein auf das äußerliche Erscheinungsbild hin ein Urteil über einen Menschen zu fällen.

9.1 Outfits machen Erfolg oder: What you see is all there is (WYSIATI)

Schon Gottfried Keller beschreibt das Phänomen in der Novelle „Kleider machen Leute", in der der arme polnische Schneider Wenzel Strapinski in den kleinen Ort Goldach kommt, wo er aufgrund seines Äusseren für einen feinen Herrn gehalten wird.

Das passiert jedem von uns. Ich hatte einen Kollegen, der täglich dieselben Sachen im Büro trug. Ich schwöre: stets die blaue Jeans, immer dieselbe dunkle Strickjacke und immer ein weißes T-Shirt. Sommer wie Winter war er so gekleidet. Wir witzelten, ob er abends die Sachen wasche, um diese am nächsten Tag wieder anziehen zu können. Oder es liefen Wetten unter den Mitarbeitern, wie viel Stück er von der Jacke, Jeans oder dem T-Shirt gekauft hätte, damit sie bis zu seiner Rente reichen. Die hat der Kollege nicht mehr abgewartet und als er seinen Abschied feierte, erfuhren wir en passant, dass er ein Millionär sowie Nachkomme eines namhaften deutschen Unternehmens ist. Ich habe ihn kürzlich wieder getroffen und raten Sie, was er trug. Zu dieser Art Täuschung oder Fehleinschätzung gibt es auch zahlreiche Geschichten von Verkäufern von Nobelautos. Jeder erfahrene Händler weiss, dass die Kleidung viel aussagt. Sie wissen aus Erfahrung: Die, die „gewöhnlich" gekleidet sind, sind meist jene, die sofort zahlen. Auch Steve Jobs hatte das gleiche Outfit immer wieder an (natürlich nicht dasselbe). Es hatte dieses zu seinem Markenzeichen gemacht. Auch der verstorbene Fiat Chrysler-Chef Sergio Marchionne hatte sein textiles Markenzeichen. Zu jeder Gelegenheit trug Marchionne einen Pullover. Das war eine Garderoben-Revolution in der Autobranche. Danach beeilten sich alle Vorstände der globalen Autohersteller um legere Eleganz, mehr oder weniger erfolgreich. Auch hier wieder ein Beispiel, dass man mit Kleidung unterschiedliche Statements abgeben kann. Diese Beispiele liefern den Beweis, dass wir geneigt sind, nach Äusserlichkeiten zu urteilen. Und selbst wenn wir uns dessen bewusst sind, tendieren wir dazu, aufgrund des Outfits einzuordnen, obwohl wir nur visuell die Kleidung als Information über die Person haben. Anstatt so viel wie mögliche Informationen einzuholen, bevor wir urteilen, lassen wir uns von dem täuschen, was man uns serviert.

Diese menschliche „Tugend" formulierte Nobelpreisträger Daniel Kahnemann in der WYSIATI-Regel, die uns davor warnen sollte, unsere Einstellungen auf Vorurteilen aufzubauen. Derjenige, der so handelt, kann leicht betrogen werden. Das weiß der Mensch im Allgemeinen, handelt aber selten danach. Das bedeutet im Umkehrschluss: Wir alle können diese Schwäche nutzen, um an unser Ziel zu kommen.

Die US-Psychologin Jennifer Baumgartner bringt die Wirkung des Outfits auf den Punkt: „Bevor wir überhaupt den Mund aufmachen, senden wir anderen Signale darüber, wer wir sind. Diese nonverbalen Hinweise, was wir tragen, warum wir es tragen und wie wir es tragen, sprechen Bände", sagte sie in einem Interview auf „stylerebelles.com".

Dabei geht es nicht darum, jedem Trend oder jeder Modeerscheinung nachzulaufen, um zu signalisieren: „Ich bin up to date." Wenn Sie sich selbst mit dem, was Sie kleidet, wohlfühlen, strahlen Sie das auch aus. Vom Wohlfühlfaktor her ist darum klar: Sie sollten Stücke im Schrank haben, in denen Sie sich als attraktiv einstufen. Alles andere wirkt aufgesetzt und ist nicht förderlich für die Ausstrahlung. Doch warum lassen wir uns so oft von Modeerscheinungen verführen und kaufen Dinge, die dann im Kleiderschrank vergammeln? Das Gehirn liebt Trends, weil sie eine schnell wirkende Form von Belohnung sind. Wir haben uns ein Stück des neuen In-Labels gegönnt, weil wir in der vergangenen Woche ja so fleißig waren.

Überlegen Sie jedoch genau, ob das neueste It-Piece auch wirklich etwas für Sie tut, Ausdruck von dem ist, was Sie sein wollen. Es gibt nichts Albernes, als wenn jemand Kleidung trägt, die überhaupt nicht seinem Wesen entspricht. In der Jugend ist das verzeihlich, denn da sucht man noch nach sich selbst und seinem Stil. Doch Menschen, die im Berufsleben stehen, sollten ihn gefunden haben und sich treu bleiben.

Alle vorangegangenen Tatsachen werden von der Theorie des Enclothed Cognition unterstützt. Das ist ein Begriff, den Hajo Adam und Adam D. Galinsky in ihrem Experiment im Jahr 2012 geprägt haben *(Quelle: Hajo; Galinsky, Adam D. (01.07.2012). „Umhüllte Erkenntnis". Journal of Experimental Social Psychology, 48(4): 918–925. doi:10.1016/j.jesp.2012.02.008. ISSN 0022-1031).* Die Wissenschaftler erforschten die Auswirkungen, die Kleidung auf den mentalen Prozess eines Menschen hat, also wie er denkt, fühlt und funktioniert. „Wenn Sie einen weissen Kittel tragen, von dem Sie glauben, dass er vermeintlich einem Arzt gehört, steigt die Fähigkeit, aufmerksam zu sein, stark an. Aber wenn Sie den gleichen weißen Kittel tragen, der nach einer vorherigen Erzählung von einem Anstreicher getragen wird, werden Sie keine solche Verbesserung zeigen", beschrieb die „New York Times" das Experiment. Nach den beiden Forschern reicht es aber nicht, einen Arztkittel in die Tür zu hängen, die Probanden müssen ihn auch aktiv tragen. Das zeigt, Kleidung hat mit Image-Vermittlung zu tun.

Eine weitere Studie zum Thema führte die California State University durch. Das Fazit: Die Teilnehmer glaubten, dass Anzugträger*innen und Kostümträgerinnen abstrakter sind und konzentrierter denken und arbeiten als in informeller Kleidung.

„Zum gleichen Ergebnis kamen Forscher der University of Michigan im Rahmen eines ähnlichen Experiments. Die Wissenschaftler machen dafür ebenfalls die Assoziationen, die mit Business-Kleidung einhergehen, verantwortlich", heißt es auf weka.ch (Quelle: *weka.ch/themen/fuehrung-kompetenzen/kommunikation-und-auftritt/auftrittskompetenz/article/psychologie-der-kleidung-diese-botschaften-sendet-ihre-kleidung/*).

Was bedeutet das bei der täglichen Wahl unserer Garderobe? Wir müssen jeden Tag entscheiden, ob wir uns kleiden, wie wir uns fühlen oder fühlen wollen. Wichtig ist, dass Sie die Wahl nur für sich treffen und nicht für die Mitmenschen. Sie müssen authentisch sein und auf Ihre innere Realität hören.

Aber achten Sie dabei auf Qualität, denn diese spielt bei der Informationsquelle Garderobe eine große Rolle. Tragen Sie bewusst Kleidung mit einer guten Qualität, stärkt das Ihr Selbstbewusstsein. Ein Kaschmir-Pullover tut mehr für Sie als eine sichtbar künstliche Faser. Seide wirkt edler als grober Nessel. Tweet bei Sakkos ist ein sichtbarer Ausweis für Ihr Verständnis von gutem Material und Verarbeitung. Auch wenn es teuer ist, haben Sie lieber wenige, aber ausgesuchte Garderobe. Lernen Sie, diese immer wieder neu zu kombinieren. Schals, Schmuck etc. helfen Ihnen.

Doch auch innere Traurigkeit oder Melancholie kann mit Kleidung reduziert werden. Tragen Sie fröhliche Farben und kleiden Sie sich so bunt, wie Sie an dem Tag eigentlich sein möchten. Lassen Sie schwarze Outfits links liegen. Neigen Sie zu melancholischen Stimmungen, verbannen Sie dunkle Farben aus dem Schrank.

9.2 Steht mir das?

Ein guter Schnitt, eine sichtbare Qualität und ein dezenter, aber gut sitzender Anzug oder ein schickes Kostüm signalisieren Geschmack. Dem Anlass gemässe Garderobe vermittelt beiläufig die Eleganz der Person, die sie trägt. Das heisst aber nicht, dass gute Schnitte und gedeckte Farben Sie zur grauen Maus im Büro machen sollen. Was Sie auch nicht sind.

Sie haben die Farben, die Ihnen alle Möglichkeiten bieten. Was das bewirken kann, zeigt das Beispiel Angela Merkel und die geliebten farbigen Sakkos. Merkel steht nicht aus Eigennutz auf solche Blockfarben. Sie erfüllen lediglich den Zweck der Hervorhebung. Spätestens wenn Sie ein Foto der Regierungschefs eines G-20-Gipfels betrachten, sehen Sie, wie die Bundeskanzlerin unter den Grau- und Blautönen der Herren hervorstach. Diese stellen in ihren gedeckten Anzügen den idealen Hintergrund für Merkel dar. Neben Merkel kennt auch Queen Elisabeth die Kraft der Farben, um klarzumachen, wer hier die wichtigste Person in der Menge ist (was übrigens ihrer Security die Arbeit beim Bad in der Menge erleichtert). Ein Beispiel aus dem Bereich der Accessoires gefällig? Margaret Thatcher, die legendäre britische Ministerpräsidentin, trug immer große Handtaschen. Alle dachten, dort habe sie wichtige Dossiers und Unterlagen für ihre Termine. Am Ende ihrer Karriere klärte Thatcher auf, dass gar nichts in der Tasche war. Darum noch mal an dieser Stelle: Vorsicht bei einer charakterlichen Beurteilung aufgrund von Farben und Garderobe!

Der Mensch liebt die Farbe, da er selbst ein wenig farblos ist. Das hat einen Grund: Lediglich Als Signalfarbe fällt Ihnen wie mir als erstes Rot ein. Doch Rot hat so seine Tücken. Es steht für Erotik, Temperament, Leidenschaft und Liebe. Wer sich traut und Rot beim Style einsetzt, kann sich sicher sein: Ich werde wahrgenommen. Aber wie? Es könnte Selbstbewusstsein und Stärke zum Ausdruck bringen, aber auch: Ich lass mir von niemandem etwas sagen. Es kann als sexy eingestuft werden oder mutig und temperamentvoll. Was wollen Sie damit ausdrücken? Die einzige Regel, die Sie beachten sollten: mit Mass und mit Vorsicht. Der falsche Rot-Ton kann für Sie unvorteilhaft sein, spätestens dann, wenn Ihr Hautton nicht mit dem Rot Ihres Kleidungsstücks harmoniert. Prüfen Sie beim Einsatz von Rottönen das Gesamtbild bei Licht.

Die Sonne ist gelb. Gelb tragen die ersten Frühlingsblumen wie Winterlinge, Narzissen oder Forsythien. Das „Smiley" ist gelb. Die Umweltpartei Bündnis 90/Die Grünen wählten ein Logo, in dessen Zentrum die Sonnenblume steht. Gelb ist die Farbe von Wärme und Sonne. Zitronen sind gelb. Die Farbe ist die hellste Grundfarbe und ist fast besser zu sehen als Rot. Man nutzt sie als Signalfarbe für Absperrungen, vermittelt aber auch beim Träger Frische und Offenheit. Sie steht für Sommer-, Sonne- und Strandfeeling, war im alten China den Kaisern vorbehalten.

Aus esoterischer Sicht soll Gelb Geister und negative Gedanken verjagen. Doch im Volksmund steht Gelb auch für Neid. Kombinieren Sie die Farbe mit Schwarz, erhöhen Sie die Signalwirkung.

Orange ist eine Leuchtfarbe. Die Farbe vereint Rot und Gelb, also jene des Feuers und der Sonne. Im Buddhismus steht sie für die höchste Stufe der menschlichen Erleuchtung. Für die Betrachter hat es eine Signalwirkung. Schutzwesten sind nicht umsonst orange. Das Design kam früher nicht ohne aus (erinnern Sie sich noch an die orangefarbenen Telefone, schickes Möbeldesign in den 70er-Jahren). Die Farbe wirkt jugendlich und frisch. Orange steht für Ausgelassenheit und Neugier, aber laut Farbforschung wird es auch mit Leichtigkeit, Kreativität und Unangepasstheit in Verbindung gebracht. Es reicht von hellen Tönen wie Apricot bis zum kräftigen Erdton Terrakotta.

Grün steht für Wald, Natur, Umwelt und Vitalität. Es steht für Wachstum und Nachhaltigkeit. Grün steht für Geld und Reichtum. Die Farbe wird häufig im Gesundheitswesen eingesetzt und für heilende Berufe. Grün ist eine Mischfarbe aus Gelb und Blau. Grün ist die Farbe der Natur und signalisiert Wachstum. In dunklen Variationen wird ihm eine beruhigende Wirkung zugesprochen. Eine entspannende Wirkung hat jadegrün. Diese Bandbreite kann man nutzen, nach dem Grundsatz: Helles Grün steht für Anfang, Erneuerung oder Vitalität, dunkles Grün für Ruhe.

Bei Blau kann man sehr, sehr viel interpretieren. Die Farbe vermittelt Distanz, doch der Himmel und das Meer sind auch Blau und Blau steht in der Design-Lehre für Innovation, Technik, Frieden, Harmonie, Zuverlässigkeit, Loyalität und Spiritualität. Nach einer weltweiten Studie der University Newcastle ist Blau die favorisierte Farbe der Menschen. Blau wurde zudem von Experten für das Pantone Color Institute zur „Pantone Farbe des Jahres 2020" gewählt. Wie viel blaue Teile haben Sie Ihrem Schrank?

Auf der anderen Seite kann zu viel blau aber auch langweilig, traurig, kalt und depressiv wirken. Ist Ihnen mal aufgefallen, dass viele Uniformen in Blau gehalten sind (Flugkapitäne, Polizei, Ordner etc.). Damit wollen die Regierenden Vertrauen und Verlässlichkeit suggerieren. Es ist auf jeden Fall eine gute Basis, um Zuverlässigkeit zu signalisieren.

Eine Geheimwaffe unter den Farben ist Violett. Es macht auf dezente Art und Weise auf die Trägerin, den Träger aufmerksam und ist eine Farbe, die früher mit dem Adel verbunden wurde. In der Esoterik bringt man Violett mit Spiritualität und Mystizismus in Verbindung. Hellere Nuancen von Violett wie Lavendel wirken feminin.

Geht es Ihnen nicht auch häufiger so, dass Sie im Laden ein Stück bezaubernd fanden, es unbedingt kaufen mussten und zu Hause irgendwie feststellen: Es sieht irgendwie doof aus oder es tut nichts für mich. Diese Fehlkäufe sind meist eine Folge der Disharmonie von Kleidungsfarben mit Hautton und Augenfarbe. Farbige Kleidung muss auch im wahrsten Sinne des Wortes zu uns passen. Haar-, Haut- und Augenfarbe müssen im Einklang mit dem Rest unserer Garderobe stehen.

Was ist eine Richtschnur für die persönlichen Kleidungsfarben? Grundsätzlich teilen die Farbberater Farbpersönlichkeiten nach der vier Jahreszeiten ein. Die Personen, die dem Herbst und Frühling zugeordnet werden, sollten warme Farben wählen, Sommer- und Wintermenschen stehen am besten sogenannte kalte Farben. Und wer hats erfunden? Ein Schweizer. Kunstwissenschaftler Johannes Itten hat die Kategorisierung vor etwa 100 Jahren definiert, um eine harmonische Einheit der Person und der Farbe ihrer Kleidung zu schaffen.

Um herauszufinden, welche Farben zu Ihnen passen, müssen Sie Ihren Hautunterton erforschen. Wie findet man den heraus? Mithilfe einer Gold- und einer Silberfolie (oder eines entsprechenden Geschenkpapierbogens). Die hält man vor dem Spiegel (natürlich bei Tageslicht) abwechselnd neben das Gesicht. Nun stellen Sie fest, bei welchem der beiden Metalltöne Ihre Haut strahlender aussieht. Steht Ihnen besser Gold oder Silber zu Gesicht? Im Falle von Gold ordnet das Ihre Haut zu den warmen Hauttönen ein, Silber bedeutet, Sie sind der kühlere Hauttyp. Nach dem „Metalltest" geht es um einen weiteren Test mit Weiss und Elfenbein, der das Ergebnis noch einmal verifizieren soll. Das Verfahren ist dasselbe. Ein weisses oder elfenbeinfarbenes Papier, Schal oder Stoffstück und der den Test von oben. Sieht Ihre Haut neben Weiss strahlender aus? Dann gehören Sie zu den Sommer- oder Wintertyp. Passt Elfenbein besser zum Teint, dann sind Sie ein Herbst- oder Frühlingstyp. Ein weiterer Hinweis sind die Farben Ihrer Venen. Sind sie oliv oder grünlich? Willkommen bei den Herbst- und Frühjahrs-Typen. Sind sie blau? Dann gehören Sie zum Lager der Sommer- und Winterfarben. Es gibt auch den Mischtypus unter den Menschen (aber meist mit Tendenz zu einem Typ hin). Gratulation, wenn Sie dazu zählen! Sie können fast alles tragen, was die Farbpallette hergibt.

Wer sich nicht sicher ist, sollte sich eine Farbberatung gönnen. Dies kann auch zu Hause stattfinden, je nachdem, wie viel man dafür ausgeben möchte. Bei mir war die Stylistin zu Hause und hat meine Garderobe aussortiert. Das war zunächst sehr deprimierend: Mein Bestand schrumpfte um die Hälfte. Die Kombinationen, die sie mir aus dem Rest zusammenstellte, fand ich erst mal gewöhnungsbedürftig. Doch es scheint gewirkt zu haben, denn die weiblichen Teammitglieder meines Büros stellen sofort eine Veränderung fest. Seitdem gehe ich nicht mehr ohne Farbpalette einkaufen, auch wenn manche Verkäuferin die Augenbrauen hochzieht.

Wie auch immer Sie es feststellen. Hier schon mal vorab ein paar Farbvorschläge. Fangen wir mit dem Frühling an. Berühmtheiten wie Jennifer Lawrence oder das Topmodel Kate Moss sind typische Frühjahrs-Typen. Wie sehen die aus? Haben Sie einen warmen Hautunterton, einen hellen Teint, eine helle Augenfarbe (gelbgrün, grün, türkis, goldfarben, hellbraun, oft gesprenkelt) und sind Sie blond, hellbraun oder gar rothaarig. In Ihren Haaren glänzen goldene oder rote Strähnen? Dann gehören Sie auch in diese Kategorie. Wenn ja, hier die wichtigsten Dos und Don'ts:

Dos: Greifen Sie zu hellen, aber warmen Farben. Orange, Koralle, Lachs, Tomatenrot oder Apricot und Grüntöne in helleren Nuancen sowie ein ins Gelb gehende Türkis. Vanilletöne oder Elfenbein unterstreichen Ihren Typ vorteilhaft.

Don'ts: Alle, denen warmen Tönen besser stehen, sollten Schwarz am Oberkörper meiden. Zum einen macht Sie das blasser und lässt Falten schärfer gezeichnet zum Vorschein treten. Der Schmuck ist besser aus Gold denn aus Silber.

Achten Sie neben der Kleidung auf die passenden Schminkfarben. Frühjahrs-Typen sollten helle Farben verwenden wie Rosa.

Die Farben der Herbsttypen sind ebenfalls warm. Man kann sich gut an den Farben der dritten Jahreszeit orientieren. Dann dominieren in der Natur die Gelb-, Rot- und Brauntöne. Prominente Vertreterin des Herbsttyps ist beispielsweise Kate Beckinsale.

Dos: gedeckte Farben. Greifen Sie also zu Braun und Dunkelrot, Olivgrün, Aubergine und Senftöne können gerne mit Beige und Messingfarben getragen werden. Accessoires gerne in den Farben helles Leder, Braun oder Goldtöne wählen.

Don'ts: Weiß oder Schwarz am Oberkörper, Silber, Türkistöne oder Signalrot. Unterstreichen Sie den Eindruck gerne mit einem knalligen Rot oder Rosa auf Ihren Lippen.

Nun sind die Kaltfarben-Typen an der Reihe (was nichts mit dem Charakter zu tun hat):

Den Sommer assoziieren wir mit Sonne und Strand, Sonne. Herzlichen Glückwunsch. Als Sommertyp kann man ein Farbfeuerwerk abbrennen lassen und in pastelligen Tönen schwelgen. Das sollten auch Cameron Diaz oder Scarlett Johansson beachten. Sie zählen beide zu den Sommertypen.

Dos: Lila, rosa, helle Gelbtöne, Mint und Türkis sind die Farben des Sommers. Rosa- und Blautöne passen prima genau wie Grautöne. Schmuck in Silber unterstreicht die Vorteile des Sommertyps.

Don'ts: bitte kein Rot.

Sind Sie ein Typ wie Anne Hathaway? Sie ist eine Farbvertreterin der kalten Jahreszeit. Der Farben des Winters. Gratulation, ein rotes Kleid steht Ihnen hervorragend. Wählen Sie ansonsten leuchtende und kräftige Töne, Farben wie Smaragdgrün, Enzianblau, Nachtblau, Violett oder Eisblau. Gut geht auch Pink. Wintertypen können gut Schwarz und Weiß tragen.

Don'ts: Finger weg von gedeckten Farben!

Haben Sie also den Kleiderschrank auf die Farbe hin überprüft? Der Blick in einen solchen sagt aber noch viel mehr über uns aus. Die klinische US-Psychologin Jennifer Baumgartner analysiert aufgrund des Kleiderschranks ihre Patienten. „Diejenigen, die sagen, dass sie keine leuchtenden Farben tragen können, sind in anderen Bereichen möglicherweise zu risikoscheu und lehnen möglicherweise schnell Karrierechancen ab, die ihrer Meinung nach außerhalb ihrer Reichweite liegen, schreibt sie im Buch: „You Are What You Wear: What Your Clothes Reveal About You".

9.3   Selbstbild und Selbstdarstellung

Die Studie „Colour Vision: Understanding #TheDress *(Quelle: cell.com/current-biology/comments/S0960-9822(15)00594-1)* von David H. Brainard und Anna C. Hurblart, veröffentlicht im Magazin „Current Biology" zeigte uns aber auch, dass Farben unterschiedlich wahrgenommen werden. Die Forscher publizierten dazu das Foto eines Kleides im Internet. Auf der ganzen Welt waren sich die Menschen uneinig über die Farbe des Kleides: Einige sagten, es sei „blau und schwarz", während andere auf „weiss und gold" bestanden. Für die meisten Menschen schien das Ergebnis wie eine Offenbarung zu sein, dass die Wahrnehmung subjektiv ist und dass das, was wir sehen, nicht mit der objektiven Realität übereinstimmen muss. Für die Gemeinschaft der Visionswissenschaften stellte das Ergebnis der Studie „#thedress" die Herausforderung dar, wie die individuellen Unterschiede zu erklären sind. Die Autoren vermuten, dass die individuellen Unterschiede in der Farbwahrnehmung, die durch das Kleid hervorgerufen werden, ihren Ursprung in der Wirkung von visuellen Mechanismen haben könnten, die normalerweise zur Stabilisierung der Farben von Gegenständen dienen.

9.3.1 Wie man Inneres und Äusseres in einen Rahmen bringt

Haben Sie Vorbilder? Ein Ideal, dem Sie ähnlich sein möchten? Mein modisches Vorbild ist Jackie Kennedy oder später Onassis. Ihre beiläufige Eleganz hat mich schon immer beeindruckt. Darum bin ich ständig auf der Suche nach Kleidungsstücken, die ich an Jackie gesehen habe oder von denen ich vermute, dass sie diese getragen hätte. Ist das gut? Warum nicht? Es hilft mir, eine Outfit-Strategie zu entwickeln. Was aber macht den Charme von Jackies Garderobe aus? Sie liebte klare Schnitte, Asymmetrien und immer etwas Überraschendes, wie eine schräge Schleife, die den eigentlich strengen Stil auflockerte. Ich bin nicht Jackie, habe nicht ihre großartige Figur, aber ich habe einen Leitfaden. Darum weiss ich, was ich suche.

Die Modeikone vieler ist Fürstin Gracia oder Grace Kelly. Es kann aber auch Ihre Mutter sein. Eines haben alle gemeinsam. Sie entwickelten einen unverkennbaren Stil, wir können uns an ihnen orientieren. Für mich das plakative Beispiel für die Entwicklung eines eigenen Modeausdrucks ist die tödlich verunglückte Lady Di. Wir erinnern uns noch an die ersten schüchternen Versuche. Sie haben nichts für sie getan. Erst als sich Diana erfahrenen Stylisten anvertraute, wurde aus dem Entlein ein Schwan. Das machen heute im Internet Plattformen, die zum Teil mit Algorithmen unvoreingenommen auswählen, was zu einer Person passt. Männer haben diesbezüglich mit der Plattform Outfittery eine neue Heimat gefunden. Zalando bietet ebenfalls einen ähnlichen Service, der die Kunden individuell berät.

Vielleicht sollten Sie hier in sich investieren und eine persönliche Stylistin oder einen Stylisten buchen. Das ist übrigens gar nicht so teuer (zwischen 130 und 200 Euro). Aber ich warne Sie: Meist müssen Sie sich vom jetzigen Inhalt des Kleiderschranks verabschieden. Das kostet noch einmal. Doch das Aufräumen und Aussortieren hat etwas von einem Neustart. Vor allem aber hat man eines erreicht: einen aufgeräumten Schrank. Der ist nicht mehr zu voll und Sie finden auf Anhieb das gesuchte Teil. Das Aussortieren zeigt, ob man sich zu lange an Dinge bindet oder ob wir systemisch denken. „Menschen mit einem Kleiderschrank voller Kleidung, die darauf bestehen, dass sie nichts zum Anziehen finden, haben wahrscheinlich anderswo Probleme, z. B. mit Mehrausgaben, Desorganisation, zu harter Arbeit oder Angst vor dem Körperbild", sagt Baumgartner. Darum kaufen sie lieber größere Schränke, anstatt ihr Leben in Ordnung zu bringen, meint die Psychologin. Diese werden dann mit Schnäppchen überfüllt, weil ihr Hirn signalisiert: Hurra, das T-Shirt ist billig. Das kann ich mir leisten und vielleicht das auch noch in einer anderen Farbe.

Das sind diese Leute, die sich mit prall gefüllten Tüten in der Innenstadt treffen. Sie waren shoppen, aber haben nicht wirklich etwas gekauft. Denn sind Sie sicher: Gute Garderobe braucht keine Rabatte, um gekauft zu werden. Gute Kleidung ist aber ein Zugangsausweis zur Karriere. Auch dann, wenn man im Homeoffice arbeitet, was wir in Zeiten von Corona ja alle mehr oder weniger freiwillig machen. Selbst am Telefon beeinflusst die Kleidung. Denn Ihr Gesprächspartner merkt an der Stimme, ob Sie im Jogginganzug herumfläzen oder in guter Kleidung am Schreibtisch aufrecht sitzen. Wenn Sie gerne Marken tragen, hat das seine Gründe.

Marken sind eine Richtschnur für Ihr Image. Darüber hinaus vermitteln sie ein gewisses Qualitätsversprechen. Doch man muss auf der Hut bleiben, ob die hippen Brands noch en vogue sind. Ein gutes Beispiel ist Abercrombie & Fitch. Was war das doch für ein Hype und jeder, der nach New York reiste, hatte sich im Auftrag seiner Freunde in die Warteschlange vor dem Shop einzureihen. Das hat sich normalisiert, heute kann man ohne stundenlanges Warten ein Stück erstehen. Oder nehmen Sie Lacoste. Die Tennismarke schien von der Modebühne abgetreten zu sein. Doch plötzlich war sie wieder Kult. Adidas erlebte den grossen Aufschwung, als die drei Streifen aus den Gettos in die Klubs getragen wurden. Also macht der Mensch die Marke oder die Marke den Menschen? Das ist doch eine interessante Frage. Marken muss man sich auf jeden Fall leisten können. Laut einer Umfrage von Statista in Deutschland zum Markenbewusstsein bzw. Preisbewusstsein beim Kauf von Mode und Bekleidung in den Jahren 2013 bis 2019 achteten rund 37,7 Prozent der deutschsprachigen Bevölkerung ab 14 Jahre beim Kauf eher auf die Marke als auf den Preis. Der Rest eben nicht.

Die Ergebnisse des GermanFashion Consumer Panels analysierte die Präferenzen der Deutschen in Bezug auf Kleidungsstile, Kaufverhalten, genutzte Informationsquellen, Kaufstätten etc. Die Erhebung fand im Jahr 2020 bereits zweimalig mit je mehr als 1.000 Befragten statt, teilt das Institut mit: Die erste Erhebung erfolgte direkt vor dem Ausbruch der Corona-Krise Anfang März. Die zweite Erhebung fand Anfang September statt, also in einer Zeit, in der sich das Leben der Deutschen zunehmend normalisierte. Hierdurch ist es unter anderem erstmalig möglich, den Einfluss des Virus auf die Stimmung der deutschen Fashion-Konsumenten nachzuvollziehen.

„Insgesamt ist die Zusammensetzung der deutschen Kleiderschränke als recht heterogen zu bezeichnen. Im Vergleich zu den Ergebnissen aus der Vor-Corona-Zeit zeigen sich einige Trends: „Grundsätzlich dominieren weiterhin praktische, bequeme und zeitlose Stile," berichtet Thomas Lange, Hauptgeschäftsführer von GermanFashion. „Aus dieser Gruppe hat der Anteil der sogenannten zeitlos funktionalen Kleidungsstücke zugenommen, während nur bequem leicht rückläufig ist."

Das spricht für eine Zunahme des Qualitätsverständnisses der Deutschen bei der Garderobe. Vor allem in jüngeren Zielgruppen ist eine erste Abkehr vom Casual-Trend zu sehen: „Wir können anhand unserer Ergebnisse sehen, dass gerade in den Kleiderschränken junger Menschen überdurchschnittlich häufig elegante, sehr modische und luxuriöse Kleidungsstile zu finden sind. Da gerade die jungen Menschen in der Modewelt in der Regel die First Mover sind, liefert dies ein zusätzliches Indiz, dass der Casual-Trend der vergangenen Jahre seinen Zenit überschritten haben könnte", sagt Studienleiter Christian Dunker von der International School of Management, die die Studie durchführte.

Qualität hat etwas mit Marken zu tun, denn Qualität und damit gute Verarbeitung kosten in der Regel und kompetente Leute arbeiten eher bei hochpreisigen Marken. Couturiers würden nicht in Billigschneidereien nähen lassen, das schadet dem Ruf. Natürlich müssen sie entscheiden, ob sie im Zuge der Globalisierung auch Marken dort produzieren, wo es günstig ist. Das muss keinen Einfluss auf die Qualität haben, aber wollen sie nachhaltig leben, ist das ein Thema.

Kleidung ist zudem ein klares Statussymbol. Teure Garderobe signalisiert den Zugang zu exklusiven Luxusgütern und damit Wohlstand, aber auch einen guten Geschmack. Ist die Kleidung sichtlich ungepflegt, wird die Person mit negativen Attributen in Verbindung gebracht.

Noch etwas. Ein gern gesagter Mutterspruch war: „Außen hui, innen pfui". Das ist eine Tatsache. Denn zur Kleidung gehört auch eine gute Unterwäsche. Wie sexy diese sein soll, bestimmen Sie. Aber glauben Sie mir, die Menschen merken, ob Ihre äußere Kleidung und das, was Sie drunter tragen, zusammenpasst. Auch hier gilt: Checken Sie regelmäßig Ihre Bestände und sortieren Sie gnadenlos Vergrautes, Vergilbtes und Verwaschenes aus. Das gilt für jedes Kleidungsstück. Alle sollten immer sauber, gepflegt und intakt sein. Richtig behandelte Garderobe sollte die Form und Farbe lange behalten. Billige Garderobe ist nach einigen Malen Waschen verzogen und sieht nicht mehr gut aus.

Eine wesentliche Rolle spielt beim Einkauf von Kleidung die Körperform. Diese hängen von den Proportionen ab (ist der Busen groß, sind die Hüften breit?). Man unterscheidet zwischen fünf Figur-Typen: Sanduhr, Banane, Birne, Apfel oder Orange. Bei Männern H, A oder V-Figur.

Die Sanduhr-Figur zeichnet sich durch Schultern und Hüften aus, die ungefähr gleich breit sind. Die Taille hingegen ist schmal. Von der Sanduhr kommen auch die bekannten „Idealmasse" 90-60-90. Hier gilt: Keine engen Jacken, diese sollten aber dennoch etwas tailliert sein! Die Oberteile sollten bei der Hüfte enden, mit einem Gürtel sollten Sie die Blicke auf Ihre schmale Taille lenken, denn die gehört zu Ihren Vorzügen.

Haben Sie eher eine Birnen-Figur? Dann wirkt Ihr Oberkörper eher schmal. Die Schultern sind schmaler als die Hüften. Häufig ist bei Frauen der Busen klein, der Po aber groß. Wählen Sie farbenfrohe Oberteile mit Mustern, auffällige Ketten und ungewöhnliche Ausschnitte wie den Herzausschnitt. Die beste Hosenform ist gerade und die Farbe dunkel. Das macht die Hüfte optisch zarter.

Bei der Banane handelt es sich um eine sportliche Figur. Schultern und Hüften sind etwa gleich breit. Die Taille ist nicht gut zu sehen. Frauen haben wenig Busen und einen kleinen Po. Das wirkt leider geschlechtsneutral.

Vermitteln Sie das Bild eines größeren Busens mit gemusterten, farbigen Oberteilen. Vorteilhaft sind Blusen, die über den Po reichen. Brusttaschen auf dem Oberteil und Knöpfe vermitteln gleichfalls optisch mehr Größe.

Bei der Körperform Orange sind die Busen- und Bauchproportionen eher rundlich, außer die Arme, Beine und Hüfte. Das Ziel bei der Kleiderwahl ist es, Ihren Körper optisch zu strecken und so die Silhouette schmaler wirken zu lassen. Darum sollten Sie einen V-Ausschnitt wählen sowie Oberteile, die über den Hüftknochen enden, und – wenn überhaupt – nur solche mit kleinem dezentem Muster. Die Jeans sollten farbig in eine dunkle Richtung gehen und eng und hoch im Bund sein.

Tragen Sie Oberteile mit V-Ausschnitt, die knapp über dem Hüftknochen enden. Wenn Sie Kleider gerne anziehen, sollten Sie Figur umschmeichelnde A-Linien mit hohen Taillen im Kleiderschrank haben. Wählen Sie eng geschnittene dunkle Jeans mit hohem Bund. Auffälliges wie bunte Stoffgürtel, auffällige Nietenverzierungen Applikationen im Taillensektor sollte nicht getragen werden. Kurzjacken sind auch nichts für Sie, genauso wenig wie Miniröcke oder Röhrenjeans. Hände weg von Tops!

Die Apfel-Form eines Körpers bedeutet einen kompakten Oberkörper und schmale Hüften. Die Schultern sind breit, der Busen groß. Der Po ist flach, Taille und Hüften schmal.

Vorteilhaft sind hier dunkle, eng geschnittene Oberteile mit V- oder U-Ausschnitt. Betonen Sie Ihre Taille mit einem breiten Gürtel. Ihre Mäntel oder Jacken sollten gerade geschnitten sein. Hosen und Röcke aus dicken, hellen Stoffen mit auffälligen Mustern streichen die Vorteile heraus.

Bitte keine Bleistiftröcke oder Tops mit Spaghettiträgern, meiden Sie Rüschen wie der Teufel. Auch lange schmale Ketten passen gut zu dieser Figur. Etwas voluminöse Elemente am Unterkörper schaffen einen Ausgleich zwischen Schultern und Hüften.

Für Männer habe ich leider weniger Erfahrungen, aber es gibt für Ladies und Gentlemen Berater und Beraterinnen, mit denen Mann und Frau durch eine einmalige Investition viel im täglichen Leben verändern können. Natürlich gibt es für das kleinere Budget auch Unmengen Tipps im Internet.

Wenn Sie diese oben genannten Regeln (oder die der Berater) beachten, werden Sie an der Reaktion der Umwelt bemerken, dass Gottfried Keller mit seinem „Kleider machen Leute" den Nagel auf den Kopf getroffen hat. Fühlen Sie sich wohl in der Kleidung, fühlen Sie sich wohl in der Haut. Das strahlt nach außen aus und beeinflusst, wie Sie ankommen.

10 ANDERE HILFSMITTEL ODER GYMNASTIK FÜR DIE SEELE

Sie mögen denken, die folgenden Tipps sind doch albern. Am Anfang habe ich das auch gemeint und mich auf den Versuch eingelassen, ausgestattet mit Wissen und „seltsamen" Übungen zu entspannen und mir was Gutes zu tun. Was die Nachbarn seitdem von mir denken? Geschenkt! Mich hat es weitergebracht. Getreu dem Motto: Hilft's nix schad's nix.

10.1 Singen, lachen, lallen und mit sich selbst reden

Singen, Gähnen, Lallen und Lachen haben alle einen Effekt: Sie machen den Kiefer, Nacken und Kopfbereich frei und beseitigen Verspannungen. Denn sind Sie nicht auch schon mal nicht aufgewacht und haben gedacht, in der Nacht hat man Ihnen auf den Kiefer gehauen oder der Nacken ist total unbeweglich.

Nach Angaben der SDK (Süddeutsche Krankenkasse) leiden jährlich etwa 30–50 Prozent der erwachsenen Bevölkerung unter Nackenschmerzen.

Verspannungen im Nacken und Kiefer oder gar Zähneknirschen sind Stresssymptome, die abtrainiert werden können. Schon bei den ersten Anzeichen von Nackenschmerzen sollten Sie handeln, denn sie sind ein Hinweis für eine eingeschränkte Beweglichkeit des Kopfes. Dies strahlt auf Kiefer, Nacken und Schultern aus. „Wenn die Kiefermuskulatur sich anspannt, spannen reflektorisch die Nackenmuskeln auch an. Sobald die Zähne sich berühren, bekommt die Kaumuskulatur den Input: Jetzt anspannen! „Deshalb sollten sich die Zähne nur berühren, wenn es notwendig ist – wie beim Kauen, sagt Judith Höferlin, Physiotherapeutin aus Basel gegenüber „Women's Health". Das bedeutet, je mehr du mit den Zähnen knirschst, desto mehr muss deine Nackenmuskulatur Widerstand leisten.

Steuert man nicht gegen, nistet sich der Stress in den Muskeln vom Ohr bis zu den Zähnen ein. Psychische Probleme können ein Auslöser sein. Eine weitere Ursache ist das Arbeiten am Laptop. Ist der Kopf nach unten gebeugt, kann das zu Verspannungen führen und da am Nacken viele Muskelstränge verlaufen, ist das Körperteil besonders sensibel. Doch was ist hier zu tun? Der liebe Gott oder wer auch immer hat uns eine Stimme gegeben, die ist ein nützliches Werkzeug, wenn es darum geht, Verspannungen im Kiefer-, Kopf- und Nackenbereich zu lösen. Ein schneller Helfer ist zum Beispiel das Gähnen. Vergessen Sie also ganz schnell die anerzogene Regel: „Beim Gähnen Hand vor den Mund". Gähnen Sie laut, gähnen Sie herzhaft, denn das bewegt die Muskeln von der Ohrmuschel bis zum Kinn und reißen Sie Ihren Mund ruhig auf. Stellen Sie sich vor, Sie sind ein Löwe, der brüllt. Das ist gesundes Gähnen und eine erste morgendliche Lockerungsübung.

Gehen Sie unter die Dusche und trällern Sie (wenn Sie es lieber singen nennen wollen, nur zu). Das macht wach und bringt die verspannten Muskeln in Bewegung. Das tun wir oft aus Scham nicht und die Deutschen erst recht nicht, dabei sind sie aber nach Meinung der Forscher sangesfreudig: Nur 35 Prozent der Bundesbürger betätigen sich mindestens einmal jährlich kreativ, stellt das Deutsche Musikinformationszentrum dazu fest. Das ist bedauerlich, aber wenn, wird vor allem gesungen. Der NDR zitiert in einem Beitrag auf seinem Onlineportal ndr.de die oben genannte Institution und schreibt, dass etwa vier Millionen Menschen über 14 Jahre in Gesangsgruppen und Chören aktiv sind. Musik an sich scheint eine Energiequelle der Deutschen zu sein: 14 Millionen Menschen musizieren in Deutschland in der Freizeit. Sie bringt sie Menschen zusammen. Wer Musik macht, tut das gerne in Gemeinschaft und ganz nebenbei fördert er – vor allem mit Singen – psychisches und physisches Wohlbefinden.

Wer singt, ist weniger anfällig für Burn-out. In einer Studie, veröffentlicht im „Jahrbuch Musikpsychologie" *(Quelle: Jahrbuch Musikpsychologie, 2018, Vol. 28: Musikpsychologie – Musik und Bewegung, Artikel e21, doi:10.5964/jbdgm.2018v28.21/Eingereicht: 2017-09-30. Akzeptiert: 2018-02-09. Publiziert (VoR): 2018-08-13)* mit 313 Teilnehmern wurde wohl mit die umfangreichste Forschungsarbeit veröffentlicht, in der gesundheitspsychologische Aspekte bei Profisänger*innen untersucht wurden.

Fazit: Sänger*innen weisen trotz hoher beruflicher Belastungen in 16 von 27 Burn-out-Kennwerten niedrigere Werte auf „als die Personen der repräsentativen Vergleichsstichprobe. Bei den elf anderen Burn-out-Kennwerten zeigte sich kein statistisch signifikanter Unterschied zwischen den beiden Gruppen."

Nach 20 Minuten singen oder trällern kann man tiefer atmen und hat denselben Effekt wie durch Joggen. Die Stresshormone Adrenalin und Cortison nehmen ab und das Singen fördert die Entwicklungsbereiche im Hirn. Und das Beste: Es kostet nichts. Darüber hinaus sind Menschen, die gerne eins trällern, kooperativer, sagte der Musikpädagoge Uwe Götz im Interview auf volksfreund.de

(Quelle https://www.volksfreund.de/nachrichten/kultur/warum-singen-gut-fuer-koerper-und-seele-ist-ein-interview-mit-gesangspaedagoge-uwe-goetz_aid-38680289).

Es fördert zudem die Koordination: „Singen verlangt eine andere Koordination zwischen Körper und Artikulation. Der Hirnforscher Gerald Hüther hat mal gesagt, es wäre im Kindergarten fast sinnvoller, zu singen, als mit Scheren zu hantieren. Denn die Koordination im Körper wird durch das Singen verbessert. Das heißt, die Feinmotorik wird durch Singen trainiert. So wird man hinterher die Schere anders handhaben können. Es ist nicht nur auf das Gehirn allein beschränkt, sondern man muss die ganze Gehirnfunktion und die Neurologie mitberücksichtigen", so Götz. Und: „Wer singt, lebt gesünder", ist auch Wolfram Seidner, emeritierter Professor an der Klinik für Phoniatrie und Audiologie der Charité Berlin, überzeugt.

Der Musiktherapeut Wolfgang Bossinger hat die heilende Wirkung von Musik und Gesang viele Male beobachten können, schreibt „Die Welt", „zuerst in der Arbeit mit krebskranken Kindern und später als Musiktherapeut in Göppingen am Klinikum Christophsbad für Psychiatrie, Psychotherapie und Psychosomatik".

In manchen Fällen wirkt Singen wie ein „Antidepressivum", meint Musiktherapeut Bossinger gegenüber der Zeitung. „Ich habe immer wieder erlebt, dass es Menschen mit seelischen Problemen sehr helfen kann, wenn sie in der Gruppe singen", zitiert die Zeitschrift „Woman's Health" den Experten.

Ich finde es immer schön, Lieder zu hören, die mich fröhlich machen. Songs wie „Happy" oder „Walking on Sunshine" sind für mich immer „Go tos". Sie können Sie sich Ihrer eigenen Playlist zusammenstellen. Was ich nicht rate, ist, bei schlechter Stimmung oder schlechtem Wetter traurige Musik zu hören. Mag zwar schön sein, hilft aber nicht.

Stimme an sich ist ein oft unterschätzter Leistungsträger. Wer also singt, tut zudem etwas für seine Muskulatur im Kiefer- und Nackenbereich. Nebenbei trainiert Stimmtraining die Atmung. Darum gähnen, lallen oder reklamieren Sie laut und herzhaft (siehe auch Kapitel 13). Singen Sie laut zum Beispiel jalla, jalla, jalla. Oder wie wäre es mit Alabama? Merken Sie was? Beim Betonen der Silben von Alabama dehnen sich das Mundwerk und die Kieferpartie in die Breite. Oder sagen Sie laut mehrfach

Abrakadabra vor sich her. Langsam und Silbe für Silbe. Das ist Wellness für den Kiefer und macht wach im Kopf.

Anspannung hat auch oft etwas mit fehlenden Strukturen zu tun. Um diese so langsam einzubauen, sind Selbstgespräche ein einfaches Mittel. Sie helfen uns, unsere Gedanken und Tätigkeiten zu ordnen und unbewusst durch Formulierung auf Richtigkeit und Logik abzuklopfen.

Der Bayerische Rundfunk berichtet von einem Experiment der Psychologen Ralph Reimann der Universität Wien und Dietrich Dörner der Universität Bamberg. Reimann und Dörner liessen Studenten einen Fahrradhalter konstruieren sowie montieren und filmten sie dabei. „Die Studenten, die sich in Monologen fragten, wie sie zum Beispiel den nächsten Schritt machen sollten, arbeiteten im Vergleich strukturierter und konzentrierter als die Studenten, die stumm an dem Projekt arbeiteten." *(Quelle: https://www.br.de/radio/bayern1/selbstgespraeche-100.html#:~:text=%22Insbesondere%20positive%20Selbstgespr %C3%A4che%20werden%20in,Verhaltenstherapie%20oft%20und %20gerne%20eingesetzt.%22&text=Selbstgespr%C3%A4che%20f %C3%B6rdern%20die%20Strukturierung%20unserer,dabei%2C%20 einen%20Gedanken%20zu%20verfestigen)*

Darüber kann man lachen, denn wenn man in der Öffentlichkeit einen Selbstgespräche-Menschen bemerkt, denken viele, der ist einsam oder „etwas irre". „Lachen ist die beste Medizin", lautet eine mütterliche Weisheit, an der viel dran ist. Professor William Frey, Gründer des Instituts für Humorforschung (auch Gelotologie genannt, von griechisch „gelos", lachen) an der Stanford University in den USA, sagt, dass 20 Sekunden Lachen so wirksam sein können wie drei Minuten Joggen. Denn Lachen macht fit, weil der gesamte Körper einbezogen ist. Man tankt mehr Sauerstoff und etwa 80 Muskeln sind während des Lachens aktiv. Auch das Hirn hat viel zu tun, während wir lachen. Es produziert Glückshormone (Endorphine), die ins Blut gehen.

Wir werden dabei aber nicht nur fröhlicher, sondern ganz nebenbei wird das Stresshormon Adrenalin blockiert. Der Effekt kann so stark sein, dass Schmerzen verschwinden und das Immunsystem gestärkt wird.

Wir alle haben das Lachen im Blut, denn es ist uns angeboren. Kleinkinder können bis zu 500-mal am Tag lachen, heißt es auf der Seite gesundheit.de *(Quelle: https://www.gesundheit.de/ wissen/haetten-sie-es-gewusst/allgemeinwissen/was-bewirkt-das-lachen-im-koerper)*. „Durch Erziehung und gesellschaftliche Zwänge wird das Lachen jedoch mit zunehmendem Alter reduziert."

Was ich immer gern tue, wenn ich schlechte Laune habe, ist, einfach Comedy anzusehen. Am besten etwas, das nicht zu tief geht, da ich mich ansonsten aufrege. Wenn Sie wegen dem anderen Geschlecht schlecht drauf sind, suchen Sie sich Comedy aus, die damit nichts zu tun hat. Sind Sie hingegen wegen Corona bitter, suchen Sie sich Comedy über Mann und Frau. Sie verstehen, was ich meine.

Mit wem lacht es sich besser als mit Freunden? Ein stabiles soziales Umfeld begünstigt die positiven Effekte von Lachen. An der *Brigham Young University* in Utah wertete man 148 Studien zur Sterberate von Menschen aus westlichen Ländern mit Daten von rund 308.000 Menschen aus, die bestätigen, dass soziale Isolation krank macht. Seien Sie hier aber achtsam! Umgeben Sie sich bevorzugt mit Menschen, die positiv sind, nicht mit jenen, mit denen Sie gemeinsam jammern. Verstehen Sie mich nicht falsch: Mal jammern ist in Ordnung, aber nach kurzer Zeit sollte man die Kurve wieder kriegen!

10.2   Power-Team

Überhaupt ist etwas „in Gemeinschaft tun" ein wichtiger Wohl-
fühl- und Leistungsfaktor. Denn arbeiten Sie in einem Team, mit
dessen Mitgliedern Sie sich gut verstehen, kann das inspirierend
und motivierend wirken. Und wenn Sie inspiriert sind, sind Sie
auch gut gelaunt und das ist nun mal die beste Energiequelle.

Was ein gutes Team ausmacht, hat man an der Stanford University in einer elf Punkte umfassenden Liste definiert *(Quelle:
e140.stanford.edu/characteristics-effective-teams/)*. An erster Stelle steht das gemeinsam diskutierte, von allen beschlossene Ziel,
zu dem sich alle im Team bekennen. Welches Ziel ist das in Ihrer Arbeitsumgebung?

Oft sagt man zwar, ich führe ein Team oder arbeite in einem
Team. Aber schon diese Feststellung genügt, um zu erkennen,
ob man wirklich Mitglied einer „zielstrebigen" Gruppe ist oder
nicht. Das gilt übrigens nicht nur für den beruflichen Alltag, sondern auch für Ihre private Umgebung. Partner oder der Freundeskreis sind auf der privaten Ebene genauso ein Team wie die
Kollegen. Stimmt die Ausrichtung bzw. die Gemeinsamkeiten
nicht überein, kann das langfristig mit Ihnen und dem Partner
oder mit den Freunden nichts Gutes hervorbringen.

Wenn Sie der Meinung sind, das Ziel ist dasselbe, heißt das aber
noch nicht, dass ab dann alles „wie am Schnürchen läuft". Grundvoraussetzung und der beste Klebstoff des Miteinanders sind
der respektvolle Umgang, der ohne Druck und Angst vonstat-
tengeht. Druck kann auch die ewige Verlassens- oder Existenz-
angst aufbauen. Druck ist jedoch Gift für die Erreichung der Ziele
und des Wohlfühlniveaus. Vor allem, wenn diese überhöht sind.

Dabei ist auch mal das Fabulieren nicht schlecht. Warum nicht
nach den Sternen greifen? Gemeinsam zu träumen und zu fan-
tasieren, kann durchaus einen Energieschub bringen. Träume

treiben an, aber sie müssen im Bereich des Möglichen liegen. Den Träumen zu folgen, bedeutet aber nicht, dass man einfach mal losläuft. Die Erreichung von Zielen bedarf Planung, Ordnung sowie einer gewissen Disziplin.

Nehmen Sie sich Menschen, die in gewissen Gebieten besser sind als Sie. Diese können Sie dann um Rat fragen oder sich von diesen motivieren lassen.

10.2.1 Warum die Meinung anderer doch wichtig ist und die sich doch irren können

Das Wort Meinung beinhaltet nicht umsonst das Wort „mein". Aber „mein" bedeutet nun mal nicht uns. Doch die Ansichten anderer können trotzdem für die eigene Meinung wertvoll sein. Bevor man jedoch das Kalkül der anderen Denkweise mit einbezieht, muss man sich erst einmal selbst darüber klar werden, wie es gelingt, andere Auffassungen anzunehmen, auch wenn man anderer Ansicht ist.

Oft hört man ja die Meinung anderer, ohne überhaupt danach gefragt zu haben. Dennoch sollten Sie – egal ob gefragt oder ungefragt – das Gesagte nicht als rechthaberisch oder besserwisserisch abtun. Denn die Botschaft des anderen könnte ein Spiegel für das sein, was die Umwelt in Ihnen sieht bzw. wie diese Sie sieht oder an welcher Stelle etwas als Manko empfunden wird. Das ist nicht unwichtig. Denn es hilft, sich selbst nach vorne zu bringen. Darum: Saugen Sie die Meinung anderer zunächst mal wie ein Schwamm auf und den drücken Sie dann aus, wenn er voll ist!

Also erst einmal Luft holen, wenn einer mit seinen Weisheiten kommt, und signalisieren: „Ich habe deine Meinung vernommen", aber nicht versuchen, gleich zu kontern. Hört sich einfach an, ist es aber nicht! Denn man wird wütend, sieht sich völlig verkannt, ist traurig oder auch geschmeichelt. Doch welchen Wert die Meinung hat, sollte man zunächst mal ganz für sich allein abwägen. Darum möglichst nicht sofort reagieren! Ich weiß, das ist anstrengend.

Es ist doch klar, dass der Gegenüber selten Ihrer Meinung ist. Denn er ist ein anderer Mensch. Sie können die Ansichten anderer auch ignorieren. Das ist sicher bequemer, als sich Gedanken über den Wahrheitsgehalt zu machen. Aber unser Gehirn ist dafür nicht geschaffen. Es verarbeitet ständig die Impulse von außen und somit auch das Gehörte. Es lässt uns also keine Ruhe. Darum betrachten Sie dies als leistungssteigernden Impuls. Denn der Spiegelbildeffekt ist kostbar. Suchen Sie sich bei jedem Kommentar der Mitmenschen die Trüffel heraus. Die Psychologin Virginia Satir brachte es auf den Punkt: „Wir begegnen uns in den Gemeinsamkeiten und wachsen an unseren Unterschieden."

Das heisst aber nicht, dass Sie blind und unreflektiert die Meinung anderer übernehmen. Wirtschaftsnobelpreisträger Daniel Kahnemann mahnt in seinem Buch „Schnelles Denken, langsames Denken" an, dass wir nicht stereotyp, emotional und zu schnell unsere Schlüsse ziehen sollen. Denn das könnte unserer „kognitive Leistungsfähigkeit" und somit unserem Beurteilungsvermögen schaden. Er stellt dazu einige Leitsätze auf: 1.) Unvollständige, aber zufällig verfügbare Informationen werden überbewertet. 2.) Informationslücken werden bei der Bewertung ignoriert. 3.) Vermeintliche Kompetenz untermauert mit zufälligen, statistisch erscheinenden Zahlen wird als wahr und entscheidend wahrgenommen.

Ich finde Reflektion und auch etwas mal stehen lassen, gerade in Zeiten von Corona, in denen jeder eine sehr emotionale Meinung hat, sehr wichtig.

Kahneman bewies das durch umfangreiche Studien *(Quelle: „Schnelles Denken, langsames Denken", Daniel Kahneman, EAN/ ISBN-13978388680886)*: Wir Menschen denken und entscheiden zu schnell, zu instinktiv und zu emotional. Das tun wir auch gerne, wenn uns andere Menschen ihre Meinung kundtun. Wir halten sie zunächst für wahr, eine Kritik an unserer Person für ungerecht, Lob erkennen wir ungern an. Dennoch sollten wir alles, was wir von außen an Signalen erhalten, aufnehmen und für uns verarbeiten. Aber immer unter der Maßgabe: Andere Ansichten sind wichtig, aber nicht alles. Sie sind ein denkender Mensch und können selbst beurteilen. Glaubt man blind dem, was andere von uns meinen, und handeln wir danach, ist das ein klares Indiz für mangelnde Selbstsicherheit. Fragen Sie also kritisch, was an der Meinung anderer dran ist, und stellen Sie Ihre Fähigkeiten dagegen. Ihre Kompetenz aufgewogen mit der anderen Meinung dürfte zu einer guten Balance führen.

Oft bemerken Sie gar nicht, wie schnell Sie geneigt sind, die Einstellung anderer zu übernehmen. Vor allem, wenn Sie unsicher und übervorsichtig ist, machen Sie sich gerne die Ansichten anderer zu eigen.

Alles in allem ist die Meinung anderer stets eine Abwägungsfrage: Bringt es mich weiter oder kostet sie mich Kraft oder Energie? Sie haben aber immer die Entscheidung in der Hand, inwieweit Sie etwas annehmen. Ein guter Leitfaden ist es übrigens, auf die Meinung derer zu hören, die für Sie ein Vorbild sind, weil diese Personen an einer Stelle sind, wo Sie selbst gerne wären. Wenn Sie dem ein Stück näherkommen, werden Sie sich am besten wertschätzen. Das ist eine Grundvoraussetzung, um von seiner Umgebung als positiv wahrgenommen und vor allem gesehen zu werden.

10.2.2 Warum Hilfe von außen ein Zeichen von Stärke ist

Bestseller-Autorin und Psychologin Brené Brown machte als Erkenntnis ihrer Forschungen in der Wertschätzung eine Schlüsseleigenschaft für ein zufriedenes Ich aus und bezieht darin auch unsere Umgebung mit ein. Wertschätzung bedeutet für die Wissenschaftlerin, das Leben als einen Ort zu verstehen, an dem man gerne ist, an dem man Mut und Mitgefühl empfinden kann, morgens aufwacht und denken kann: „Egal, was getan wird und wie viel ungeschehen bleibt, ich bin genug." Das tägliche Leben ist für Brown der Ort, an dem man vor dem Einschlafen denkt: „Ja, ich bin unvollkommen, verletzlich und habe manchmal Angst, aber das ändert nichts an der Wahrheit, dass ich auch mutig und der Liebe und Zugehörigkeit würdig bin." Vor allem die Verletzlichkeit zu zeigen, fällt vielen nicht einfach. Das zu zeigen, empfinden viele als eine vermeintlich offene Flanke gegenüber den Mitmenschen. Brown sagt aber, egal, welchen Herausforderungen sich die Menschen persönlich und beruflich stellen müssen, ihre Forschungen haben erwiesen, dass es Kernpraktiken gibt, mit denen sich Menschen befassen können, um diese Verletzbarkeit zu überwinden – und mit dem Bewusstsein der Unvollkommenheit ihr Leben von ganzem Herzen zu führen.

Der Weg dahin führt darüber, den Mut zu haben, man selbst zu sein, wenn der Ergebnis nicht sicher ist. Angst und Stress bilden die Ursachen dfr, dass man sich auf das konzentriert, was schiefgehen könnte, anstatt zu sehen, was bereits gut funktioniert.

„Psychologen vermuten, dass diese Überbetonung dazu führt, dass Menschen in alle potenziellen Katastrophen geraten und den natürlichen Kampf oder die Fluchtreaktion unseres Körpers auslösen", schreibt forbes.com in einem Hinweis über eine Brown-Dokumentation *(Quelle: https://www.forbes.com/sites/daniellebrooker/2019/04/29/why-you-need-to-watch-the-new-*

brene-brown-netflix-special-immediately/). Deshalb fordert Brown von uns, diese Gedanken herauszufordern sowie die Freude an den Dingen zu suchen. Sie erklärt, dass sie die verletzlichste menschliche Emotion ist Freude ist.

Um mehr Freude zu erleben, muss man trainieren, mit der Emotion Freude umzugehen oder auch Dankbarkeit für das zu empfinden, was uns das Leben bietet. Nehmen wir als Beispiel den Herbst. Richtig, es ist der Abschied vom Sommer und der Übergang in eine dunkle Jahreszeit. Doch zuvor bietet uns die Natur ein Farbenspiel, wunderschöne Bilder, die wir in unseren Herzen abspeichern können, um an trüben Tagen davon zu zehren. Das ist ein Geschenk! Doch auch trübe Tage können schön sein. Es gibt doch nichts Schöneres, als Tee zu trinken, auf der Couch zu lümmeln und ein gutes Buch zu lesen, wenn es draußen stürmt und regnet. Was für ein Geschenk.

Die Voraussetzung ist, die eigene Verwundbarkeit als Werkzeug auf dem Weg zur Freude zu nützen. Dazu gehört Mut. Doch hat man den, ist das ein Gewinn. Den man dann als gewinnbringend empfindet, wenn man in der Lage ist, durch das Erkennen der eigenen Verwundbarkeit neue stabile Beziehung zu knüpfen oder schwierige Gespräche zu führen. Das Annehmen ist eine Herausforderung, den Mut zu fassen, eine unangenehme Aufgabe anzunehmen, letztlich unseren Selbstwert stärken. Und dies ist das grösste Geschenk, das man sich selbst machen kann.

Das fällt jedem schwer. Doch Sie werden die Erfahrung machen, dass es sich lohnt: Man wird von der Umgebung plötzlich wahrgenommen und gesehen. Und ist es am Ende nicht das, was wir alle wollen? Die Umgebung wird uns dann nicht mehr missverstehen, angreifen oder ignorieren. Wenn das für Sie kein Geschenk ist, sollten Sie ernsthaft darüber nachdenken, eine kompetente Hilfe anzunehmen. Dafür steht Ihnen ein ganzer Werkzeugkasten zur Verfügung. Da gibt es beispielsweise die Psychotherapie, was wörtlich „Behandlung der Seele" bedeutet. Sie kann helfen, die Ursachen von Ängsten oder Depressionen aufzuspüren und zu behandeln. Es gibt verschiedene Arten der Behandlung. Doch muss ein Mensch auch bereit sind, dies anzunehmen. Oder Sie suchen sich eine esoterische Methode, wenn Sie wollen. Hauptsache, es spricht Sie an und Sie können das definierte Ziel erreichen!

10.3 Auszeit

Um zu wissen, wo Sie genau hinwollen, helfen auch Auszeiten. Diese sind immer wichtig. Also planen Sie genug Urlaub oder Pausen ein, bei aller Projekt-Zeitnot, bei aller Arbeit, die noch zu erledigen ist. Nehmen Sie sich jede Stunde ein paar Minuten, machen Sie einen „Break", trinken Sie einen Kaffee oder Tee und plaudern Sie mit Kollegen. Das füllt den Akku auf. Ich habe zudem für mich festgestellt, dass ich mindestens einen Tag in der Woche benötige, an dem ich nichts Berufliches erledige. Das ist meine Insel, mein Pol. Wie viel Auszeit Sie brauchen, müssen Sie selbst austesten. Auch ein Urlaub, der mal woanders stattfindet als auf dem heimischen Balkon, ist ein Muss. Denn ab und zu sollte man die Perspektive wechseln, um zu neuen Ansichten zu gelangen. Wenn der Energiespeicher aber nicht ausreichend gefüllt ist, macht man Fehler. Nicht gut, nicht wahr?

10.4 Geld

Wie viel Geld braucht es, um glücklich zu machen? Dass Geld nicht glücklich macht, stimmt nämlich nicht.

Die Summe, die es braucht, wurde übrigens auch erforscht. Wirtschaftsnobelpreisträger Daniel Kahnemann und Ökonom Angus Deaton errechneten, dass die Verdopplung eines Gehalts von 15.000 auf 30.000 Euro sehr glücklich machen kann. Eine erneute Verdoppelung mache auch glücklich, doch schon deutlich weniger als beim Sprung zuvor. Und wer 120.000 Euro verdient, ist dann nicht glücklicher.[81]

Die Abnahme des Glücks mit zunehmendem Einkommen hänge damit zusammen, dass man dafür auf sein Privatleben verzichten müsse. Der Psychologe Andrew T. Jebb und sein Team von der Purdue University analysierten in der Studie „Happiness, income satiation and turning points around the world" (Quelle: *https://www.nature.com/articles/s41562-017-0277-0.epdf?sharing_token=EJpLbXhTOY7KuICYVOKjjtRgN0jAjWel 9jnR3ZoTv0P6pRUGAIioLhu85ORBsjF_g5Rf0fuUViMASagr_M7VE-8PtlvdYRevH_9bYPITWa_Uk5KMVOMvkBvCbj9cwBtzOIQl-anr 7BXa5temh1U3BYnpCfplHxDcusFvw8mXsvYmsJpXHsLfu58h02 VJykGsyyVjBVQL5G6yxdVYr-s5FQ%3D%3D&tracking_referrer= www.welt.de)* die Daten des Marktforschungsinstituts Gallup. An dieser Erhebung nahmen 1,7 Millionen Menschen aus 164 Ländern teil. Das Fazit? Das Forscherteam teilte die Variable Glück in „Lebenszufriedenheit" als langfristigen und das „emotionale Wohlbefinden" als kurzfristigen Indikator. Rund 81.000 Euro Bruttogehalt ist demnach das jährliche Einkommen, was uns glücklich macht. Die Menschen streben nach der Theorie der Forscher deshalb nach mehr Geld, weil sie denken, sie können sich damit das Glück leisten und mehr erleben. Doch dabei vergessen sie, dass sie auch so schon ziemlich glücklich sind.

---

81 https://www.princeton.edu/~deaton/downloads/deaton_kahneman_ high_income_improves_evaluation_August2010.pdf

10.4.1 Seien Sie nett zu sich selbst!

Auf dem Weg dazu, nett zu sich zu sein benötigt man den beruflichen Erfolg – aber nicht um jeden Preis. Dabei stehen sich die Menschen selbst im Weg. Das liegt daran, dass wir alle noch nicht den Ausschaltknopf für die innere Stimme gefunden haben, die uns unablässig einflüstert, wie unvollkommen wir sind, dass wir zu wenig Leistung bringen, nicht attraktiv sind und uns überhaupt keiner mag.

Diesem persönlichen Einflüsterer gestehen wir übermäßig viel Raum in unserem Leben zu und lassen uns von ihm permanent kleinmachen. Wie stark das ausgeprägt ist, liegt wie so oft am Elternhaus. Kinder, die von den Eltern gefördert und gelobt werden, entwickeln auch ein gutes Selbstwertgefühl. Aber auch die Kinderfreunde werden schon zum Maßstab, da sie sich ab vier Jahren ständig vergleichen, sagt die Psychologie.

Selbstwert ist die eigene Bewertung von sich selbst, ganz ohne das zutun von anderen. Er ist abhängig von den Erwartungen und Ansprüchen, die wir an uns selbst stellen. Aber auch unser soziales Umfeld prägt diese Erwartungen an uns selbst. Hoher Selbstwert bedeutet, dass man sich selbst als liebenswert begreift und die eigenen Handlungen und Charaktereigenschaften gutheißen kann.

Das muss man aber üben, wenn man in einer Umgebung groß geworden ist, die die Leistungshürden hoch ansetzt. Hört man schon in der Kindheit: „Das kannst du besser oder sieh mal, deine Freunde schaffen es doch, warum du nicht?", werden wir das später schwer ablegen können. Aber es ist enorm wichtig, zu lernen, dass man großmütig gegenüber sich selbst sein darf und muss.

Das macht stark für Krisenzeiten, sagt Schütz in einem Beitrag auf „ze.tt". *(Quelle: https://ze.tt/wieso-faellt-es-so-schwer-nett-zu-sich-selbst-zu-sein/)* „Positiver Umgang mit sich stärkt das Vertrauen in eigene Kompetenzen und hilft so, schwierige Situationen anzugehen. Nach Misserfolgen oder Enttäuschungen hilft es, handlungsfähig zu bleiben."

Doch wie kann man den Ausschaltknopf finden und so die innere Stimme abstellen? Wechseln Sie die Perspektive, sehen Sie sich so, als wären Sie jemand anders und nicht Sie. Und dieser Anderes darf nur Gutes über Sie kundtun. Hört sich etwas verwirrend an, hilft aber, das zu ermitteln, was man gut und nicht schlecht an sich findet.

Wenn dies nicht direkt hilft (denn es erfordert Übung, Übung, Übung), lenken Sie sich ab! Das kann auch durch Fenster putzen, bügeln oder Böden wischen passieren. Haben Sie keine Lust auf Putzen? Dann streamen Sie eine spannende Serie, die Sie sich schon lange ansehen wollten, oder gehen Sie ins Kino. Eine andere Methode, um sich Gutes zu tun, entwickelte Mel Robbins.

10.4.2 Wie wir uns etwas ausreden (Mel Robbins 5-Seconds-Rule)

Mel Robbins ist Fernsehmoderatorin, Autorin und Motivationsrednerin. Früher war sie wie ich auch Anwältin. Am Tiefpunkt ihres Lebens entwickelte sie die 5-Sekunden-Regel. Einfach gesagt, lautet die Anleitung: Wenn Sie den Instinkt haben, an sich zu zweifeln, müssen Sie sich innerhalb von fünf Sekunden (physisch) bewegen!

Wenden Sie die Regel an, sobald Sie den Instinkt oder den Wunsch haben, eine Handlung zu vollziehen, Ihre innere Stimme (oder wie wir auch gerne sagen: der innere Schweinehund) aber sagt: Nein, das ist doch blöd, das will ich nicht usw. Zählen Sie dann den Countdown runter: 5-4-3-2-1-GO – und gehen Sie in die Aktion, schreibt Robbins in die Anleitung.

„Es gibt ein Fenster zwischen dem Moment, in dem Sie einen Instinkt zur Veränderung haben und dem Gedanken, ihn zu töten. Es ist ein 5-Sekunden-Fenster. Und es existiert für alle", erklärt sie die Grundlagen auf ihrer Internetseite.
(Quelle: https://melrobbins.com/).

Robbins sagt: Wenn Sie den Drang verspüren, etwas anderes zu tun, können Sie verhindern, dass Ihr Verstand gegen Sie arbeitet. Das beginnt eben mit dem Countdown von fünf Sekunden. „Das Zählen konzentriert Sie auf das Ziel oder die Verpflichtung und lenkt Sie von den Sorgen, Gedanken und Ausreden im Kopf ab." Nutzt man das Zeitfenster nicht, kommt man nicht von dem eingeschlagenen Trott los.

Dabei definiert sie das instinktive Handeln als jeglichen Drang, Impuls oder das Wissen, dass Sie etwas tun sollten oder nicht, weil Sie es in Ihrem Herzen und Darm fühlen können.

Seitens Robbins, die für das Verständnis von entscheidender Bedeutung ist, besteht darin, dass es nicht nur darum geht, auf einen Instinkt zu reagieren, sondern auf einen Instinkt, der an ein Ziel gebunden ist. Als Beispiel nennt die Autorin folgende Situation: Sie liegen auf der Couch und denken: „Eigentlich könnte ich jetzt eine halbe Stunde joggen. Das tut mir gut und meiner Fitness schadet es ja auch nichts." Doch viele bleiben liegen. Das ist falsch, denn dann stirbt der Impuls ab.

Wir sollten, rät sie also, wieder viel mehr auf unser Bauchgefühl hören, da dies uns langfristig unseren großen Zielen im Leben näherbringt. Also lernen Sie, mehr in sich reinzuhorchen, lassen Sie sich von Impulsen lenken! Aber nur dann, wenn Sie damit ein Ziel verfolgen. Das kann das Aufräumen der chaotischen Schublade sein oder der Anruf bei einer Person, die man lange nicht gesprochen hat. Was das mit langfristigen Zielen zu tun hat? Sie bringen uns weiter. Die Schublade schafft Ordnung, der Anruf pflegt Kontakte. Denken Sie nicht auch, dass dies gute Voraussetzungen sind, um am Ende ein berufliches Ziel zu erreichen?

Aber das geht nur, wenn Sie selbst mitspielen. Wenn Sie keine Lust verspüren, dem Drang, joggen zu gehen, nachzugehen, sagen Sie sich: Ich habe die Kontrolle über mich, mein eigenes Leben und mein Instinkt sagen mir, ich soll das jetzt tun. Denn meinem Impuls zu folgen, ist ein Stück Selbstkontrolle und ein weiterer Schritt zu einem erfüllten Leben! Außerdem können Sie die Regel jederzeit und überall anwenden.

Wenn Sie jetzt denken, das ist doch nur eine weitere esoterische Lebensweisheit – Irrtum. Denn sie ist wissenschaftlich erklärbar, sagt Robbins. Doch das Unbedingte bei der Regel ist stets die Bewegung. „Wenn Sie innerhalb von 5 Sekunden keine körperlichen Maßnahmen ergreifen, wird Ihr Gehirn den Instinkt töten", schreibt Robbins in ihren Blogs immer wieder. Die Autorin bezeichnet ihre Regel als ein mögliches Hilfsmittel, das massive Veränderungen bewirkt. Also auf die Plätze und los geht's: Fünf, vier, drei, zwei, eins und starten!

10.5   Feiern Sie sich selbst!

Sie haben es geschafft. Es war ein hartes Stück Arbeit, bis Sie Ihr Ziel oder einen Etappensieg erreicht haben. Das muss gebührend gefeiert werden. Denn „Business as usual" nach dem Abhaken einer Aufgabe zu machen, signalisiert, dass Sie selbst Ihre Mühen nicht anerkennen. Doch das ist genauso wichtig, wie Ziele zu erreichen. Also feiern Sie Ihre Erfolge, denn Sie und sie sind es wert. Wenn Sie denken, es sind nur die großen Ziele, die gefeiert werden – Irrtum. Denken Sie jeden Tag darüber nach, was Ihnen heute gut gelungen ist. Denn das ist ein Erfolg. Hier könnte wieder die Tagebuchmethode helfen: Schreiben Sie es auf und ziehen Sie am Ende einer Woche Bilanz, was in Ihren Augen erfolgreich war!

Dann gönnen Sie sich zeitnah etwas. Aber angemessen muss es sein. Das bedeutet: Die Chanel-Tasche für eine gute Präsentation ist übertrieben. Das schlechte Gewissen über die enorme Ausgabe schmälert Ihren Erfolg. Also dann lieber ein gutes Glas Wein, ein Stück Schokolade oder ein fulminantes Schaumbad am Abend.

Noch ein Tipp: Überprüfen Sie Ihre Denkmuster. Denn bleiben Sie ungeprüft dabei, können Sie die Probleme so nicht lösen. Also ist es an der Zeit, diese über Bord zu werfen! Auch das ist ein wichtiger Schritt, um sich auf seine wesentlichen Ziele zu konzentrieren.

Aber welche Gedankenmuster schaden uns? Das Begehren ist beispielsweise ein schlechter Wegbegleiter. Wenn Sie etwas nicht bekommen, es aber unbedingt wollen, erzeugt das eine negative Energie, die Sie blockiert. Das gilt ebenfalls für das Verhalten anderer Menschen, das Ihnen nicht passt. Dies ist mit dem Wunsch nach innerer Zufriedenheit nicht kompatibel und führt zu einer Abneigung gegenüber dem Menschen. Zorn und Hass sind ähnliche Bremsfaktoren in unserem Leben. Seien Sie also aufmerksam und spüren Sie die Ursache jeweils auf!

Zunächst sollten Sie erst mal wissen, was Sie in Gedanken ausbremst. Sind es Menschen oder ist es Ihr Ziel, was Sie blockiert? Analyse ist hier der erste Schritt zur Besserung. Halten Sie es ruhig schriftlich fest. Werden Sie zum Detektiv Ihres eigenen Ich!

Ein Mittel, Denkmuster oder Einstellungen ändern: Sobald also im Zusammenhang mit den festgestellten Themen negative Gedanken auftauchen, versuchen Sie, an positive Dinge zu denken. Sei es die Schönheit der Natur, die Sie aus Ihrem Fenster sehen, die bedingungslose Liebe Ihrer Haustiere (in meinem Falle Katzen) oder das ehrlich gemeinte Lob meines Chefs oder meiner Mitarbeiter. Oder ich meditiere, um mich auf das Wesentliche in meinem Leben zu konzentrieren und Stärke als Schutzwall vor den Gedankenbiestern aufzubauen. Das funktioniert natürlich nicht auf Anhieb. Aber auch hier hilft kurzfristig die Ablenkung. Also: Wohnung putzen, ein Rezept ausprobieren oder mit Freunden treffen! Schlafe ich abends deswegen nicht ein: Aufstehen, Fernsehgerät anmachen!

Handeln Sie auf jeden Fall und wenn Sie feststellen, Sie werden das Unbehagen nicht los, dann entfernen Sie sich vom Grund des Übels oder trennen Sie sich von menschlichen Beziehungen, die Ihnen nicht guttun. Der negative Gedanke liegt meist in der Vergangenheit oder in der Zukunft. Beobachten Sie ihn aufmerksam und trage Sie ihn wortwörtlich zu Grabe. Denn Vergangenes ist vorbei und das Künftige kommt erst später. Hilft das alles nicht, nehmen Sie bitte professionelle Hilfe in Anspruch.

11 ZIELE SETZEN

In den 1960er-Jahren stellte Edwin Locke die zielsetzende Theorie der Motivation vor. Diese besagt, dass das Setzen von Zielen
im Wesentlichen mit der Erfüllung von Aufgaben verbunden ist
und dass spezifische und herausfordernde Ziele zusammen mit
einem angemessenen Feedback zu einer höheren und besseren
Aufgabenleistung beitragen.

Der Begriff Zielsetzung scheint ein beliebtes und besonderes
Schlagwort zu sein. Von „vision boards" bis SMART, von der Theorie der überhöhten Zielsetzung bis zur Theorie der Setzung er-
reichbarer Ziele gibt es alles, was das Wort hergibt. Glauben Sie es
oder nicht: Es gibt sogar sogenannte Zielsetzungs-Coaches (auch
transfer coach), die dabei helfen sollen, Ihre Ziele in so einer Weise zu formulieren, dass die Zielerreichung einfacher wird. Wie
immer behaupten die jeweiligen Anhänger ihrer Theorie, es sei
die einzige, die beste, die schönste, die wahre. Wenn Sie bis jetzt
gelesen haben, wissen Sie, was ich davon halte. Gar nichts. Das
Einzige, das zählt, ist, dass Sie ein Ziel haben sollten, das Sie anstreben. Warum, das erfahren Sie gleich. Zunächst muss ich aber
den Begriff „Ziel" definieren. Schieben Sie es auf meinen juristi-
schen Hintergrund, wenn Sie möchten, aber ich finde es wichtig,
dass Sie und ich das Gleiche verstehen, wenn wir von etwas reden.

Was ist also ein Ziel? Ein Ziel ist ein für Sie wünschenswertes
oder erstrebenswertes Ereignis oder ein wünschenswerter oder
erstrebenswerter Zustand in der Zukunft. Sie können das als
Traum bezeichnen, als Wunsch, als Hoffnung.

Warum ist eine Zielsetzung so wichtig? Einen Grund kannte bereits der alte Grieche Seneca, der sagte: „Wer den Hafen nicht

kennt, in den er segeln will, für den ist kein Wind der richtige."
Im Klartext bedeutet dies, dass das Ziel die Richtung vorgibt,
nach der Sie Ihre Handlungen ausrichten. Gibt es keine Richtung, dann ist ein für Sie erfreuliches Ereignis oder ein erfreu-
licher Zustand purer Zufall. Wenn dieses Ereignis oder dieser
Zustand da sind, wissen Sie dies auch nicht zu schätzen und tun
nichts, um erneut so etwas zu erleben.

Manche mögen sagen: Gott (oder wer auch immer) oder etwa
mein Leben oder mein Karma lassen mir das zukommen, was
ich verdient habe. Okay, dann legen Sie dieses Buch weg, oder
verschenken Sie es weiter. Es ist nichts für Sie. Ich habe mein
Leben nämlich lieber selbst in der Hand (nach dem Motto: Gott
(oder wer auch immer) hilft dem, der sich selbst hilft). Und für
die Karma-Anhänger: Wenn dieses Leben nur das bringt, was
Sie in den vorherigen Leben erarbeitet haben, würde dann nicht
vieles dafürsprechen, in diesem Leben zu „arbeiten", damit es
besser wird? Was ist die rationale Begründung dafür, dass man
das Karma erst in zukünftigen Leben ernten soll? Ich jeden-
falls habe den Zyklus „Ursache und Effekt" oder eben Karma
oft im selben Leben gespürt – häufig sogar recht nahe beieinander. Zum Beispiel: Verhalte dich rücksichtslos gegenüber dei-
nem Körper und er rächt sich – früher oder später. Geh' mit der
Umwelt achtlos um und diese rächt sich – früher oder später.

Ein zweiter Grund ist, dass Sie ohne Zielsetzung nicht erkennen können, wann Sie etwas erreicht haben. Und was passiert,
wenn Sie nicht erkennen, dass Sie etwas erreicht haben? Sie sind
nicht stolz auf sich. Sie können nicht auf vorherige Erfolge zu-
rückblicken. Sie feiern sich nicht. Sie lassen sich einfacher von
anderen Leuten, die vermeintlich so viel mehr erreicht haben,
beeindrucken. Woher ich das weiss? Ganz einfach. Ich habe einen Doktortitel mit Auszeichnung, einen Juris Doctor Titel
(amerikanischer Anwaltstitel) mit Auszeichnung, einen Mas-
ter der Rechtswissenschaften und ein deutsches juristisches
Studium (innerhalb von sechs eingeschriebenen Semestern),

ein Certificate of Advanced Studies aus der Schweiz in Prozessführung und einige weitere Titel. Ich bin außerdem, seit ich 40 Jahre alt bin, leitende Partnerin meiner eigenen Kanzlei – und wissen Sie was? Ich bin immer noch überrascht, wenn jemand zu mir sagt, ich hätte viel erreicht. Warum ist das so? Weil ich mir nie die Zeit genommen habe, diese Dinge als Ziele zu definieren sowie deren Erreichung als Zielerreichung wahrzunehmen. Ist das nicht schade?

Im Gegensatz dazu bin ich heute sehr stolz darauf, wenn ich meinen Diätplan einhalte, ein Kapitel eines Buches schreibe, eine Rechtsschrift fertig geschrieben habe oder Ähnliches. Sie werden sagen, dass diese kleinen Ziele vergleichsweise unwichtig sind, aber darauf kommt es eben nicht an. Es kommt darauf an, ein Ziel für sich zu definieren und die Zielerreichung als solche zu feiern. Eine Zielerreichung führt zur nächsten – zwangsläufig!

Ich bin in dieser Aussage ungewöhnlich absolut, weil dies einfach logisch ist. Zunächst ist es menschlich, nach der Erreichung eines Ziels ein neues Ziel zu setzten. Also folgt auf die Erreichung des Ziels die Erreichung eines anderen Ziels. Aber was ist, wenn Sie aufgeben? Dann setzten Sie sich ein anderes Ziel und erreichen dieses. Und wenn Sie wieder aufgeben, dann setzen Sie wieder ein neues Ziel und erreichen eben das. Der Einzige, der in seinem Leben keine Ziele erreicht, ist jener, der sich keine setzt.

Jetzt sagen Sie: Aber was ist mit dem, der sich immer zu große Ziele setzt und diese dann nie erreicht? Auch diese Person erreicht Ziele – Zwischenziele oder kleine Ziele –, aber Ziele werden erreicht. Das Problem dieser Person ist, dass sie diese Ziele, die auch gefeiert werden müssen, nicht wahrnimmt und daher stets im Gefühl der Enttäuschung lebt, anstelle im Gefühl der Zielerreichung und des Stolzes. Das heißt jetzt aber nicht, dass Sie arrogant werden sollen und sich für den Helden im Erdbeerfeld halten, weil Sie heute Morgen den Kilometer zur Bahnstation gelaufen sind – doch Sie können durchaus stolz sein, dass Sie anstelle vom Auto zumindest heute mal die Füße genommen haben.

Ein weiterer Grund, warum ich in dieser Aussage so absolut bin, ist, dass eine Zielerreichung zu einem Motivationsschub führt, der die Erreichung weitere Ziele wahrscheinlicher macht.

Ich werde das detaillierter ausführen, wenn wir zur Frage kommen, wie Sie sich Ziele setzen können.

Ein dritter Grund, warum Sie sich Ziele setzen sollten, ist, dass eine Zielsetzung – laut einer Studie der Universität Leicester – an sich zu einem besseren Fokus und zur schnelleren Durchführung und zu Produktivitätssteigerungen von 2035 % führte.[82]

Es gibt sogar eine Studie der American Psychological Association im Journal of Abnormal Psychology die besagt, dass Beharrlichkeit gegenüber Zielen Gesundheitsproblemen vorbeugen kann.[83]

11.1 Welches Ziel?

Welches Ziel Sie sich aussuchen, ist an sich wenig relevant. In meinen Augen macht es keinen Unterschied, ob Sie die Welt retten oder einfach nur mal wieder vor die Tür gehen möchten. Jedes Ziel hat einen Wert, solange es einen Wert für Sie hat. Okay,

---

82 Samuel Smithers, „Goals, Motivation and Gender", 1. April 2015, https://leicester.figshare.com/articles/journal_contribution/Goals_Motivation_and_Gender/10154504.
83 „Relation between cognitive and behavioral strategies and future change in common mental health problems across 18 years. – PsycNET", zugegriffen 14. September 2020, https://doi.apa.org/doiLanding?doi=10.1037%2Fabn0000428.

da kommt jetzt wieder mein innerer Jurist durch, der außerdem sagt: solange dies niemandem schadet. Das ist aber meine Ansicht. Wenn es Ihr größtes Ziel ist, einem anderen Mann die Frau auszuspannen, dann ist das Ihre Sache. Wichtig sind aber bei jeder Zielsetzung vor allem folgende Faktoren:

Ihre Ziele dürfen sich nicht widersprechen, miteinander im Konflikt stehen oder sich behindern – weder in der Umsetzung noch im Endeffekt. Zu viele Ziele auf einmal erhöhen die Chance enorm, dass ein Konflikt entsteht. Es gibt zwei Professoren, einen aus Hongkong und einen aus Los Angeles, die behaupten, dass mehr als ein Ziel auf einmal überfordere.[84] Besteht ein solcher Konflikt oder entsteht dieser, können psychologische Probleme auftreten, so heißt es in einem Artikel von Nicholas J. Moberly und Joanne M. Dickson.[85] Besonders bei Frauen kann es zu Zielkonflikten kommen, wenn diese z. B. versuchen, eine Karriere und Kindererziehung unter einen Hut zu bringen oder sich für eines dieser Ziele zu entscheiden. Ich bin weit davon entfernt, zu sagen, dass Karriere und Kinder unvereinbar sind. Wenn aber solche Zielsetzungen potenzielle Konflikte aufwerfen, so muss die Zielformulierung besonders gut ausgearbeitet werden.

Ihre Ziele müssen für Sie ausreichend klar sein, sodass Sie erkennen können, wann diese erreicht sind. Sie sollten zudem zwischen verschiedenen Zielen unterscheiden. Es gibt Langzeitziele, Lebensziele, kurzfristige Ziele sowie logischerweise mittelfristige Ziele. Dazu unten mehr.

---

84 Die Forscher Amy Dalton, Ph.D. von der Hong Kong University of Science and Technology und Stephen Spiller, Ph.D. von der Universität von Kalifornien-Los Angeles.
85 „Goal Conflict, Ambivalence and Psychological Distress_ Concurrent and Longitudinal Relationships | Elsevier Enhanced Reader", zugegriffen 14. September 2020, https://doi.org/10.1016/j.paid.2018.03.008.

Auch der Lebensbereich kann unterschiedlich sein: Beruf, Privatleben, Gesundheit, alles Mögliche und Unmögliche.

11.2   Kniffe, um ein Ziel zu finden

Folge den Emotionen oder: Follow the feeling!

Um im Leben ein Ziel zu finden, müssen Sie erst etwas sehr Schwieriges tun. Sie müssen in sich gehen. Spüren Sie in sich hinein und fragen Sie sich: Was fühlt sich gut an? Welche Aktivität bereitet die meiste Freude, das größte Wohlbefinden? Welche Dinge lassen Sie lächeln? Dann schreiben Sie all diese Dinge auf. Machen Sie einen Baum daraus, bei dem jeder Ast – jede Aktivität – mit einer Fülle von kleineren oder größeren Aktivitäten, Dingen, Menschen oder Ähnlichem verbunden ist. Beim Sport treiben kann es der Ort sein, die Art des Sportes, mit wem man Sport macht, das Gefühl danach, das Outfit oder die Zuschauer.

Ein Beispiel: Sie trinken gern Kaffee. Was daran ist so wunderbar? Der Geschmack? Die Ruhe? Die Temperatur? Die Atmosphäre im Kaffeehaus? Nehmen wir an, der Geschmack ist das, was Sie glücklich macht. Gibt es noch andere Geschmäcke, die Sie mit Glück verbinden? Vielleicht Likör? Womöglich Baileys? Schreiben Sie das auf. Und so weiter. Irgendwann sind Sie dann in den Tiefen dessen, was viele positive Emotionen auslöst. Wenn Sie dort sind, vergleichen Sie: Schauen Sie nach Gemeinsamkeit! Wenn Sie eine oder mehrere entdecken, sollte das Ziel, was immer es ist, dies beinhalten. Sollten Sie einen Kochkurs machen? Sollten Sie ein Kaffeehaus eröffnen, ein Meditationsstudio aufmachen? Sollten Sie eine neue Kaffeemarke aufbauen? Alles ist möglich.

11.3 Visualisierung oder die Kraft des Bildes

Die Vorstellung kann auch helfen. Stellen Sie sich vor, wie das Leben aussehen würde, wenn Sie alles hätten und vollkommen glücklich wären. Schauen Sie genau hin! Was sehen Sie? Was hören Sie, was spüren Sie, was tun Sie? Werden Sie massiert? Sehen Sie Ihr Bankkonto mit einer Million? Hören Sie: Was für ein toller Hecht? Gehen Sie in sich hinein und schreiben dies dann oder malen es auf oder schneiden Sie es (wie für ein Vision-Board, siehe unten) aus Magazinen aus und kleben es auf! Wenn Sie tief in dieser Arbeit stecken, schauen Sie sich genau um. Was genau macht Sie glücklich oder fröhlich? Gibt es etwas davon, dass Sie jetzt schon tun können oder schon haben? Wenn ja, kommen Dankbarkeit und „positive reinforcement" ins Spiel. Nehmen Sie mehr davon ins Leben auf. Seien Sie dankbar, dass dies schon da ist, und sicher, dass der Rest noch kommt.

Eine Visualisierung hilft, das Ziel nicht aus den Augen zu verlieren. Manche empfehlen, das zu eng gewordene Kleid an den Schrank zu hängen, andere das Vision-Board. Ich empfehle, dass Sie nach Ihrem Gefühl gehen. Fühlen Sie sich fett, wenn Sie das Kleid anschauen – schlecht! Ihr Vision-Board erfüllt Sie mit Versagensgefühlen, weil Sie nach sechs Monaten noch nicht den Eindruck haben, den Traumpartner gefunden zu haben? Nehmen Sie etwas anderes, um ein Ziel vor Augen zu haben.

11.3.1 Formulierung

Psychologen der Queen Mary Universität in Großbritannien legten in einer Forschungsarbeit vom Februar 2020 nahe, dass der Schlüssel zu erreichbaren und damit erreichten Zielen in der Abwägung zwischen dem erforderlichen Aufwand sowie der erhofften Belohnung liegt. Die Leiterin der Studie machte die provokante Aussage, dass entgegen dem gesunden Menschenverstand die Studie zeige, dass eine hohe Belohnung oft nicht genügt, um sicherzustellen, dass die notwendige Anstrengung unternommen wird.[86]

Eine Studie, die an der Baseler Universität stattfand, hat ein weiteres Puzzleteil im Bereich der nützlichen Formulierung für Ziele hervorgebracht. Gemäß dieser Studie, die im Februar 2019 veröffentlicht wurde, wird eine subjektive Erreichbarkeit von Zielen mit höherem psychischem Wohlbefinden in Verbindung gebracht. [87]

Wie formuliert man aber nun konkret seine Ziele? Da gibt es zwei Ebenen: die allgemeine Ebene, die den Lebensbereich priorisiert, und die konkrete Ebene, die die Formulierung des Ziels in diesem Lebensbereich betrifft.

11.3.2   Allgemeine Zielsetzung

Jetzt wird es etwas emotionaler. Meine Herren, tut mir leid, aber da müssen Sie auch ran! Da es sehr schwierig ist, mehr als einen Lebensbereich auf einmal zu priorisieren, müssen wir ans Eingemachte. Für das Langzeitziel gibt es mehrere Varianten, wie Sie Ihr eigenes finden. Manche wissen es gleich: Karriere, Familie, Reichtum, alles.

Nun ja. Ich empfehle, dass Sie zunächst eine Liste mit Dingen erstellen, die Sie lieben. Je mehr, desto besser. Dann gruppieren

86 Agata Ludwiczak, Magda Osman, und Marjan Jahanshahi, „Redefining the Relationship between Effort and Reward: Choice-Execution Model of Effort-Based Decisions", *Behavioural Brain Research* 383 (6. April 2020): 112474, https://doi.org/10.1016/j.bbr.2020.112474.

87 https://www.unibas.ch/de/Aktuell/News/Uni-Research/Besser-leben-mit-erreichbaren-Zielen.html

Sie diese Dinge nach Kategorien. Sie werden einen Trend bemerken. Dann nehmen Sie sich Magazine, Bilder, Teile aus Zeitungen und schneiden diese aus, ordnen Sie diese den Kategorien zu. Dann schauen Sie sich diese Kategorie mit Bildern und Worten an und stellen sich vor, dass Sie dies alles haben. Jetzt. Wie fühlen Sie sich? Nun schreiben Sie eine Zahl von 1 bis 10 auf, wie gut Sie sich gefühlt haben. Machen Sie das mit jeder Kategorie. Sie werden sehen, dass die Zahlen unterschiedlich ausfallen.

Als Nächstes überlegen Sie sich für jede Kategorie, wie viel Aufwand es bedeuten würde, dahin zu kommen und welche Ressourcen Sie bereits haben, mit denen Sie anfangen können. Schreiben Sie wieder eine Zahl, diesmal eine 10 für viele Ressourcen und wenig Aufwand sowie eine 1 für viel Aufwand und wenig Ressourcen.

Dann versuchen Sie, diesen Kategorien eine Zeitschiene zu geben, was schneller erreichbar ist und was später, was zuletzt. Je schneller, desto höher die Zahl.

Multiplizieren Sie die Zahlen miteinander, dann wird das Ergebnis noch deutlicher. Normalerweise genügt eine einfache Addition. Die Kategorie mit der höchsten Zahl ist die am erreichbarsten und wichtigsten.

Liegen die Zahlen nahe beieinander, können Sie sich noch überlegen, ob das eine Ziel das andere voraussetzt oder es vereinfachen würde.

Dann nehmen Sie die Worte und Ausschnitte und machen ein Vision-Board. Dazu später mehr!

11.3.3 Konkrete Zielformulierung

Die konventionelle Weisheit sagt, dass das Modernste vom Modernsten die Zielsetzung nach der Abkürzung SMART ist (Simple Multi-Attribute Rating Technique). Jeder Buchstabe wird als Eselsbrücke verwendet: spezifisch (specific), messbar (measurable), erreichbar (achievable), relevant (relevant), und zeitlich begrenzt (time-oriented).

Spezifisch bedeutet, dass das Ziel konkret sein muss. Ein Beispiel: schlanker werden.

Messbar bedeutet, dass objektive Kriterien herangezogen werden, um die Erreichbarkeit messen zu können. Ein Beispiel: eine 90-60-90-Figur bei der Lady, 100-80-100 beim Gentleman.

Erreichbar bedeutet, dass das Ziel als solches mit den Mitteln, die zur Verfügung stehen, erreichbar sein muss. Ein Beispiel: Laseraugen wie Supermann haben zu wollen, ist nicht erreichbar, aber vielleicht eine Brille, die integrierte Laser hat. Dieses Kriterium hat auch etwas damit zu tun, was man selbst noch für möglich hält mit den Mitteln, die man je nach gewollter Zeitdauer sowie gegebenen Beschränkungen (selbst auferlegte oder von aussen kommende) zur Verfügung hat. Ein Beispiel: Eine 90-60-60-Figur wird für einen 80-jährigen Mann wohl ohne eine Reihe von Schönheits-OPs nicht möglich sein. Die Zeit, die diesem Mann dafür zur Verfügung steht und die notwendigen gesundheitlichen und rechtlichen Voraussetzungen für die Durchführung der Operationen machen dieses Ziel aber wohl eher unerreichbar. Das bedeutet nicht, dass man nicht hoch greifen soll. Meine Ansicht ist jedoch, dass ich lieber ein weniger hohes Ziel erreiche und mich darüber freue und dann ein höheres Ziel setze, als dass ich ein überhöhtes Ziel setze, dies fast erreiche und dann frustriert bin, weil ich das Ziel eben doch nicht erreicht habe.

Relevant hingegen bedeutet, dass das Ziel nicht bedeutungslos ist. Um einen Einfluss zu haben, muss es einen positiven Effekt auslösen. Es ist an sich irrelevant, ob Sie eine Tasse Kaffee trinken. Es kann jedoch relevant sein, wenn Sie den Blutdruck senken wollen und sich auf eine Tasse Kaffee beschränken. Dann wäre die Tasse Kaffee anstelle von zehn Tassen Kaffee ein relevantes (Zwischen-)Ziel.

Zeitlich begrenzt bedeutet, dass das Ziel einen gewissen Zeitfaktor haben sollte, da es sonst vor sich hindümpelt. Wie lang diese Begrenzung ist, hängt vom Ziel ab. Ist es ein Langzeitziel, dann vielleicht 20 Jahre, ein Kurzzeitziel, dann womöglich eine Woche. Denken Sie aber bei der zeitlichen Begrenzung daran, dass die zeitliche Begrenzung Einfluss auf die Erreichbarkeit nimmt. Das berühmte „10 Kilo in 3 Tagen abnehmen" sei hier ein Beispiel. Ebenfalls zu bedenken ist, dass je langfristiger das Ziel ist und je höher es gesteckt ist, desto weniger Bedeutung sit der Zeit zuzuordnen. Ein berühmtes Beispiel ist der Komödiant, der gerne erzählt, dass er sein Ziel, es als Komödiant zu schaffen, nur erreicht hat, weil er nicht aufgegeben hat. Daher bin ich etwas skeptisch, was SMART betrifft. Sicher hilft eine zeitliche Begrenzung dabei, produktiver zu werden – der pure Zeitablauf sollte jedoch der Zielerfüllung nicht entgegenstehen.

Zielerreichung und Zielsetzung müssen geübt werden. Und mit Übung meine ich ständige Wiederholung, damit es in Fleisch und Blut übergeht. Daher lautet mein Tipp, dass Sie mit vielen kleinen Zielen anfangen und damit das Selbstvertrauen für größere Ziele aufbauen.

11.3.4 Realitätsprüfung

Aus meiner Erfahrung als Psych-K®-Anwender habe ich einiges mitgenommen, dass ich in vielen anderen Lebensbereichen einsetze. Eines davon ist die sogenannte Realitätsprüfung. Dieses Konzept besagt im Allgemeinen, dass jedes Verhalten sowie jeder Glaubenssatz, den wir haben, einen positiven Effekt für uns haben oder hatten. Dieser muss identifiziert werden. Ist er identifiziert, müssen Sie sich fragen: Steht meinem Ziel, so wie ich es jetzt formuliere, etwas entgegen? Wenn Sie 30 Kilogramm Gewicht reduzieren, gibt es etwas, dass Ihnen dann verloren geht, das wichtiger ist als die Erreichung Ihres Ziels eines 90-60-90-Körpers? Haben Sie sich durch das Gewicht vielleicht die ungewollte Aufmerksamkeit von Männern vom Leib gehalten, weil Sie womöglich nicht wissen, wie Sie sonst damit umgehen sollen? Wenn Sie zu erfolgreich sind, haben Sie dann Angst, den Neid von anderen auf sich zu ziehen? Wenn Sie zu viel Geld haben, bedeutet dies dann für Sie, dass Sie ein schlechter Mensch oder nicht großzügig genug sind?

Wenn Sie das Ziel abprüfen und das brutal ehrlich (sonst scheitern Sie), können Sie Hürden entdecken, die Sie zuerst aus dem Weg räumen müssen, bevor Sie das Ziel ernsthaft erreichen können.

Haben Sie Angst vor Männern, wenn Sie schlank sind? Absolvieren Sie einen Kurs in Schlagfertigkeit oder üben Sie mit schlanken Freundinnen, wie man mit so was umgeht. Lernen Sie Selbstverteidigung!

Halten Sie reiche Menschen für arrogant? Lesen Sie Biografien von reichen Menschen, schauen Sie in die Stiftungen dieser Welt und wer sich einsetzt, sprechen Sie mit arroganten armen Menschen (die gibt es!), oder bestimmen Sie selbst fest, was Sie, wenn Sie reich sind, tun wollen und was nicht, um Arroganz zu vermeiden.

Es kann auch sein, dass die Antwort lautet: Es gibt Dinge, die meinem Ziel im Weg stehen, aber nun habe ich diese erkannt. Gefahr erkannt – Gefahr gebannt. Denn mein Ziel ist wichtiger als meine Angst oder das, was dem Ziel im Weg steht.

Diese Realitätsprüfung ist sowohl beim übergeordneten Ziel, also bei der Frage „Was hat Priorität in meinem Leben?", anzuwenden als auch nach der konkreten Zielformulierung. Und wissen Sie was? Es schadet auch nicht, sich zwischendurch zu fragen, ob alles noch passt. Denn oft liegen Steine nicht nur am Anfang auf dem Weg, sondern werden erst mit der Zeit erkenn- und spürbar.

11.3.5 Zeitschiene

Wie bereits erwähnt, gibt es unterschiedliche Zeitschienen für Ziele. Es hilft enorm bei der Umsetzung von Zielen sowie für das persönliche Wohlbefinden, wenn man Ziele aus allen drei Zeitschienen aussucht. Selbstverständlich können die mittel- oder kurzfristigen Ziele auch Zwischenziele für das Langzeitziel sein. Wichtig ist nur, dass die Ziele sich nicht widersprechen.

Wie bereits bei SMART gesagt: Je länger das Ziel in der Zukunft liegt und je wichtiger es ist, desto weniger sollten Sie aufgeben, nur weil es Zeit braucht.

Aber genauso wichtig ist, dass das Ziel nicht so weit in der Zukunft liegt, sodass Sie es aus den Augen verlieren.

11.3.6 Fallstricke

Kognitive Verzerrung. Wenn Sie bei den Zielen nicht so recht weiterkommen, kann das auch daran liegen, dass Sie sich selbst ein Bein stellen. Das kann durch zwei verschiedene Phänomene passieren. Das eine Phänomen ist die sogenannte kognitive Verzerrung, das andere ein Zielkonflikt.

Die kognitive Verzerrung – vereinfacht gesagt – sorgt dafür, dass Sie „gutes" Verhalten für wichtiger halten als das Vermeiden von „schlechtem" Verhalten. Anders ausgedrückt: In unseren Gehirnen ist die Idee, 30 Minuten zu joggen, wichtiger für das Abnehmen als der Verzicht auf die Torte. Oder 100 Euro/CHF/USD zu sparen, wichtiger als 100 Euro/CHF/USD auszugeben. Wenn Sie dann bei einem Vergleich einer messbaren Größe zwischen Gefühl und Tatsache eine negative Bilanz ziehen müssen, ist dies ein Motivationsdämpfer, der entweder zum Aufgeben verführt (Sie können ja eh nichts machen, kein Sport und keine helfen hilft) oder eben Anstrengungen verringert, weil das Ziel so weit weg zu sein scheint.

11.3.7 Beharrlichkeit vs. Sturheit

Ziele können und dürfen sich ändern. Ihr Ziel, eine 90-60-90-Figur zu haben, kann sich ändern, weil Sie feststellen, dass Sie mit 90-70-102 viel besser aussehen, sich selbst gefallen. Oder etwas ganz anderes, weil Sie feststellen, dass 90-60-90 gar nicht das Ziel war, sondern es war Ihr Ziel, attraktiv für einen Mann zu sein. Nun stellt es sich heraus, dass dieser die 90-60-90-Masse unattraktiv findet. Nicht, dass ich sage, ändern Sie das Aussehen für einen Mann. Das ist Ihre Entscheidung und wird sich von selbst anpassen, wenn beispielsweise die Realitätsprüfung nicht passt oder der gut aussehende Herr selbst einen Bauch bekommt und Sie daher finden, Sie brauchen jetzt auch keine Model-Masse mehr.

Das bedeutet aber nicht, dass Sie die Flinte sofort ins Korn werfen sollten, denn Misserfolge gehören dazu. Es gibt ein wunderbares Lied von Jason Mraz mit der Textzeile: „today is my day to win some or learn some". Wenn Sie immer aufgeben – Achtung, das ist nicht das Gleiche, wie Ziele zu ändern –, dann können Sie die positiven Effekte der Zielerreichung auch nicht für sich nutzen.

Ziele zu erreichen, gibt ein positives Gefühl und positive Gefühle habe gute Auswirkungen in allen Bereichen.

11.3.8   Kniffe zum Ziel erreichen

Einen meiner persönlichen liebsten Kniffe habe ich von Mel Robbins, der amerikanischen Autorin, aufgeschnappt, die – wie ich – von Haus aus Anwältin ist. Ich nenne sie die MMM-Methode – die Millimeter-Methode.

Wie ein Eichhörnchen immer nur eine Nuss auf einmal sammeln kann, können Sie im geschäftigen Leben oft nur Kleinigkeiten tun, um sich dem Ziel, wenn Sie es einmal gesetzt ist, zu nähern. Das ist aber an sich kein Problem, wenn Sie sich an die Zielsetzungsrichtlinien halten. Denn: Jeder Weg beginnt mit einem ersten Schritt. Was die meisten aber vergessen, ist, dass nach dem ersten Schritt keine Sieben-Meilenstiefel-Schritte folgen, sondern eben ein zweiter Schritt, dann ein dritter und dann ein vierter ... Sie verstehen. Wichtig ist die Kontinuität. Jeder Tag muss etwas enthalten, das Sie Ihrem Ziel näherbringt. Auch wenn dieses Etwas nur ein Millimeter ist, auch wenn dieses Etwas nicht mehr bringt, als zu zeigen, dass etwas NICHT funktioniert oder in die falsche Richtung geht. Kennen Sie die falschen Wege nicht und meinen, es gibt nur einen richtigen, werden Sie unflexibel und schränken sich unnötig ein. Wer weiß, eine Sackgasse von heute könnte eine Idee für etwas anderes liefern oder eine Inspiration für eine neue Verzweigung. Ob der Tagesschritt ein Millimeter oder ein Meter ist, hängt von der zur Verfügung stehenden Zeit ab, von der Form sowie vielen anderen Dingen.

Damit ich Sie nicht ganz im Abstrakten allein lasse, hier ein paar Beispiele:

» eine Internetrecherche
» ein Anruf in einem Yogastudio
» ein Geldstück im Sparschwein
» 5 Minuten laufen
» Treppen steigen

Wenn Sie der MMM folgen, dann setzen Sie morgens beim ersten Gang ins Bad schon fest, was es denn heute sein soll. Schreiben Sie abends auf, was Sie alles für Ihr Ziel getan haben. Die Sache, die Sie sich vorgenommen haben. Noch was anderes? Schreiben Sie es auf, denn der Akt des Notierens ist wichtig. Dazu nun mehr!

11.3.9 Keep Track – wer schreibt, der bleibt

Nichts ist frustrierender, als wenn man den Eindruck hat, nicht vom Fleck zu kommen. Das macht nichts für die Motivation und ist diametral entgegengesetzt zum Hilfsmittel Dankbarkeit. Zur Dankbarkeit kommen wir später noch.

Zur eigenen Kontrolle und zur Motivation ist es sinnvoll, sich an einem einzigen Ort, zum Beispiel einem Online-Journal oder in einem physischen Notizbuch, das Ziel aufzuschreiben und dann für jeden Tag das, was man sich vorgenommen hat, am Morgen und das, was man zur Zielerreichung getan hat, am Abend. Zum Beispiel: Ich will bis zu meinem 50. Geburtstag einen 10-Kilometer-Lauf machen (als Ziel). Dann sagen wir am 10.08. als Tagesschritt für den Morgen: Ich will heute 5000 Schritte laufen. Am Abend schauen Sie dann auf Ihren Fitnesstracker und sehen: Ich bin 4999 Schritte gelaufen. Dann schreiben Sie das auf oder gehen kurz zur Tür und wieder zurück und schreiben dann auf: Ich bin 5060 Schritte gelaufen.

Je mehr man solcher Notizen sieht, desto mehr motiviert dies zu weiteren Anstrengungen und man freut sich über das, was man schon erreicht hat – positive reinforcement.

Wer schon einmal was davon gehört hat: Positive reinforcement ist eine von vier Methoden aus der Verhaltenspsychologie und richtet sich darauf, durch einen als angenehm betrachteten Stimulus ein bestimmtes gewünschtes Verhalten zu verstärken. Natürlich gibt es auch andere Methoden, aber mein Ziel ist es, Sie täglich glücklicher zu machen, nicht nur zu einem bestimmten oder unbestimmten zukünftigen Zeitpunkt ein Ergebnis zu erzielen. Daher ist der Weg so wichtig wie das Ziel.

Wenn Sie so weit sind, auf das Ergebnis von Schritten in die richtige Richtung zurückzublicken, wird der nächste Tipp noch einfacher anzuwenden sein.

11.3.9.1 Dankbarkeit

Sie haben die Überschrift richtig gelesen. Das ist einer der besten Tricks, die ich kenne. Es ändert die Perspektive Ihrer Selbstbetrachtung und wie Sie die Umwelt sehen. Wichtig ist aber, dass Sie ehrlich zu sich sind. Sich selbst zu betrügen, nützt leider an dieser Stelle wenig.

Dankbarkeit bedeutet, dass Sie sich darüber im Klaren werden, was Sie bereits haben. Hier will ich aber nur in Bezug auf Zielerreichung darauf eingehen, da wir anderenfalls ausufern. Das Thema Dankbarkeit finden Sie aber noch an anderen Stellen.

Nehmen wir an, Lisa will Millionärin werden, hat aber keine zwei Münzen, die sie aneinanderreiben kann. Lisas Aufgabe im Sinne der Dankbarkeit ist es zunächst, die Ressourcen zu identifizieren, die sie bereits hat. Damit meine ich nicht so etwas Unnützes, wie sich selbst zu sagen: Aber ich werde geliebt, ich habe gute Freunde oder ich habe ein reines Gewissen. Ich meine „Butter bei die Fische". Was haben Sie, was Sie zum Ziel führen kann? Bleiben wir bei guten Freunden, einem reinen Gewissen und geliebt werden. Aber dieses Mal konkret und in Bezug auf das Ziel. Lisa hat Freunde.

Freunde sind ein Netzwerk, ein Netzwerk kann dabei helfen, einen Job zu finden oder Informationen über Investitionsmöglichkeiten in Start-ups, die erst mal kein Geld bringen, aber vielleicht Aktien, die einmal Millionen wert sein werden! Wer weiß? Also Punkt eins: Lisa hat ein Netzwerk, das ihr helfen kann, ihre finanzielle Lage aus eigener Kraft zu verändern. Das ist etwas, wofür man durchaus dankbar sein kann in Bezug auf ein Ziel. Stellen Sie sich vor, Lisa hätte keine Freunde, kein Netzwerk! Ohne Netzwerk eine Stelle, Hilfe oder Informationen zu bekommen, ist 100-mal schwieriger. Also seien Sie dankbar für das Werkzeug Netzwerk auf dem Weg zu den Millionen.

Ein reines Gewissen ist nicht nur ein sanftes Ruhekissen (siehe Kapitel: Schlaf), sondern auch etwas, was Lisa den Ruf einer ethischen Person verschafft. Einer ethischen Person hilft Mann oder Frau immer lieber als einem opportunistischen A ... Es schafft Vertrauen und innere Sicherheit. Vertraut man einem Menschen, kann man Dinge oder Ideen leichter verkaufen, hat man etwas, was sich Millionen Verkäufer oft erst mit Mühe antrainieren müssen. Lisa hat also bereits ein Verkaufsargument, was auch immer sie vertreiben oder unterstützen will. Das hilft nicht nur bei der Arbeitssuche – sollte es das sein –, sondern auch dabei, Investoren für Ideen zu finden. Also sollte Lisa dankbar sein für ihre natürliche Überzeugungskraft.

Geliebt zu werden, habe ich gewählt, weil es schwierig ist, da etwas herauszuziehen, ohne dass Lisa ihr reines Gewissen aufgeben muss und weil es so unfassbar ist, dass man für etwas wie eine Million auf dem Konto wohl kaum etwas daraus ziehen kann. Könnte man denken. In Wirklichkeit ist es aber nicht so. Wird man geliebt, bekommt man oft Hilfe, ob dies Informationen sind oder ob man zum Kaffee oder zum Essen eingeladen wird, ob man jemandem vorgestellt wird oder was es auch immer ist. Geliebt zu werden, ist, wie ein Netzwerk zu haben, nur besser.

Überlegen Sie sich also ernsthaft, was Sie zur Zielerreichung einsetzen können. Dann seien Sie dankbar, dass Sie diese Ressourcen schon nicht mehr beschaffen müssen. Seien Sie dankbar für das, was Sie schon haben!

Es ist ein bisschen wie „Glas halb voll oder halb leer", aber zielgerichteter.

Wenn Sie dann noch Ihr Zieltagebuch mit Dankbarkeit gegenüber sich selbst verbinden, dass Sie diesen Schritt (von heute) trotz allem hinbekommen haben und dann auch die Schritte davor, und darüber Buch führen, wird das zur Zielerreichung deutlich beitragen.

Als Nebeneffekt haben Sie stets einen Überblick über vorhandene und nutzbare Ressourcen und noch zu findende Ressourcen. Unternehmen töten für so ein effizientes System (Scherz).

11.3.9.2 Feiern

Nahe bei der Dankbarkeit liegt etwas, das ich seit über 20 Jahren mit manchmal mehr und manchmal weniger Enthusiasmus mache: feiern – und zwar mich selbst. Wir sprechen hier nicht von Narzissmus, sondern von der Anerkennung der eigenen Leistungen und des eigenen Seins. Diese soll ohne Vergleich zu anderen Menschen, früheren Leistungen oder Ähnlichem stattfinden. Heute haben Sie 5000 Schritte gemacht? Klopfen Sie sich auf die Schulter, erlauben Sie sich, zu spüren, dass Sie etwas getan, ein Ziel erreicht, eine Probe bestanden haben. Nicht jeder Tag ist gleich und manchmal ist aus dem Bett aufzustehen und sich einen Kaffee am Kiosk zu holen, ein heldenhaftes Tun. Ein anderes Mal muss es dann doch der Halbmarathon sein. Was immer es an dem Tag ist, feiern Sie es! Sie haben das Diplom erhalten? Feiern Sie! Sie sind bei zwei von vier Prüfungen durchgefallen? Feiern Sie, dass Sie zwei bestanden haben!

Im „Harvard Business Review" wird dies als das „progress principle" bezeichnet und oft wird es im Teamsport verwendet. *(Quelle: https://hbr.org/2011/05/the-power-of-small-wins)* Ich sehe allerdings nicht ein, warum man nicht mit sich selbst ein Team sein kann.

**Zum Abschluss:
vom Begnügen und Glücklichsein**

Nebenbei gesagt: Nur weil etwas noch nicht 100 % das ist, was Sie wollten, heisst das nicht, dass Sie die 50, 60, 70 % nicht feiern sollten. Immerhin ist das schon jeweils mehr als das, was Sie vorher hatten. Das ist nicht, sich zu begnügen, sondern es ist: Erfolge feiern. Sie dürfen auch eine Weile verweilen und geniessen. Begnügen ist es, wenn Sie aufhören, weil Sie meinen, Sie schaffen nicht mehr. Nicht begnügen ist es allerdings, wenn Sie ernsthaft damit glücklich sind, wo Sie sind. Da wären wir wieder bei Sturheit vs. Beharrlichkeit.

Ein Beispiel: Nur weil Sie einen Mann gefunden haben, der Sie nicht schlägt, heisst das nicht, dass Sie nicht einen anderen finden, der Sie auf Händen trägt, wenn Sie weitersuchen. Wenn Sie mit dem etwas untersetzten 50-Jährigen aber glücklich sind, dann bleiben Sie bei ihm und verlassen Sie ihn nicht, nur weil Sie Chris Hemsworth wollen. Überlegen Sie sich lieber, ob Sie wirklich Chris Hemsworth wollen oder nur die Fantasiefigur, die es in einem Actionfilm für zwei Stunden lang gibt. Das kann nämlich langweilig werden und ist nicht alltagstauglich. Sie wollen doch jeden Tag und nicht nur einmal zwei Stunden glücklich sein.

12 ÜBER MASCHINEN UND SCHRAUBEN

Wer hat das nicht schon einmal gelesen, diese Versprechungen, dass mit einer Methode alles besser werden wird – und das möglichst in 24 Stunden. Sei es eine Diät, mit der Sie in drei Tagen fünf Kilogramm verlieren und zwar auch dauerhaft. Oder dass alle Wünsche in Erfüllung gehen, wenn Sie nur fest genug glauben, beten oder dem Gesetz der Anziehung folgen oder ein Anliegen beim Universum platzieren.

Der Haken ist meiner Erfahrung nach, dass wir alle zu ungeduldig sind und lieber eine Pille schlucken, als unser Verhalten anzupassen. Wir sagen uns immer wieder: Ich habe keine Zeit für xyz oder ich kann das nicht. Aber wenn Sie ehrlich zu sich sind, entdecken Sie, dass dahinter stets eine Entscheidung steckt. Und zwar Ihre Entscheidung. Es geht aber um mehr, als einfach nur durchzuhalten. Denn was soll das? Soll es Ihnen nicht immer gut gehen, und nicht nur dann, wenn Sie das Ziel erreicht haben? Dazu gleich mehr! Hier erst mal ein Beispiel von mir.

Ich möchte gern total fit aussehen, sportlich, jugendlich, wie mit 20 eben. Nun, ich bin nicht mehr 20, falls Sie das bisher galant überlesen haben. Gleichzeitig möchte ich aber mehr schlafen, effizienter arbeiten, mehr Zeit mit Schreiben und Lesen verbringen, reisen, interessante Arbeit machen, auf Social Media sichtbarer sein ... Sie wissen, was ich meine? Wenn ich mir nur eines dieser Dinge raussuche und es so lange und mit aller Hartnäckigkeit verfolge, dann geht alles. Ja auch wieder wie 20 aussehen. Wie? Diät, Sport, Schlaf, chirurgische Eingriffe etc. ... Wenn ich mir also sage: „Ich habe keine Zeit für xyz!", dann ist die eigentliche Entscheidung dahinter: Ich nehme mir dafür keine Zeit, weil es mir im Vergleich zu ABC einfach nicht wichtig genug ist.

Jetzt kommt der Aufschrei: Aber meine Familie, Arbeit, Freunde, Hund, Wellensittich, Verein ... brauchen mich. Ja, mag sein. Aber ob Sie dem mehr Priorität geben als Ihrem Ziel, ist Ihre Sache, Ihre Entscheidung. Der Einwand, dass man so was nicht machen könne, oder was denken die Nachbarn, oder: Was mache ich dann, wenn der Social-Media-Shitstorm kommt, weil ich so rücksichtslos bin? Das müssen Sie entscheiden. Ist Ihnen das wichtiger als Ihr Ziel? Ist es schlimm genug, um Sie davon abzuhalten?

Ich bin der Meinung: Geht nicht, gibts (fast) nicht! Es ist eine Frage des eigenen Willens und was Sie zu tun bereit sind.

Jetzt die andere Seite der Medaille: Es ist total okay,zu sagen, dass es Ihnen einfach mit 40+ nicht wichtig genug ist, auszusehen wie eine 20-Jährige, um jeden Morgen schon um fünf Uhr aufzustehen und wie eine wilde Gymnastik zu machen. Aber das ist eine Entscheidung. Ihre Entscheidung. Jeder andere hat dazu den Mund zu halten. Punkt. Umgekehrt genauso.

Sie werden sehen, dass es unheimlich befreiend ist, sich einmal darüber klar zu werden, dass Ihre Situation Ihre Entscheidung ist. Klar kann es sein, dass Sie zwischen zwei schlechten Situationen entscheiden müssen. ABER: Es ist Ihre Entscheidung! Das ist enorm fördernd für das Selbstwertgefühl.

Hier als Übung: Denken Sie daran, dass das hier Geschriebene nur meine eigene innere Wahrheit ist und für jeden anders sein kann.

Was will ich:
Kind

Was braucht es dazu:
Sperma, Eizelle, intakte und aktive Gebärmutter

Was muss ich dafür aufgeben:
Freizeit, Geld, Abende auf der Couch, meine Figur, 40 Wochen „Tragezeit", einfache Beziehungen zu Männern

Was ist das Negative, wenn ich das mache oder erreiche:
18+ Jahre Verantwortung, weniger Zeit für den Beruf oder alternativ eine Rabenmutter genannt werden, schlaflose Nächte

Was kann ich machen: Listen Sie alles auf (hier bitte auch Dinge auflisten, die Sie dann wieder als nicht machbar oder doof oder zu schwer oder illegal abtun)! Es geht nur darum, dass Sie sehen, wie viele Möglichkeiten Sie nur in der Theorie hätten:

Adoption; Samenspende; Leihmutterschaft; beten, dass ich unbefleckt empfange; Partner finden; meinem One-Night-Stand nicht sagen, dass ich keine Pille nehme; an Fruchtbarkeitsexperimenten teilnehmen; Escort werden, bis ich schwanger bin; Kinder meiner Schwester bei mir aufnehmen; Kindererzieherin werden; Kindesraub; Kindeskauf ...

Natürlich sind viele dieser Dinge Unsinn, aber theoretisch möglich. Es ist eine Frage, was Sie wollen und was Sie dafür tun wollen.

Der erste Schritt ist also, eine Priorität zu setzen oder eben eine Balance zu erarbeiten. Zum Beispiel: Ich stehe erst um sechs Uhr auf und bekomme mehr Schlaf und bin produktiver, muss dafür aber eine Kleidergröße größer kaufen. Das ist jetzt total vereinfacht ausgedrückt, denn man hat stets mehr als einen Wunsch und es gibt immer mehr als einen Weg, diesen zu erreichen, aber wie im Kapitel zu den Zielen schon gesagt, ist es sinnvoll, zu wissen, wo man hinwill, bevor man losläuft.

12.1 Ihr Weg – oder: One size does not fit anybody

Nun ja, wie Sie sich anhand des Titels dieses Kapitels bereits vorstellen können, bin ich kein Fan der „Eins hilft allen für alles"-Verfahrensweise. Das bedeutet nicht, dass ich nicht von jeder dieser Methoden überzeugt bin. Ich bin sicher, dass jede dieser Taktiken einen kleinen oder großen Teil zum Gelingen des einen oder anderen Projektes beitragen kann.

Dazu muss ich wieder ausholen. Wie vorhin schon angedeutet, sollten wir alle etwas geduldiger sein und nicht sofort Ergebnisse erwarten. Die „Instant"-Lösung funktioniert auch beim Kaffee nicht wirklich.

Die Methode für alle

Sagen wir, Sie möchten den Partner Ihrer Träume finden. Das Gesetz der Anziehung sagt, dass Sie sich alles genau ausmalen sollen, daran glauben sollen, dankbar sein für die Partner, die Sie schon hatten, und schwupps – Ihr zukünftiger Partner spricht Sie beim Gemüsekaufen an und macht Ihnen sofort einen Antrag. Für manche funktioniert das. Für andere nicht. Wenn Sie nie aus dem Haus gehen, keine Dates haben oder dem Partner, der Sie in der Gemüseabteilung anspricht, mit schmutzigen Zähnen sowie schlechter Laune antworten, geht die Methode in die Hose. Manche brauchen mehr oder etwas anderes, bevor das Gesetz der Anziehung wirken kann.

Dasselbe gilt für eine Diät. Es gibt Leute, die reagieren super auf Keto und andere, die reagieren super auf eine Nudeldiät. Das Gleiche gilt für Sport. Es gibt Leute, die können zehn Kilometer schwimmen und andere sterben buchstäblich nach zehn Minuten schnellem Gehen.

Es gibt keine Methode für alle. Wir sind Einzelpersönlichkeiten. Als Gesellschaft sind wir stolz darauf und pochen auf unsere Rechte als Individuen. Warum sollten wir dann wie bei einer chemischen Reaktion alle gleich auf die gleichen Stimuli reagieren?

Also, welche Methode ist für Sie? Keine Ahnung! Probieren Sie es aus! Nur Sie können das wissen.

Kurzum: Die Methode für alle gibt es nicht.

Eine Methode für alles

Doch auch eine Methode für alles gibt es nicht. Am häufigsten hört man das von Selbsthilfegurus: Wendet meine Methode an und ihr bekommt alles von zehn Kilogramm weniger bis zur Million. Schwachsinn. Ich muss so deutlich sein: Schwachsinn! Ob über Umwege oder direkt – eine Methode allein kann nicht alles bringen, was sich das Herz oder der Verstand so zusammenreinem können. Es tut mir leid für die Gläubigen (welche Religion auch immer), aber auch Gott, Allah, Buddha oder wer immer für Sie zuständig ist, macht es nicht allein, nur weil Sie beten. Wir haben alle Werkzeuge bekommen, ob nun von Gott, Allah, Elvis oder Toni Robbins. Arbeiten müssen wir schon allein und ich habe noch nie gesehen, dass eine Methode für absolut alles und ohne jede andere Methode oder Hilfe funktioniert. Ich bleibe aber gern für den Gegenbeweis offen.

Gegenseite – Mix und Match

Versuchen Sie aber auch nicht, sich widersprechende Methoden oder Methoden, die sich gegenseitig nur behindern, gleichzeitig anzuwenden!

Auch kann eine Methode, wenn sie lediglich zur Hälfte angewendet wird, daher nicht funktionieren, weil man sie zur Hälfte anwendet. Mein Rat, eine Lösung nicht als einziges Mittel zu sehen, sollte deshalb mit dem Hintergedanken behalten werden, dass manche Dinge nur ganz Sinn machen, nicht als Mix. Z. B.

die Keto-Diät funktioniert nicht, wenn Sie nur den halben Tag Keto machen. Das ist schon gegen das Prinzip. Was ich meine, ist, dass Sie die eine Methode nicht als Allheilmittel ansehen sollen. Zum Beispiel essen Sie Keto, beschließen aber, Ihr bisheriges Sportprogramm aufzugeben, nur noch im Bett zu liegen und keinen Krümel Gemüse mehr zu essen. Ich denke, Sie wissen, was ich meine!

Probieren Sie gerne verschiedene Dinge, die sich unterstützen können. Gehen Sie zum Arzt und lassen Sie einen Vitaminspiegel machen, um die Gesundheit mit den richtigen Ergänzungen oder der geeigneten Ernährung zu unterstützen, aber wenn Sie auf einer fettfreien Diät sind, ist es sinnlos, fettlösliche Vitamine zu futtern.

In der Wissenschaft versucht man, in Experimenten möglichst nur eine Variable zu ändern, damit man das Resultat der Veränderung oder der Konstanz dem Faktor zuordnen kann. Wenn Sie also Ihr gesamtes Leben gleichzeitig umkrempeln, werden Sie nie wissen, was in dem Moment welchen Effekt hatte. Halten Sie es auch so mit Ihren Projekten: Verändern Sie erst mal eine Sache, observieren Sie und gehen dann zum Nächsten oder Zusätzlichen über! Wichtig ist, dass Sie selbst sich beobachten.

Was einmal funktioniert hat

Jetzt sind wir aber nur in der Pseudowissenschaft. D. h., Sie sind Ihr eigenes Experiment. Wichtiger ist noch, dass das Leben sich immer ändert. Wir werden älter, in unserem Umfeld gibt es gute und schlechte Zeiten, mal bekommen wir viel Sonne, mal viel Ruhe und mal haben wir Sorgen. Kein Tag ist wie der andere. Es gibt also sehr, sehr viele Variablen, die wir berücksichtigen müssten, wollten wir einfach eine Methode jedes Mal für ein Ziel anwenden. Als Beispiel: Mit 16 habe ich total gut mit der Hollywood-Star-Diät abgenommen. Wie ein Abreißkalender und es hat ein paar Jahre gehalten. Nochmals versucht mit 35, habe ich kein Gramm verloren. Was sagt man dazu? Damals habe ich mich total geärgert und mir Vorwürfe gemacht. Heute weiß ich, dass ich eben älter geworden bin. Mein Metabolismus und meine Hormone haben sich geändert, ich habe nicht mehr 3-mal die Woche Schulsport und 2-mal die Woche Training, ich arbeite im Büro im Sitzen und habe viel Verantwortung und viel Stress, mit 16 war ich verliebt, mit 35 nicht.

Wir sind keine Maschinen, kein Experiment, kein Fixum. Daher genügt es auch nicht, einmal zu beobachten, und dann haben Sie es. Es kann sein, dass der Körper oder Geist diesmal mit dieser Methode keine Erfolge erzielen. Beobachten Sie und gehen Sie dann weiter zum nächsten – oder sehen Sie, ob in den Umständen um Sie herum eine Änderung vielleicht helfen würde. Machen Sie dies, versuchen es nochmals oder gehen Sie zur nächsten Methode. ABER lassen Sie sich immer genug Zeit zum Testen, damit Sie sich sicher sind: ja oder nein.

Nicht auf den Müll werfen, sondern recyceln

Nur weil eine Methode einmal nicht funktioniert hat, bedeutet das nicht, dass Sie diese nie wieder versuchen sollten. Recyceln lautet das Motto. Sie möchten von den Angstzuständen wegkommen? Letztes Mal hat Meditation im Sitzen funktioniert. Jetzt bekommen Sie nur noch Stress, weil Ihr Hirn nicht abschaltet? Geben Sie die Meditation an sich nicht auf, werfen Sie, was Sie mal gelernt haben, nicht auf den Müll. Versuchen Sie für Ihre Angstzustände etwas anderes und wenn Sie dann in zwei Jahren mal wieder Gewicht reduzieren wollen und die sonst so erfolgreiche Diät nichts bringt, dann versuchen Sie doch mal eine Meditation am Abend oder vor dem Essen oder morgens. Beobachten Sie, ob diese Methode in diesem Fall zu diesem Zeitpunkt etwas erreicht.

Sie wären überrascht, was ich schon mit den unmöglichsten Dingen vollbracht habe. Zum Beispiel dieses Buch: Ich kam nicht voran, also habe ich mir gesagt, wenn du den Absatz fertig hast, gibt es eine Runde Nüsse. Das hatte zwar nicht den Effekt, dass ich schneller fertig geworden bin. Ich habe aber abgenommen, weil ich immer so lange gebraucht habe, dass mein jeweiliges Abendessen so spät war, dass der Mitternachtssnack wegfiel. Ich bin kein Fan von Kalorienzählen, aber unter mehr als einer Methode und unter mehr als nur einem Aspekt ist nachts essen keine gute Idee. Welcher Mechanismus da auch immer meine leichte Gewichtsreduktion hervorgerufen hat, ist mir piepegal. Wichtig ist, dass ich zwei Dinge beobachtet und gelernt habe: 1. Essen ist für mich kein Motivationsfaktor. 2. Ablenkung ist für mich zur Gewichtsreduktion total förderlich.

12.2 Routinen als Helfer

Bei der Erforschung der besten Methoden für Sie und Ihr Ziel sind Routinen Helfer. Jedes Mal, wenn Sie nicht mehr an etwas denken müssen, sondern es automatisch machen, kann der innere Schweinehund schwerer hineinfunken. Schaffen Sie sich daher Routinen: Nach dem Aufwachen sofort Zähne putzen, nicht erst Kaffee trinken und anziehen und sonst was, bis Sie es dann vergessen haben und erst wieder daran denken, wenn Sie aus der Tür sind. Sei es die 5-Minuten-Mediation nach dem Aufstehen oder der abendliche Spaziergang um den Block oder die Notizen darüber, was Sie glücklich gemacht hat an diesem Tag. Zusätzlich helfen Routinen, die Änderungen zu bemerken und die Folgen. Warum sollten Sie es sich schwer machen, wenn es auch einfach geht?

12.3 Meine Erfahrung

Meine Erfahrung ist, dass eine Crash-Methode allein nichts bringt. Bisweilen muss man nur eine Kleinigkeit im Schlafrhythmus ändern, damit die Diät plötzlich wirkt. Manchmal hilft man der Leistungsfähigkeit im Beruf dadurch, dass man morgens eine Banane isst. Ein anderes Mal hat man einfach weniger Hunger, wenn man sich ablenkt, sodass die Diät besser funktioniert. Mitunter muss man ein bisschen mehr Sport machen und man schläft besser. Der Punkt ist: Es sind oft viele Kleinigkeiten, die uns die Gesamtheit möglich machen, unsere Leistungsfähigkeit steigern oder senken, uns unseren Zielen näherbringen oder sie weiter von uns entfernen. Eine Hau-Ruck-Methode raubt uns viel Kraft und bringt eventuell nichts oder wenig und macht uns die Lebenszeit, die wir damit verbringen, mies. Und wie lange erhält sich das Resultat oder das gute Gefühl des Resultats? Wäre es nicht schöner, bereits den Weg zu genießen?

Ich zeige es Ihnen mit einem kleinen Vergleich. Wenn Sie etwas von Ikea zusammenbauen, machen Sie das Schritt für Schritt und wenn Sie dabei die Schrauben festziehen, ziehen Sie nie eine fest an und dann die nächste und danach die nächste, sondern sie schrauben alle Schrauben mal rein, und dann justieren Sie an allen ein bisschen, bis alles festsitzt, aber auch gerade ist.

13 QUICKIES FÜR DIE GUTE LAUNE

Hier nochmals zusammengefasst finden Sie die besten Tricks, die ich kenne:

13.1 Trinken und essen Sie

Erste Sofortmaßnahme: Trinken Sie keine zuckerversetzten Getränke wie Limonade oder Fruchtnektare, sondern Wasser, Wasser und noch mal Wasser. Wenn Sie das nicht mögen, greifen Sie zu grünem Tee oder einer leichten Schorle. Die Limonade würde Sie zwar pushen, aber nur kurzfristig. Danach stürzt der Energiepegel rasant ab. Der Grund für den Griff zum Glas liegt in der Natur des Hungergefühls. In jedem Essen steckt auch Wasser, sodass der Körper auch mit etwas Festem anstelle der Flüssigkeit zufrieden ist. Sie können den Unterschied zwischen Hunger und Durst zwar erkennen, müssen dafür aber oft mehr Aufmerksamkeit auf Ihre Bedürfnisse lenken. Wenn Sie dann erst einmal etwas trinken, haben Sie den Vorteil, dass Sie sowieso immer Flüssigkeit brauchen, vielleicht weniger Heißhunger haben und dann weniger „Mist" essen, sodass Sie Ihren Körperfunktionen etwas Gutes tun. Denn alle biochemischen Prozesse im Körper basieren auf Reaktionen, die mit H2O in Verbindung stehen. Ohne Wasser geht nichts, also schadet ein Gläschen mehr auch nicht.

Wenn Sie lieber ein Häppchen zu sich nehmen, greifen Sie zu Nüssen (natürlich keine fetten, gesalzenen Erdnüsse) oder frischen Beeren (je nach Saison). Das ist das Allerbeste für zwischendurch. Aber auch hier ist Vorsicht geboten. Das Motto „viel hilft viel" gilt eindeutig nicht. Zu viele Beeren haben auch bei allen Vitaminen und Spurenelementen zu viel Fruchtzucker. Zu viele Nüsse können oft Hautreaktionen hervorrufen (wie die heiß geliebten Pickel) und haben bei zu viel auch zu viel Kalorien.

Das als Powerfood angepriesene Studentenfutter beinhaltet meist Rosinen und die haben einen hohen Zuckergehalt. 59 Gramm sind davon in 100 Gramm der getrockneten Weinbeeren. Darum ist das nicht für den gesunden Energieschub geeignet.

Wer keine Nüsse mag oder dagegen allergisch ist: Ein Stück Bitterschokolade hilft. Warum? Sie ist ein Multitalent, sagen Wissenschaftler, die für die kalifornische Universität Loma Linda eine Studie durchführten. Dunkle Schokolade (70 % organischer Kakao) erhöht die akute und chronische EEG-Leistungsspektraldichte (μv2) der Gammafrequenz (25-40 Hz) für die Gesundheit des Gehirns. Das heißt nichts anderes, als dass der Verzehr zur Verbesserung der Neuroplastizität, neuronale Synchronität, kognitive Verarbeitung, Lernfähigkeit, gutes Gedächtnis und Achtsamkeit beiträgt.

13.2 Tief Luft holen

Ihr Atem hat auch Einfluss auf die Laune. Darum sollten Sie ruhig häufiger mal tief Luft holen (aber bitte nicht gleich nach dem Essen). Schön wäre ein ruhiger Raum, den Sie auf jeden Fall zuvor lüften sollten. Wenn es dann immer derselbe ist und Sie Ihre Übungen zur selben Tageszeit absolvieren, werden die Atemübungen schnell zur Routine im täglichen Ablauf. Haben Sie keinen ruhigen Ort zur Verfügung, leiten Sie die Übung ein, indem Sie zunächst die Geräusche Ihrer Umgebung bewusst wahrnehmen. Horchen Sie den Tönen nach und Sie hören irgendwann nur noch Stille!

Das Atmen über die ganze Brustbreite begleiten Sie am besten durch geschlossene Augen, tiefes Luftholen und Atmen entlang der Schlüsselbeine. Wenn Ihnen das schwerfällt, zeichnen Sie am besten mit den Fingern die Strecke während des Einatmens nach und navigieren so den Sauerstoff an die richtige Stelle. Machen Sie das mindestens fünf Mal pro Tag (besser wäre natürlich das Dreifache), können Sie mit breiter Brust in die weitere Tagesetappe starten.

Sie denken, das ist einfach? Sie werden sich wundern. Denn je gestresster oder unsicherer wir sind, desto oberflächlicher und schneller und je weniger achten Sie darauf. Sie hören regelrecht auf, Luft zu holen. Doch keine Angst, richtiges Atmen kann trainiert werden! Bevor Sie mit dem bewussten Atmen wieder Energie tanken, sollten Sie, wenn möglich, den Raum gut durchlüften. Wenn Sie am selben Platz üben, entsteht eine Routine!

Wenn Sie durch Atmen entspannen wollen, beobachten Sie Ihren Atem genau, das rät auch die Techniker Krankenkasse *(https://www.tk.de/techniker/magazin/life-balance/aktiventspannen/meditative-atemuebungen-2007104)*. Wenn Sie einatmen und ausatmen, dann merken Sie oft unmittelbar, wie Sie entspannen. Aber nur, wenn Sie nicht krampfhaft atmen, sondern auf den Atem achten.

Das ist der richtige Einstand zum richtigen Atem und wer schon meditiert hat, weiß, wie wirksam das ist. Bemerken Sie sich auch, wie sich Ihr Bauch verhält. Er sollte sich heben und senken. Steuern Sie nicht gegen. Das Atemzentrum will nur das Beste für Sie und ist stets zu Ihren Diensten. Freuen Sie sich: Wenigstens einer, der für Sie gut und zuverlässig arbeitet! Um wieder aus der Ruhe in die Energie zu kommen, atmen Sie am Ende der Entspannungsübung tief ein und aus. Bewegen Sie sich und schütteln die Gliedmaßen aus!

Wenn Sie einen schnellen Kick im Vorbeigehen brauchen, sollten Sie beim Ein- und Ausatmen bis fünf zählen und währenddessen dieselbe Anzahl an Schritten machen.

Um wieder in den Normalmodus zu kommen, strecken Sie sich und schütteln Sie Ihre Glieder aus. Ein schöner Übergang ist zudem das Entlangstreichen von dem Anfang des Augenbrauenbogens bis hin zum Haaransatz mit Mittel- und Zeigefingern.

Auch welche Luft Sie atmen, ist wichtig. Machen Sie das Fenster auf, gehen Sie raus, geben Sie einen Tropfen Aromaöl auf ein Wattepad und atmen Sie den Duft ein. Welches Aromaöl besonders geeignet ist, verrät Ihnen Kapitel 8.

13.3   Lache den Tag an

Eine Übung, die Sie auf jeden Fall machen sollten, wenn Sie einen wichtigen Termin haben und vor wichtigen Menschen glänzen wollen: Klemmen Sie vorher einen Kugelschreiber zwischen die obere und untere Zahnreihe und versuchen Sie, diesen so lange wie möglich mit den Beißern zu halten. Das gelingt Ihnen am Anfang nur für eine kurze Zeit. Doch es wird von Mal zu Mal besser. Das Champion-Level haben Sie bei zehn Minuten erreicht. Machen Sie die Übung täglich!

Eine gute Gelegenheit ergibt sich beim Autofahren. Weitere Trainingseinheiten helfen, die Mundwinkel oben zu lassen (was auch vor zu tiefen Labialfalten schützt).

Tackern Sie möglichst Ihr Lächeln fest! Wenn Sie am Schreibtisch sitzen, sollte Ihnen das Lächeln nicht vergehen. Dazu braucht es täglich ein wenig Gesichtsgymnastik. Ziehen Sie beispielsweise mit Mittel- und Zeigefinger die Mundwinkel Richtung Jochbein und „heften" Sie diese in Gedanken fest. Übrigens dabei das Atmen nicht vergessen!

Blasen Sie sich auf! Indem Sie die Backen aufblasen, können Sie Ihre Lächelfähigkeit verbessern. Wenn Sie das also gemacht haben, rollen Sie die Luft, so oft es geht, hin und her, reiben Sie Ihre Wange mit Ihren Handflächen, dann atmen Sie mit gespitzten Lippen so lange wie möglich aus. Das böse Kohlendioxid kann entweichen.

Seien Sie ein Fisch! Eine weitere Übung für ein strahlend schönes Lächeln können Sie sich von den Fischen abschauen. Saugen Sie Ihre Wangen ein, sodass ein Fischmund entsteht. Das machen Sie mindestens fünfmal hintereinander. Danach streichen Sie mit Ihren Händen die Haut vom Mund Richtung Ohrmuschel. Das tut so gut, dass Sie es nicht unter zehn Mal machen können. Und das Atmen nicht vergessen! Also die Übung mit einigen tiefen Atemzügen abschließen.

Ziehen Sie Kreise! Beginnen Sie, an der Nasenwurzel mit dem Zeigefinger entgegen des Uhrzeigersinns Kreise zu ziehen bis zu den unteren fühlbaren Wangenknochen. Diese kurz anheben und an ihren Rand entlang mit den Fingern nach oben streichen. Und was sollten Sie dabei nicht vergessen? Richtig, das Atmen!

Streichen Sie die Sorgenfalten einfach weg! Setzen Sie die Innenkuppen Ihrer gesamten Finger am Kinn an und nun streichen Sie langsam übers Gesicht bis zum Haaransatz. Dabei machen Sie was? Gut, Sie haben es gleich gewusst, Sie drücken die Falten weg. Sie atmen aber bitte tief ein, während Sie Ihr Gesicht nach oben hin „straffen". Die Übung zaubert sofort einen entspannten Ausdruck aufs Gesicht.

Eine Gesichtsmassage lernen Sie in fast allen Bordprogrammen, während Langstreckenflüge. Nehmen Sie wieder Ihre gesamten

Finger und streichen die Stirnpartie von der Nasenwurzel bis zum Ende der Brauen Richtung Haaransatz. Sind Sie angekommen, nehmen Sie beidhändig zwei Zeige- und Mittelfinger und quetschen wieder von der Nasenwurzel Richtung Augenbrauen-Ende die Haut ein. Das glättet garantiert die Stirn.

Wenn Ihnen nicht nach Übungen ist, dann öffnen Sie YouTube und schauen sich den Lieblingskomödianten für ein paar Minuten an oder Tiervideos. Aber wie gesagt, nur ein paar Minuten, sonst stressen Sie sich noch mehr, weil auf einmal eine ganze Stunde vergangen ist. Auch gute Laune Musik hilft enorm.

13.4   Der Schlaf der Gerechten

Machen Sie Siesta. Hören Sie auf Ihren Körper, wenn Sie müde sind, legen Sie sich kurz hin.

Wer sich mindestens dreimal pro Woche nach Mittag für mehr als eine halbe Stunde schlafen.

13.5   Bewegung statt Sport

Eine sehr gute Übung kommt aus dem Yoga. Aufstehen, Füße fest auf den Boden, dann beide Arme mit den Innenseiten an die Ohren und versuchen, einzuatmen und so lang wie möglich die Arme nach oben strecken. Stellen Sie sich vor, Sie sind ein Baum und wachsen nach oben und unten.

Auf der Seite der Techniker Krankenkasse finden Sie weitere Übungen *https://www.tk.de/techniker/magazin/life-balance/balance-im-job/8-minuten-workout-fuers-buero-2009264.*

Eine Kurzform der progressiven Muskelentspannung, einer bewährten Entspannungstechnik, befördert Sie in einen entspannten Zustand. „Atmen Sie dafür tief ein und spannen Sie die Muskeln an – jedoch nicht so stark, dass Sie einen Krampf bekommen könnten. Nehmen Sie die Anspannung wahr. Beim nächsten Ausatmen sagen Sie zu sich ‚Entspanne!' und lassen die Spannung los", empfehlen die Experten der Techniker-Krankenkasse. Lauschen Sie währenddessen in Ihren Körper hinein. Doch das bedarf einiges Trainings. Auf der Techniker-Krankenkasse-Website können Sie sich dafür gesprochene Anleitungen zur **progressiven Muskelentspannung** *(https://www.tk.de/ techniker/magazin/life-balance/aktiv-entspannen/progressive-muskelentspannung-zum-download-2021142)* herunterladen.

Eine Runde um den Block hilft ebenfalls, denn er verbindet frische Luft mit ein bisschen Bewegung.

Ein weiterer guter Quickie für Bewegung und gute Laune ist ein schneller Tanz im Büro oder durch die Küche. Zugegebenermaßen ist das oft sinnvoller, wenn Sie ein Einzelbüro haben, jedoch kann eine kurze Tanzeinlage auch für die Kollegen erheiternd sein. Wählen Sie sich aus der Playlist einen „Gute-Laune-Song" aus, geben Sie die Ohrenstöpsel in die Ohren und tanzen Sie hemmungslos herum. Mein persönlicher Tipp ist, dass Sie in die Suchmaschine „happy" und „Lied" eintippen, und dann erhalten Sie eine Liste von Titeln: Ob „happy" von Will Pharrell oder „Don't worry be happy" von Bobby McFarin, es ist bestimmt etwas für Sie dabei.

13.6 Chemie

Auf die Sinne! Schmecken, riechen, fühlen Sie aktiv!

Essen Sie scharf. Das führt zur Ausschüttung von Endorphinen. Das funktioniert besonders zügig mit Chilischoten. Diese beinhalten Capsaicin.

Ein positiver Schock löst zudem Kälte aus. Darum halten Sie Ihr Gesicht unter den kalt laufenden Wasserhahn. Möglichst eine halbe Minute durchhalten! Wenn Sie die Chance haben, legen Sie kühlende Kompressen auf die Augen oder die Wangenpartie.

Das kann ich gut riechen! Ich gratuliere, wenn Sie einen Kräutergarten haben. Denn einige Kräuter sind als Energiekick äußerst wirkungsvoll. Sie sollen sogar bei Demenz helfen. Zu den anregenden Düften rechnet man Rosmarin, Thymian oder das Aroma der Minze. Haben Sie keine eigene Zucht, greifen Sie auf Aromaöle zurück, stellen Sie Duftdiffusor auf oder zünden Sie entsprechende Räucherstäbchen an.

Zitrusfrüchte laden ebenfalls Ihr Energiedepot auf. Bergamotte-, Zitrone- oder Grapefruitgeruch macht wach und fit im Kopf. Und die gute alte Fichtennadel erinnert uns nicht nur an die Badbrausetabletten aus der Kindheit, sondern Sie lässt uns besser atmen und fördert die Durchblutung. Und wie Sie von Waldspaziergängen wissen, sorgen die Gerüchte aus dem Forst für neue Kraft.

Aus dem Gewürzangebot helfen Nelken, die nicht nur Zahnschmerzen lindern, sondern auch die Energie erneut aufbauen. Die Wirkung von Ingwer ist weitgehend bekannt, aber auch Zimt hilft beim Energieaufbau. Wacholder ist gleichbedeutend mit „Wachhalter". Der Beerenduft macht also wach und Tee entschlackt, Verspannung werden gelöst und nervöse Menschen werden durch den Geruch ruhiger. Sprechen Sie mit den Kolle-

gen sicherheitshalber ab, auf welchen Duft Sie in Ihrer Arbeitsumgebung setzen. Das hat nichts mit Esoterik zu tun, sondern
ist ein gesundes Doping.

13.7   Gut aussehen

Nehmen Sie Haltung an! Seien Sie sich Ihrer Haltung bewusst.
Wie stehen die Füsse, wo sind die Schultern? Bin ich grade oder
neige ich nach rechts oder links? Und wenn Sie nicht mehr wissen, was gerade Haltung und erhobener Kopf bedeuten, lehnen
Sie sich mit dem Rücken an die Wand und versuchen mit sie sich
mit möglichst viel Körperfläche an die Wand zu drücken. Dann
haben Sie wieder einen Maßstab.

Auch die berühmte Übung der Models, ein Buch auf den Kopf
zu balancieren, hilft schnell, Ihnen wieder bewusst zu machen,
was aufrechte Haltung eigentlich ist.

Ziehen Sie Ihre Lieblingsstücke an. Diese umhüllen einen mit
dem notwendigen Selbstbewusstsein, weil Sie wissen: Darin
sehe ich gut aus. Darüber hinaus denken Sie über schöne Unterwäsche nach (das gilt auch für Männer).

Bad Hair Day? Wenn die Haare lang genug sind, machen Sie einen Pferdeschwanz (das lässt Sie zudem jünger wirken) oder
binden Sie sich ein Haarband ins Haar. Sorry Männer, aber bei
euch gibt es leider meist nichts zu variieren. Ihr müsst zum
Gel greifen. Aber bitte kleine Portionen ins Haar einarbeiten.
Grundsätzlich gilt aber immer: Sauber ist schon halb gepflegt
und gepflegt ist schön!

Alternativ, aber zeitaufwendiger, wenn Sie zum Friseur oder
Barber gehen, wenn auch nur für „Waschen Föhnen" oder eine
gute Nassrasur, fühlen Sie sich gleich besser.

14 UND JETZT KOMMT DER MOMENT, WENN DER FROSCH INS WASSER RENNT

Sie haben sich bestimmt schon gewundert, wieso ich von Maschinen und Schrauben schreibe, aber auf dem Titelbild ein Spielplatz ist. Ganz einfach: Es geht um die Zukunft!

Ich möchte Sie nicht nur mit den Werkzeugen ausstatten, die Sie für Ihr jetziges Ziel oder Problem benutzen können. Wir sind Menschen und immer, wenn wir etwas erreicht haben, suchen wir uns ein neues Ziel. Das ist so sicher wie das Amen in der Kirche. Die Werkzeuge, die Sie hier erhalten haben, können Sie immer wieder verwenden, aber sie sind nicht das Ziel dieses Buches.

Ziel dieses Buches ist, dass Sie es spielerisch angehen lassen. Schauen Sie einfach mal – spielen Sie herum. Ihr Leben ist Ihr Spielplatz. Den können Sie gestalten, wie Sie möchten, und Sie können ihn umgestalten. Sie sind nie gezwungen, etwas immer nur so weiterzumachen wie bisher. Auch wenn ich dafür bin, dass Sie Ihr Erreichtes feiern und genießen, Sie sind nicht daran gebunden.

Entfernen Sie sich von der Problemlösung, vom Reparieren. Bewegen Sie sich auf das Umgestalten zu! Wie auf dem Titelbild von einem kaputten Spielplatz zu einem heilen und schönen Spielplatz, und wie hier unten von einem heilen und schönen Spielplatz zu einem eigenen Spielschloss.

Viel Spass!

HERZ FÜR AUTOREN A HEART FOR AUTHORS À L'ÉCOUTE DES AUTEURS MIA ΚΑΡΔΙΑ ΓΙΑ ΣΥΓΓΡΑ
TA FÖR FÖRFATTARE UN CORAZÓN POR LOS AUTORES YAZARLARIMIZA GÖNÜL VERELIM SZÍV
PER AUTORI ET HJERTE FOR FORFATTARE EEN HART VOOR SCHRIJVERS TEMOS OS AUTORI
ZÖINKÉRT SERCE DLA AUTORÓW EIN HERZ FÜR AUTOREN A HEART FOR AUTHORS À L'ÉCOUT
AÇÃO ВСЕЙ ДУШОЙ К АВТОРАМ ETT HJÄRTA FÖR FÖRFATTARE Á LA ESCUCHA DE LOS AUTORI
URS ΜΙΑ ΚΑΡΔΙΑ ΓΙΑ ΣΥΓΓΡΑΦΕΙΣ UN CUORE PER AUTORI ET HJERTE FOR FORFATTARE EEN HA
ARLARIMIZ GÖINKÉRT SERCE DLA AUTORÓW EIN HERZ FÜR
SCHR AÇÃO ВСЕЙ ДУШОЙ К АВТОРАМ ETT HJÄRTA FÖR

Die Autorin

Lara M. Pair lebt heute in Zürich. Sie wurde in
Deutschland geboren und verbrachte einige
Jahre in den USA, wo sie an der Emory University
in Atlanta ihren Juris Doctor absolvierte. 2008
wurde sie nach einem abgekürzten Jurastudium
in Deutschland zugelassen. 2011 promovierte sie
an der Universität St. Gallen und wurde in der
Schweiz als Anwältin zugelassen. 2018 wurde
ihr im Gesellschafts-, Stiftungs- und Trustrecht
an der Universität Liechtenstein der Mastertitel
verliehen. Sie ist Fachanwältin für Internationales
Wirtschaftsrecht und veröffentlichte mehrere
Bücher und Artikel. Heute ist sie Rechtsanwältin
bei Pairfact Legal AG in Zürich. Davor hat sie in
sechs verschiedenen Ländern gearbeitet. Privat
entspannt sie mit Tanzen, Yoga und Lesen. Als
ausgebildeter Psych-K-Coach hat sie sich einge-
hend mit der menschlichen Psyche befasst. Die
Unterstützung von Frauen liegt ihr am Herzen.
„Projekt: Ich. Ziel: Sein" ist ihr erster Ratgeber.

Der Verlag

*Wer aufhört
besser zu werden,
hat aufgehört
gut zu sein!*

Basierend auf diesem Motto ist es dem novum Verlag
ein Anliegen, neue Manuskripte aufzuspüren, zu ver-
öffentlichen und deren Autoren langfristig zu fördern.
Mittlerweile gilt der 1997 gegründete und mehrfach
prämierte Verlag als Spezialist für Neuautoren in
Deutschland, Österreich und der Schweiz.

**Für jedes neue Manuskript wird innerhalb we-
niger Wochen eine kostenfreie, unverbindliche
Lektorats-Prüfung erstellt.**

Weitere Informationen zum Verlag und
seinen Büchern finden Sie im Internet unter:

www.novumverlag.com